春秋战国魏晋南北朝史学论稿

李颖科 著

西北大学出版社

自　序

乍一看这个书名,似乎有些莫名其妙。跳过秦汉论春秋战国和魏晋南北朝史学,的确给人一种不合"常理"的感觉,但这正是我自20世纪80年代中期涉足中国史学以来,重点研究的两个历史时期的史学成就。也许在别人眼里,这是"不循正路"或"别出心裁",但这毕竟是我真真正正走过的学术研究之路,窃以为是一种另辟蹊径的选择。

1979年,我考入西北大学时,所学的是冷门考古专业。与其他专业相比,考古专业外出参观学习的机会较多,这对我这个在农村长大、从未外出过的农家子弟来说有一定的吸引力。记得当年填报高考志愿时,在西安工作的姐姐问我有何意向时,我不假思索地说,只要所学专业能多出去逛逛就好。故而第一志愿填报的就是西北大学考古专业。入学后,随着围绕考古专业阅读相关历史文献典籍,我慢慢喜欢上史学史这个专业,以至于大学毕业时学士学位论文选题也确定为史学史专业范畴的《论〈吕氏春秋〉的编纂体例》。幸亏当时对专业与毕业论文选题的一致性要求不是十分严格,否则我能否顺利毕业都成问题。

1983年我大学毕业,考入西北大学历史系汉唐典籍专业攻读硕士研究生学位,师从西北大学兼职教授李学勤先生研读古代文献典籍。李先生当时担任中国社会科学院历史研究所所长,主要在北京工作,故学校指派历史系柏明教授任我的研究生副导师。柏先生一直从事史学史研究。基于我对史学史的兴趣,加之柏明先生的指导,在日常对历史文献典籍点校研读过程中,自然更多地关注作者在历史编纂学和史学思想方面的优劣得失,久而久之便把自己的研究方向、重点放在史学史和文化史领域。1984年,我在《西北大学学报》上发表了第一篇学术论文《孙盛史学初探》。1986年研究生毕业时,硕士学位论文选题紧扣史学史专业,以论述《搜神记》作者干宝的史学成就《干宝之史学》为题写出毕业论文,并获得历史学硕士学位。

研究生毕业留校任教后,我的教学和研究主要在史学史和文化史领域。就我国史学史研究来说,直至20世纪80年代中期以前,学界更多研究的是大一统的秦汉和唐宋元明清时期的史学成就,发表出版的论著可谓汗牛充栋,而对先秦特别是春秋战国和魏晋南北朝这两个分裂动荡、战乱迭起的历史时期的史学发展关注甚少,研究成果寥寥无几。毋庸置疑,秦汉和唐宋元明清时期,尤其是汉唐两代,经济发达,文化昌盛,社会稳定,相应地,史学大家辈出,史学名著继起,史学成就显著,为推动我国古代史学发展做出了突出贡献。不过需要指出的是,史学研究需要秉持全面客观、辩证统一的观点和立场,实事求是地对待历史上发生的一切,既不苛求古人,亦不抑恶扬善。唯有如此,才能准确公正地得出经得起历史推敲和实践检验的结论。

从20世纪80年代后期开始,我一直在思考一个问题:如果没有先秦特别是春秋战国时期史学发展打下的根基,难道会有秦汉特别是司马迁《史记》、班固《汉书》的史学成就？同理,如果没有魏晋南北朝时期的史学发展,难道会有唐宋及其以后的史学盛况？就拿魏晋南北朝来说,这一时期,中国经历了大约三百年的分裂。在这漫长的分裂时期,战乱频仍,社会动荡。但与此同时,伴随着旧的思想桎梏的解除和思辨哲学的发展,各种知识和信仰交相辉映、互相影响,中华文明呈现出空前的思想自由、文化繁荣的景象。相应地,史学发展也进入一个前所未有的新的历史时期,主要表现为:一是史学范围扩大,史籍数量众多,"一代之史,至数十家"①。二是史书体裁多样,国史、家传、别传、杂传、地志、记注、谱牒等异彩纷呈。三是史注、史考之风盛行,史评、史论活动活跃。四是史学摆脱了经学附庸的地位,发展成为独立的乙部之学。总之,在史书编纂和史学思想上取得了多方面的成就。正如梁启超先生所说:"两晋六朝,百学芜秽,而治史者独盛。"②正是这辉煌的史学成就对后世产生了极其深远的影响和作用。不可否认,隋唐以来中国古代史学发展的诸多成就与传统,都可以在魏晋南北朝史学中觅得根由与端倪。

正是基于这一学术研究的拷问,我把自己的研究重点放在春秋战国和魏晋南北朝这两个中国历史上战乱动荡的历史时期,以求实创新的学术态度研究其史学成就。

我首先从魏晋南北朝史学入手,一方面,在横向上选取不被学界重视或很少有人研究,但又的确颇多学术创新并具有代表性的历史学家及其史著作为典型个案进行深入考察,先后就孙盛与《晋阳秋》、干宝与《晋纪》、裴松之与《三国志注》、刘孝标与《世说新语注》

---

① 《隋书·经籍志》。
② 梁启超:《中国历史研究法》,商务印书馆1933年版,第25页。

等,做出比较全面系统的探索性研究,有些学术成果填补了学术研究空白,有些学术观点发前人所未发。比如,长期以来,学界始终认为,南朝梁刘勰《文心雕龙·史传》篇是评论我国史学的第一篇专论,更有人提出它开我国史评之先河。而事实并非如此。我在研究中发现,远在刘勰之前约两百年,东晋史家干宝曾撰《史议》,从史书体裁、编写体例、叙事手法等方面评论各家史书的优劣得失。应该说,《史议》才是我国史学评论史上第一篇专论。如果将干宝《史议》、刘勰《史传》和唐刘知几《史通》纵向联系做一考察,可清晰地勾勒出魏晋南北朝至隋唐我国史学评论发展的轨迹和脉络。再比如,众所周知,南朝宋裴松之是我国古代杰出的史学家,其所撰《三国志注》内容宏富,考证精审,独具特色,具有十分重要的史学价值。长期以来,学界围绕该注从史籍注释、史学考证、史学评论等方面,对裴松之的史学成就多有研究。然而,关于裴松之的史学思想,直至 20 世纪 80 年代中期,一直无人探讨,这直接影响到对这位历史学家史学成就的全面总结与评价。我钩沉古史,从进步的社会历史观、讲求务实致用等四个方面对裴松之的史学思想做了比较全面客观的论述,填补了这方面的研究空白。

另一方面,我从史学发展的纵向角度,对魏晋南北朝史学内容构成的重要方面如史注、史考、史评、史论等,分门别类地做了深入细致的考察论证,撰写了《论魏晋南北朝时期的历史考据》《论魏晋南北朝时期的史籍注释》《论魏晋南北朝时期的史学评论》《论魏晋南北朝时期的史事评论》一组四篇论文。其中,既客观地映示出魏晋南北朝史学发展的趋向、脉络与特征,又重点阐释了其在上承秦汉、下启隋唐以降中国史学发展中的作用与地位,尤其是对这一时期在中国古代史学发展史上表现出的精要之论、创新之举给予充分肯定和高度评价。在此基础上,我先后撰写了《魏晋南北朝历史编纂学简论》《魏晋南北朝史学思想简论》两篇文章,从历史编纂学和史学思想两大方面对魏晋南北朝的史学成就做了比较全面的概括与论述。

在对魏晋南北朝史学研究告一段落之后,我开始研究春秋战国史学。我先后以中国史学的起源、孔子与中国史学、吕不韦与《吕氏春秋》为切入点进行研究。

关于中国史学的起源。研究中国史学特别是先秦史学必须首先弄清楚它的起源。就文献记载来看,在我国历史上,最早探讨史学起源者为东汉时期著名史学家班彪、班固父子。班氏父子将史学起源追溯至唐虞三代文字产生和史官出现之时。这一史学起源论为后世史家所承袭,如南朝梁刘勰、《隋书·经籍志》,现代著名史学家金毓黻、杨翼骧等,均是如此。尽管各家的论证各有侧重,但基本上都是以文字、历法的产生和史书、史官的出现为依据,将中国史学起源追溯到上古三代。其实这是不能成立的。因为,第一,尽管史学包括史书和史官,探讨史学的起源必须涉及史书和史官,但史学毕竟不同于史书和史官。所谓史学的起源,是指史学作为一门完整学科的形成。这也就是说,史书或史官的出现并非史学的起源。第二,各家认为文字出现之日就是中国史学起源之时,这也是难以成立的。诚然,史书要用文字来编写,但文字的最初出现,并不必然意味着史书的产生,更不能必然说明史学的起源。第三,各家在谈及文字的同时,尽管也注意到史书和史官等这些史学本身的方面,但都没有深入到史学内部,从历史编纂学和史学思想等方面来探讨中国史学的起源。第四,各家所说的文字、历法、史书和史官,既是他们衡量中国史学起源的标准或依据,同时又是他们衡量中国史学起源的标志。换言之,在他们的心目中,衡量的标准和标志是同一的。毋庸置疑,这犯了一个明显的逻辑错误。不可否认,标准与标志在一定程度上是有联系或者说是相通的,但两者毕竟有着本质的区别,不能混为一谈。第五,把中国史学的起源界定在漫长的上古三代,本身就是一种不科学的结论。因为史学的起源固然不像一个历史事件的发生那样在较短的时间即可完成,但也决不会如此漫长。正是基于这些认识,我撰写了《论中国史学的起源》一文,以历史编纂学和史学思想为标准,以历史编纂学和史学思想体系的基本形成为标志,将中国史学的起源界定在春秋末期至战国初期,其标志是《春秋》和《左传》的完成。

关于孔子与中国史学。自我涉足中国史学,尤其是先秦史学以来,逐渐形成这样一种看法:孔子在思想史和教育史上的成就,遮掩了他在史学史上的建树。这正像柳宗元一样,尽管他在中唐史坛上相继撰写出《贞符》《封建论》《天说》《天对》等一批历史理论方面的杰作,并以此为标志形成唐代史学在史论发展史上的高峰,但由于他在中唐文坛上的杰出贡献,致使人们只知道作为文学家和诗人的柳宗元,而很少了解作为历史学家的柳宗元。或许正是因为这一原因,长期以来,人们总是把孔子当作伟大的思想家、政治家和教育家进行研究,而很少有人把他当作伟大的历史学家对其史学成就进行探讨。尽管早在清朝和近代,章学诚和章太炎曾极力主张,孔子在中国历史上主要以史学家现身,但直至20世纪90年代,学界同仁并未予以珍视。毋庸讳言,这是一个被我国历史学界长期忽略的问题。可以毫不夸张地说,如果从史学的观点来看,孔子的撰述及其史学活动,实乃先秦特别是春秋战国史学的重要组成部分,尤其是还一直深深地影响着后世中国史学的发展。且看孔子及其《春秋》对司马迁及其《史记》的影响。司马迁对孔子所撰《春秋》推崇备至。《史记·太史公自序》云:"夫《春秋》,上明三王之道,下辨人事之纪,别嫌疑,明是非,定犹豫,善善恶恶,贤贤贱不肖,存亡国,继绝世,补敝起废,王道之大者也。……《春秋》辩是非,故长于治人。……《春秋》以道义。拨乱世,反之正,莫近于《春秋》。《春秋》文成数万,其指数千。万物之散聚皆在《春秋》。……故有国者不可以不知《春秋》,前有谗而弗见,后有贼而不知。为人臣者不可以不知《春秋》,守经事而不知其宜,遭变事而不知其权。为人君父而不通于《春秋》之义者,必蒙首恶之名。为人臣子而不通于《春秋》之义者,必陷篡弑之诛,死罪之名。……故《春秋》者,礼义之大宗也。夫礼禁未然之前,法施已然之后;法之所为用者易见,而礼之所为禁者难知。"在这里,司马迁把《春秋》作为"是非"的权衡、"王道"的纲领和一切人"通权达变"的指南。它代表一种法制,是禁于未然的法制,这也就是礼。一句话,在司马迁的心目中,《春秋》是礼义的根本大法的例证和实施。正是因为司马迁如此看重《春秋》,所以《春秋》的著述例则也就自然成为《史记》着力效仿的对象。只要把《春秋》和《史记》做一对读,即可发现,《春秋》的微言大义为司马迁所吸收,以作为其《史记》的神髓。诚如章学诚所说:"夫史迁绝学,《春秋》之后一人而已。其范围千古,牢笼百家者,惟创例发凡,卓见绝识,有以追古作者之原,自具《春秋》家学耳。"①从某种程度上来说,没有

---

① 《文史通义·申郑》。

孔子及其《春秋》，也就不会有举世闻名的《史记》，《春秋》是《史记》的灵魂。我如此说，丝毫无意于贬低司马迁作为中国史学之父对中国史学所做出的巨大贡献，只是想说明这样一个问题：研究中国史学，不能只看到司马迁的伟大建树，而忽视或淡化孔子的史学成就。不知从什么时候开始，史界学人便自觉或不自觉地形成这样一种习惯：一谈及中国史学的辉煌成就，就像条件反射似的马上联系到司马迁，正如同一说到西方史学，便会立即言及希罗多德一样。作为中国史学之父的司马迁和作为西方史学之父的希罗多德似乎已分别成为中、西方史学成就的代名词。尤其是一旦将中西方史学试做比较，人们每每以司马迁和希罗多德为基点，其结果必然是中国史学在很大程度上优于西方史学，因为司马迁比希罗多德在生活时代上晚数百年，任何事物的发展总是后来居上。这不能不说是一种十分偏颇的做法。如果我们将孔子和希罗多德这两位基本上处于同一时代的东西方历史学家做一比较，也许能够十分确切地映示出中西方史学的共性与特性，以更好地揭示历史学发展的普遍规律。事实上，孔子的确是一位伟大的历史学家，对中国史学做出了许多富有开创性的贡献。为此，我先后撰写了《孔子与中国史学》《论孔子的史学思想》两篇论文，后来又出版了《孔子与中国史学》一部专著。

关于吕不韦与《吕氏春秋》。《吕氏春秋》一书为秦相吕不韦及其门客所作。尽管该书问世以来在中国历史上一直影响很大，但学界对吕不韦及《吕氏春秋》在中国史学发展史上的成就与贡献却论之甚少。究其因：一方面，自《汉书·艺文志》将《吕氏春秋》著录于诸子以来，其一直被视为子部杂家类著作，故其史学成就不被世人所重视；另一方面，历史上对吕不韦其人的评价总是颇有微词，梁启超对吕不韦的评价足以说明这一点:"吕不韦不学无术之大贾,其著书非有宗旨,务炫博哗世而已,故《吕览》儒、墨、名、法,樊然杂陈,动相违忤,只能为最古之类书,不足以成一家之言,命之曰杂,固宜。"① 这种因人废言的偏颇之举,直接影响着对吕不韦及其《吕氏春秋》史学成就的客观评价。事实上,《吕氏春秋》是一部道地的史书。该书《序意》篇述其编纂意图为:"凡十二纪者,所以纪治乱存亡也,所以知寿夭吉凶也。""纪治乱存亡""知寿夭吉凶",这正是我国传统史学所孜孜以求的撰史目的,所以冯友兰《吕氏春秋集释·序》说:"然此书不名曰《吕子》,而名曰《吕氏春秋》,盖文信侯本自以其书为史也。"早在汉代,司马迁在《史记·十二诸侯年表序》中即明确指出:"吕不韦,秦庄襄王相。亦上观尚古,删拾春秋,集六国时事,以为八览、六论、十二纪,为《吕氏春秋》。"司马迁认为,吕不韦自认其书包罗天地古今万物之事,事取获麟,踵事春秋,故以名书。任继愈先生指出,"春秋"已被引申为古史的通称,《吕氏春秋》的作者欲博通古今之变,以史典自诩,故自号"春秋"。② 正是对此意的详尽解释。

正因此,学界有责任对吕不韦与《吕氏春秋》的史学活动进行客观全面的考察研究,既肯定其成就,又指出其不足,这不仅是对吕不韦本人及《吕氏春秋》负责,更是对整个春秋战国时期的史学发展负责。为此,我通过认真研究撰写了《吕不韦与〈吕氏春秋〉》一书,重点研究论述了吕不韦与《吕氏春秋》在历史编纂学和史学思想上的价值成就及其对后世中国史学发展的影响。

在研究中国史学起源和孔子与《春秋》、吕不韦与《吕氏春秋》史

---

① 梁启超:《汉书·艺文志·诸子略考释》,北京出版社1999年版。
② 任继愈:《中国哲学发展史》(秦汉),人民出版社1985年版,第4页。

学成就的基础上,我以春秋战国主要历史典籍《尚书》《春秋》《左传》《公羊传》《穀梁传》《国语》《战国策》等为主,钩稽爬梳,详加论证,撰写了《先秦历史编纂学简论》一文,对先秦时期史书编写的体裁、态度、方法、原则、风格等方面做了比较全面的阐述,充分肯定了这一时期在我国史学发展史上的开创之功和所占的重要地位。

以上是对我自 20 世纪 80 年代以来,研究春秋战国和魏晋南北朝史学的学术路径与学术成果的概要回顾与总结,其中的学术论著,除《论魏晋南北朝时期的人物传记》《论魏晋南北朝时期的史学评论》两篇论文尚未发表外,其余均已公开出版或发表。为方便史学爱好者研究起见,兹将其结集出版。文中所有观点内容均原样保持,未做任何改动。我相信,读者通过阅读,一定会对春秋战国和魏晋南北朝时期所取得的史学成就,特别是这两个时期分别对秦汉和隋唐以降中国史学繁荣发展产生的积极影响有一个全新的认知。

由于受自身学术见识和研究能力所限,书中的学术观点、分析论证肯定有不当或错谬之处,敬请学界方家同仁批评指正。

李颖科

2017 年 9 月于西安

目 录

上编　春秋战国

论中国史学的起源 …………………………………（3）
孔子与中国史学 ……………………………………（16）
论孔子的史学思想 …………………………………（30）
吕不韦与《吕氏春秋》 ……………………………（51）
论《吕氏春秋》的历史思想 ………………………（94）
先秦历史编纂学简论 ………………………………（112）

下编　魏晋南北朝

孙盛史学初探 ………………………………………（139）
干宝及其《晋纪》 …………………………………（157）
论干宝在历史编纂学上的贡献 ……………………（165）
论干宝的史学思想 …………………………………（180）
论裴松之的史学思想 ………………………………（199）
试论《世说新语注》 ………………………………（211）

论魏晋南北朝时期的人物传记……………………………（227）
论魏晋南北朝时期的历史考据……………………………（237）
论魏晋南北朝时期的史籍注释……………………………（257）
论魏晋南北朝时期的史学评论……………………………（278）
论魏晋南北朝时期的史事评论……………………………（291）
魏晋南北朝史学中的直书与曲笔…………………………（309）
魏晋南北朝历史编纂学简论………………………………（321）
魏晋南北朝史学思想简论…………………………………（350）
魏晋南北朝史学发达原因新探……………………………（384）

上编　春秋战国

上编　春秋战国 ◆

论中国史学的起源

一、问题的提出

　　梁启超曾经指出:"中国于各种学问中,唯史学最发达;史学在世界各国中,唯中国最发达。"①的确,中国史学,尤其是古代史学极其发达,那层出不穷的历史学家,灿若星河的史学著作,种类繁多的史书体裁,丰富多彩的史学思想,都是世界其他各国所不可企及的。那么如此发达的中国史学究竟起源于何时,遂成为中国历史研究中一个重要的课题。而对这一问题的探索与解决,无论是对研究中国史学发展的历史,抑或对把握中国史学发展演变的规律都多有裨益。

　　关于中国史学的起源,这是一个古老而又新生的史学课题。说它古老,是因为早在汉代人们就开始进行探讨;说它新生,是因为直到今天,学界还在研究这一课题。就文献记载来看,在我国历史上,最早探讨史学起源者为东汉时期著名史学家班彪、班固父

---

① 梁启超:《中国历史研究法》,商务印书馆1933年版,第25页。

子。班彪指出:"唐虞三代,《诗》《书》所及,世有史官,以司典籍,暨于诸侯,国自有史。"①班固认为:"自古书契之作,而有史官,其载籍博矣。"②又说:"古之王者,世有史官,君举必书……左史记言,右史记事,事为《春秋》,言为《尚书》,帝王靡不同之。"③在这里,班氏父子都将史学起源追溯至唐虞三代文字产生和史官出现之时。这一史学起源论为后世不少史家所承袭。南朝梁刘勰说:"轩辕之世,史有仓颉,主文之职,其来久矣。"又说:"史肇轩黄。"④《隋书·经籍志》更明确指出:"书契已传,绳木弃而不用,史官既立,经籍于是兴焉","夏殷以上,左史记言,右史记事"。现代著名史学家金毓黻先生认为史学的起源是史官。他说:"史学寓于史籍,史籍撰自史家。语其发生之序,则史家最先,史籍次之,史学居末。而吾国最古之史家,即为史官。……故考古代之史学,应自史官始。"⑤杨翼骧先生认为史学起源于文字的产生:"探究我国史学的起源,应当从文字出现的时候谈起。因为有了文字才能有历史记载,有了历史记载才能编纂成史书,在记录史实和编纂史书的过程中才产生了史学。"⑥仓修

---

① 《后汉书·班彪传》。
② 《汉书·司马迁传》。
③ 《汉书·艺文志》。
④ 《文心雕龙·史传》。
⑤ 金毓黻:《中国史学史》,商务印书馆1957年版,第3页。
⑥ 杨翼骧:《我国史学的起源及奴隶社会的史学》,《天津日报》,1961年12月6日第4版。

良从文字和历法的产生出发,认为中国史学起源于奴隶社会①。

不难看出,上述各家在探讨中国史学起源时尽管各有侧重,但基本上都是以文字、历法的产生和史书、史官的出现为依据,将中国史学起源追溯到上古三代。其实这是不能成立的。因为,第一,尽管史学包括史书和史官,探讨史学的起源势必要涉及史书和史官,但史学毕竟不同于史书和史官。所谓史学的起源,是指史学作为一门完整的学科的形成。这也就是说,史书或史官的出现并非史学的起源。第二,上述各家多认为文字出现之日就是中国史学起源之时,这也是难以成立的。诚然,史书要用文字来编写,但文字的最初出现并不必然意味着史书的产生,更不能必然说明史学的起源。第三,上述各家在谈及文字的同时,尽管也注意到史书和史官等这些史学本身的方面,但都没有深入史学内部,从历史编纂学和史学思想等方面来探讨中国史学的起源。第四,上述各家所说的文字、历法、史书和史官,既是他们衡量中国史学起源的标准或依据,同时又是他们衡量中国史学起源的标志。换言之,在他们的心目中,衡量的标准和标志是同一的。毋庸置疑,这犯了一个明显的逻辑错误。不可否认,标准与标志在一定程度上是有联系或者说是相通的,但两者毕竟有着本质的区别,不能混为一谈。第五,把中国史学的起源界定在漫长的上古三代,本身就是一种不科学的结论。因为史学的起源固然不像一个历史事件的发生那样在较短的时间即可完成,但也决不会如此漫长。

---

① 仓修良等:《中国古代史学史简编》,黑龙江人民出版社1983年版,第6页。

二、中国史学起源的标准

探讨中国史学的起源,首先必须明确,进行这一工作的目的是确定中国史学作为一门完整的学科形成的具体时间和论述它形成的具体情形,而不是探讨史书或史官的起源。其次,必须确定衡量中国史学起源的标准。这是因为采用不同的标准就会得出不同的结论。例如有关中国史学史分期问题的讨论,有人以史学自身的发展进程为标准,将中国史学史分为童年期、成长期、发展期、繁荣期和迟滞期;有人以社会形态的演变为标准,把中国史学史分为奴隶社会的史学、封建社会的史学和半殖民地半封建社会的史学;有人以不同朝代的兴替为标准,将中国史学史分为晚周至汉、六朝至唐、中唐两宋和明清。这也就是说,只有统一分期标准,才能得出同一的结论。研究中国史学的起源也是如此。尽管对中国史学起源的探讨与其他学术研究一样,必然是见仁见智,但我认为无论从哪一方面、哪一角度出发,也无论研究者的研究旨趣如何不同,都应该承认历史编纂学和史学思想是衡量中国史学起源的标准,这主要是因为历史编纂学和史学思想是构成史学这门学科的两大主干内容。史书编纂既是史学成果最便于集中体现之所在,同时又是传播史学知识的重要途径。历史理论的运用、史料的掌握和处理、史实的组织和再现,都与此相关。而史学思想则是一部史书的灵魂,它直接反映着史家对历史发展变化的看法以及臧否人物、评判是非的标准。因此,历史编纂学和史学思想应是衡量中国史学起源的主要标准。而历史编纂学和史学思想体系的基本形成则标志着中国史学的起源。于是，长期以来，人们在探讨中国史学起源时，从未有人从史学内部入手，把历史编纂学和史学思想作为衡量标准，以致把对中国史学的起源弄成了史书或史官的起源。

三、中国史学起源于春秋末至战国初

按照上述标准，我认为，中国史学起源于春秋末期至战国初期，其标志是《春秋》《左传》的完成。

（一）春秋末战国初历史编纂学的基本形成

这一时期历史编纂学的基本形成主要表现在下面三个方面：

1. 编年体的初步确立

编年体是我国上古记载史事所普遍使用的一种体裁，同时也是后世中国封建社会重要的史书体裁之一。春秋末期伟大的历史学家孔子所编写的《春秋》是我国现存最早的一部编年体史书，汉人尊之为《春秋经》。此书尽管以鲁国为主，用鲁国纪元，记载了隐公、桓公、庄公等十二公二百四十二年的史实，但所记内容却不限于鲁国，而是春秋时期的整体历史。《春秋》记事采取以时间为经、事实为纬的手法，在编写体例上已具备了编年史的重要特征，即"以事系日，以日系月，以月系时，以时系年"[①]。《春秋》记事一般都有年、时、月、日，具体的日子不明显则有年、时、月，至

---

① 杜预：《春秋经传集解序》。

少也有年、时。另外,《春秋》记事在突出时间顺序的同时,初步将人物、地点、时间、事件四个因素有机地结合起来,把事件有系统地按年代先后加以编排,上下连贯,这样,不仅可以使人从中看出历史的发展过程,而且有利于考察各种事件间的相互联系。不难发现,这与甲骨文的记事零碎、金文的一篇篇孤立相比,已完全不同。这些都足以说明,孔子所修《春秋》的问世,在中国史学史上确立了编年体的雏形。不过,《春秋》作为编年体史书的发凡起例者,尚存在一定的不足和缺陷,如记事简单,致使内容空洞、抽象,不够具体,有时还容易使人误解。鉴于此,成书于战国初期的《左传》对《春秋》的体例进行了一定程度的改进,主要表现在三个方面:一是取材广泛,二是叙事完整,三是创立史论。就叙事完整性而言,《左传》改《春秋》标题记事法为完整的叙事,在注意时间、地点、人物、事件、原因、结果诸因素的同时,记事相当详细,对于历史事件一般都能做到首尾完整,而且还能吸收其他史体的长处,使编年体达到基本成熟的程度。

2. 寓论于史手法的创立

寓论于史是指寓论断于叙事之中,亦即在史实的叙述中把自己的论点体现出来的写作方法。在中国史学史上,孔子修《春秋》最早采用这一撰史手法。《春秋》采用不同笔法寓肯定判断与否定判断于记事之中,借以称赞好人好事和抨击坏人坏事。兹以弑父弑君为例,孔子的做法主要有三:一是当弑者为乱臣贼子,则直书其名以明其罪;二是当国君无道而被弑,则不书弑者之名,以示弑君尚可谅解;三是本国(鲁)之君在国内被杀,死后又未对杀害国君者予以讨伐,则书以公薨,且不书葬,以讳君之不得善终和指斥群臣之不讨贼。这种寓论于史的撰史手法很好地发挥了"史以道义"的作用。司马迁在《史记·太史公自序》中所说的"《春秋》以道义","拨乱世反之正,莫近于《春秋》",便是就这种写作手法而言的。

自孔子以后,《左传》的作者也采用寓论于史的撰史手法。如《左传·隐公元年》记载郑国统治集团内部的纷争时,对郑庄公与其弟共叔段、其母姜氏之间的矛盾斗争做了深入细致的记述。共叔段在其母姜氏的纵容下,野心勃勃地从事扩张篡权活动。郑庄公最后发兵一举打败共叔段。《左传》对战后的记载着重写了这样一件事情:郑庄公在盛怒之下把其母姜氏幽禁于城颍,并发誓"不及黄泉,无相见也",但立即又觉得自己失策,害怕蒙上不孝的罪名而极思解脱。当臣子颍考叔"食舍肉",请求给母亲享用时,他装出一副很难过的样子,假惺惺地说:"尔有母遗,繄我独无!"颍考叔为他出谋划策:"阙地及泉,隧而相见",总算为他找到了下台的台阶,因为这样既可使郑庄公免除不孝之名而逃避世人指责,又不怕因违背誓言而惹人讥笑。当他走进隧道时,居然装模作样地赋诗说:"其乐也融融。"其无以复加的虚伪暴露无遗。显然,作者在这段文字中旨在说明郑庄公为人虚伪,但这种结论不是经由作者之口直接道出,而是通过对比衬托手法表达出来的。

3. 简洁凝练的修史风格的形成

我国史家在力求准确的同时,相因祖述一条叙事简约的修史原则,以简练的方式表达出丰富的历史内容。孔子作为一位历史学家,无论是在整理《诗》《书》《礼》《易》《乐》,还是在编写《春秋》的过程中,始终奉行叙事简约的修史原则。刘知几在《史通·叙事》中曾就此评论说:"历观自古,作者权舆,《尚书》发踪,所载务于寡事;《春秋》变体,其言贵于省文。"就《春秋》而言,它是一部备极精练的重要史籍。孔子采用"约其辞文,去其烦重"①的手法,从大量历史资料中经过精密提炼,并通过自己语言的高度概括,仅用一万六千五百七十二字,便将春秋时期二百四十二年间错综复杂的史事,写成一部字句严谨,一字都足以辨明是非、伸张正道而成褒贬的简练的《春秋》。

《左传》善于用简练的语言写出纷繁复杂的历史事件,以较少的笔墨生动而形象地刻画各种类型的人物性格。我们知道,《左传》引用《国语》的地方很多,但所引用的部分,往往经过删节润色,言简意赅。又如《曹刿论战》,是《左传》中著名的篇章,作者仅用二百余字,便把鲁国在这次战争中以弱胜强的史实原原本本毫无遗漏地写了出来。

自《春秋》《左传》以后,简洁凝练就成为历代史家修史的一大风格。

(二)春秋末战国初史学思想体系的基本形成

这一时期,以孔子、《左传》为代表,从对人类社会的认识、历史发展变化的原因的探讨到对史学社会功能的认识、评价人物的标准,形成比较完整的史学思想体系。

1. 进化论的历史变易观

作为一位历史学家,孔子的史学思想表现出进化论的历史变易

---

① 《史记·太史公自序》。

观。首先,他承认历史在不断发展变化。他在《论语·季氏》中以"礼乐征伐"是否由统治阶级决定为标准,将春秋以前的历史划分为"天下有道"和"天下无道"两个时期,并进而把"天下无道"的历史时期划分为三个阶段:开始是"礼乐征伐自诸侯出",可以延续十世;然后是"自大夫出",至多延续五世,最后是"陪臣执国命",可以延续三世。其次,孔子认为历史的发展具有一定的继承性。这主要表现在他对夏、商、周礼乐文化的认识与理解方面。孔子在对三代礼乐进行广泛而深入的考察与研究之后指出:"殷因于夏礼,所损益可知也;周因于殷礼,所损益可知也,其或继周者,虽百世可知也。"①这就是说,三代礼制表现为一种渐进的历史过程,后世之礼对前世之制既有因袭又有发展,换言之,礼制在不断发展,历史在代代相续。

与孔子一样,《左传》一书的作者也具有一定程度的历史进化论观点。作者对春秋以来社会政治、经济和社会组织的剧烈变化持积极拥护态度。相反,对那些不符合社会发展趋势的旧制度的残迹,如人祭、人殉的暴行,却是坚决反对。特别是昭公三十年(前512)所记载的史墨评论昭公之死时所说的"社稷无常奉,君臣无常位"的话更为有力地反映了作者承认社会、事物发展变化的历史进化论观点。

2. 天、人并重的社会历史观

在社会历史观方面,孔子因袭周代的宗教观念,把"天"看作有意志的人格化的上帝,承认"天"在人类社会生活中起着十分重

---

① 《论语·为政》。

要的作用。在他看来,小到人之生死,大至道之行废,一切全然由天命决定。天命不仅存在,而且可知。由此出发,孔子认为天命不可抗拒,并进而指出:"君子有三畏:畏天命、畏大人、畏圣人之言。"①孔子在相信"天""天命"的同时,客观现实又迫使他对"天命"产生一定程度的怀疑。相应,在他的有关谈论中,对"天""天命"表现出某种自然主义的理性思考。他曾深有感触地对其弟子说:"天何言哉?四时行焉,百物生焉。"②基于此,孔子所持的态度是尽人事以应"天命",所谓"不怨天,不尤人,下学而上达,知我者其天乎"③正好说明这一点。另外,孔子坚持不谈鬼神,"子不语怪、力、乱、神"④。有一次,子路向他请教怎样事奉鬼神,孔子回答说:"未能事人,焉能事鬼?"⑤这种对待鬼神的态度正是孔子注重人事思想的反映。总之,孔子的社会历史观既带有承认"天命"的消极方面,又表现出肯定"人事"的积极因素。《春秋》作为孔子在史学方面的代表作充分体现出这一社会历史观。就《春秋》的内容来说,它记载了很多天象变化及自然灾害情况,诸如日食星陨、地震山崩、风雨不调、蝗害螟患、春荒冬饥等,有一百四五十则。《春秋》作为一部"道名分"之作,之所以要大量记载天象灾异,关键就在于孔子具有迷信"天命"的一面。春秋时期,一些守旧的思想家普遍认为:"国无政,不用善,

---

① 《论语·季氏》。
② 《论语·阳货》。
③ 《论语·宪问》。
④ 《论语·述而》。
⑤ 《论语·先进》。

则自取谪于日月之灾。"①与这种对天变的基本见解相适应,孔子在《春秋》中集天象灾异,旨在宣传人事由"天"在冥冥之中所主宰,警告各级统治者切勿玩忽"天命"。与此同时,我们又应该看到,在一部《春秋》中,孔子并不是事事都陷入"天命论"的泥潭之中。相反,相对于天象灾异来说,《春秋》所记更多的则是人的活动,大凡春秋时期列国间的朝聘、盟会、战争等均有记载,而且这些记载完全是从人事的角度对历史所做的客观叙述。可以说,这正是孔子"人能弘道,非道弘人"②思想在史书编纂中的反映。

《左传》作者同样持天人并重的社会历史观。通观全书,作者在记载历史事实的过程中,总是把历史的创造归于王侯将相,把社会的发展归于"天命"。书中有许多关于卜筮、星占、望气等预断人间祸福的记载,并且几乎没有一件未得到验证。这是《左传》作者相信"天命"、鬼神的一面。与此相对立,《左传》又有一定的重视人事的思想。作者有时把国家的盛衰、战争的胜败,看成是能否得到人民支持的结果。这显然是从人事的角度来探讨国之盛衰、战之成败的根由。尤其是书中两度引用《太誓》"民之所欲,天必从之"这句话,更加突出了人事的重要作用。

3. 经世致用的鉴戒史观

众所周知,孔子作为伟大的思想家,保守、复旧的政治思想使他在现实生活中四处碰壁,从而成为一位在周道既衰、天下纷争之际为求得统一的理想而企图用思想理论来挽救颓势的悲剧人物。可是,作为一位历史学家,孔子在现实社会中倒有其成功的地方,

---

① 《左传·昭公七年》。
② 《论语·卫灵公》。

这便是"经世致用"思想的运用。孔子在自己的政治理想无法实现的时候,转而编写《春秋》,借历史来陈述自己的政见,并最终改造自己所面临的现实。《春秋》从两方面体现出孔子经世致用的鉴戒史观。第一,正名。正名就是端正名分的道德内涵,用以纠正不符合名分要求的思想行为。孔子针对春秋以来愈演愈烈的社会悖伦行为,提出正名主张。他认为,拨乱反正必自正名始。为此,他通过编写《春秋》来正名,最终使社会各级成员按照名分所含之道德义务把自己的行为纳入一定的秩序范围,以实现国治民安。第二,批判。孔子修《春秋》,采用批判的手法,对一切君不君、臣不臣的社会现象做出贬损以申明大义。孟子所说"孔子成《春秋》而乱臣贼子惧"①,即就此而言。这说明孔子《春秋》为感于乱世而作,具有强烈的社会批判性。尽管《春秋》批判的是过去的既成事实,但却可以为现实提供直接的经验和教训,以达到经世致用的目的。

无论是正名,还是批判,都是孔子从当时的客观现实出发,通过编写史书以求经世致用的做法。虽然孔子的目的是要使向前迈进的历史进程回归到他所认为至善至美的周代社会,以复兴三代礼乐制度下的统治秩序,从而表现出一定程度的保守性与落后性,但是,正名和批判作为一种以史学经世致用的方法却是非常积极而有价值的,因为它密切了史学与现实社会政治的关系,加强了史学的参与能力,并因此增强了史学的生命力。

---

① 《孟子·滕文公下》。

四、余 论

第一,上文所论《春秋》与《左传》在历史编纂学和史学思想上的各方面,仅是择其要者而言之,并非其史学成就的全部。比如,像《左传》所采用的工求文笔的修史风格,《春秋》所体现的以名教为本的是非人物观即未予论述。

第二,在历史编纂学方面,《春秋》《左传》的相继完成,第一次从史书体裁、撰史手法、修史风格等方面将史书编写纳入一种比较严密的框架或体系之中,使史书编写由从前的随意性转为规范性,由无序进入有序,从而在提高史书编写质量的同时奠定了中国历史编纂学的雏形,或者说标志着中国历史编纂学的基本形成。

第三,在史学思想方面,孔子和《左传》作者,以其较为系统的史学思想从事史书编写工作,尽管他们在对人类社会的认识、对历史发展变化的原因的探讨等方面还存在这样或那样的不足,但毕竟建立起了中国史学思想的基本体系。

第四,如果笔者所提出的历史编纂学和史学思想是衡量中国史学起源的标准、历史编纂学和史学思想体系的基本形成是中国史学起源的标志这一观点能够成立,那么上文的论述足以说明中国史学起源于春秋末期至战国初期,其标志是《春秋》和《左传》的完成。

(原载《人文杂志》1997年第1期)

孔子与中国史学

一

孔子作为伟大的思想家和政治家,他在中国政治思想史上的崇高地位早已举世公认。作为教育家,他在中国教育史上的杰出贡献亦被充分肯定。然而,长期以来,有关孔子对中国史学的贡献及其在中国史学史上的地位,却是知之甚少,论之甚微。尽管早在清朝和近代,章学诚和章太炎即已极力主张,孔子在中国历史上主要以史学家而现身①,但时至今日,学界同仁并未予以正视。这也就是说,作为历史学家的孔子对中国史学的贡献迄今尚未被史界学人所认知。毋庸讳言,这是一个被我国历史学界长期忽略的问题。

自我涉足于中国史学,尤其是先秦史学以来,逐渐形成这样一种看法:孔子在思想史和教育史上的成就,遮盖了他在史学史上的建树。这正像柳宗元一样,尽管他在中唐史坛上相继撰写出《贞

---

① 参见章学诚《文史通义·内篇一·易教上》和章太炎《訄书·订孔》《国故论衡·明解故》等。

符》《封建论》《天说》《天对》等一批历史理论方面的杰作，并以此为标志形成唐代史学在史论发展史上的高峰，但由于他在中唐文坛上的杰出贡献，致使人们只知道作为文学家和诗人的柳宗元，而很少了解作为历史学家的柳宗元。

我提出这种看法，并不是担心孔子研究被思想史和教育史研究者所"垄断"。其目的在于通过对这个问题的思考和探索，以促使人们以深邃的历史眼光看待孔子撰述活动的史学意义及其在中国史学史上的价值与地位。这对先秦史学的研究，特别是对整个古代史学发展的历史过程的研究，都有着十分重要的作用。

可以毫不夸张地说，如果从史学的观点来看，孔子的撰述及孔子的学术活动，实乃先秦史学的重要组成部分，尤其是它们还一直深深地影响着后世中国史学的发展。章学诚曾经指出："史学本于《春秋》（孔子所作编年体史书）。"[①]可谓一语破的。今天应该是我们还孔子以伟大的历史学家的本来面目并充分肯定其史学成就的时候了。

我们说孔子是一位伟大的历史学家，并不仅仅是因为他撰写了我国历史上第一部编年体史书——《春秋》，而在于他本来就是一位对历史充满浓厚兴趣，并具有深刻的社会历史观的史学家。且看《论语》中的有关记载：

子曰："述而不作，信而好古，窃比于我老彭。"[②]

---

① 章学诚：《立言有本》，见《文史通义·外篇一》。
② 《论语·述而》。

> 子曰：“我非生而知之者，好古敏以求之者也。”①
>
> 子曰：“夏礼吾能言之，杞不足征也；殷礼吾能言之，宋不足征也；文献不足故也，足则吾能征之矣。”②
>
> 子曰：“吾犹及史之阙文也，有马者，借人乘之，今亡矣夫。”③

这些都反映的是孔子对历史的兴趣与执着追求。

> 子曰：“殷因于夏礼，所损益可知也；周因于殷礼，所损益可知也。其或继周者，虽百世可知也。”④

这则反映的是孔子的历史哲学。

孔子不只是对历史充满兴趣，而且在其学术活动中总是不断地着意于研究历史、研究文物。此类例证不胜枚举。比如，《国语·鲁语》云：

> 仲尼在陈，有隼集于陈侯之庭而死，楛矢贯之，石砮其长尺有咫，陈惠公使人以隼如仲尼之馆，问之。仲尼曰：“隼之来也远矣，此肃慎氏之矢也。”

---

① 《论语·述而》。
② 《论语·八佾》。
③ 《论语·卫灵公》。
④ 《论语·为政》。

紧接着，孔子又将西周初年肃慎氏怎样进贡石砮楛矢，周王怎样分赐给臣下，陈侯怎样分到一份的事情详细讲述了一遍。并告诉陈侯说"求诸故府"（库房）即可得到。陈侯当即派人去找，果然找到此物。同书又记载了这样一件事情：有一次，吴国讨伐越国，结果"堕会稽，获骨焉，节专车"，吴王派人前去询问孔子，孔子先回答说："丘闻之，昔禹致群神于会稽之山，防风氏后至，禹杀而戮之。其骨节专车，此为大矣。"然后向来使解答了有关防风氏当年的职守等一系列问题。

二

如果说上面的有关事实，只是从一个方面说明孔子是一位历史学家，那么我国史学之父司马迁对孔子的崇拜与模仿则从另一方面显示出孔子作为历史学家的伟大与其史学成就的斐然。据《史记·太史公自序》记载，司马迁之父司马谈在临终之际执其子之手哭泣着说：

> 余先周室之太史也，自上世尝显功名于虞夏，典天官事。后世中衰，绝于予乎？汝复为太史，则续吾祖矣。……孔子修旧起废，论《诗》《书》，作《春秋》，则学者至今则之。自获麟以来四百有余岁，而诸侯相兼，史记放绝。今汉兴，海内一统，明主贤君忠臣死义之士，余为太史而弗论载，废天下之史文，余甚惧焉，汝其念哉！

这段文字至少说明两个问题：一是孔子所作《春秋》在西汉初期依然是史家撰史的楷模；二是司马谈希望司马迁踵己之后担负起编写史书的重任，以成为第二个孔子。

司马迁丝毫没有辜负其父的遗愿，并把它作为自己终身奋斗的目标。首先，司马迁对孔子充满了无限的崇敬之情，他在《史记·孔子世家·赞》中明确指出：

> 《诗》有之，"高山仰止，景行行止，虽不能至，然心向往之。"余读孔氏书，想见其为人。适鲁观仲尼庙堂车服礼器，诸生以时习礼其家，余只回留之，不能去云。

显而易见，这其中，既有纯挚的依恋，又有仰慕的情感。其次，司马迁把《史记》的写作看作是孔子著《春秋》。我们知道，《春秋》绝笔于获麟，而《史记》也是"卒述陶唐以来，至于麟止"；按照《史记·太史公自序》的说法，"孔子厄陈蔡，作《春秋》"，而司马迁也是"遭李陵之祸，幽于缧绁"，才"述往事，思来者"。特别巧妙的是，孟子不是曾经说过，五百年必有王者兴，尧舜至商汤五百年，商汤至文王五百年，文王至孔子五百年。由此出发，司马迁直言不讳地指出："先人有言：'自周公卒五百岁而有孔子。孔子卒后至于今五百岁，有能绍明世，正《易传》，继《春秋》，本《诗》《书》《礼》《乐》之际？'意在斯乎！意在斯乎！小子何敢让焉。"这也就是说，在司马迁所生活的时代，应该是第二个"作《春秋》的孔子"出现的时候了，而此人正是司马迁。我们不必去问，孔子是否因厄于陈蔡而作《春秋》，司马迁是否因李陵之祸才动手写作《史记》，孔子至司马迁是否正好五百年。我们所注意的是，在司马迁的心理上，他是第二个"孔子"，《史记》是第二部"《春秋》"。

正因此，在整部《史记》中，征引孔子的地方非常之多，不妨略举数则：

> 孔子曰："殷路车为善，而色尚白。"①
>
> 孔子言吴太伯可谓至德矣："三以天下让，民无得而称焉。"②
>
> 孔子曰："伯夷、叔齐，不念旧恶，怨是用希。"③
>
> 孔子称曰："居是国，必闻其政"，田叔之谓乎！④
>
> 孔子曰："导之以政，齐之以刑，民免而无耻。导之以德，齐之以礼，有耻且格。"⑤

可以说：司马迁已经把孔子当作唯一可以印证的权威，比如，说田叔，便套用孔子"居是国，必闻其政"的说法；说万石、张叔，即借用孔子"君子欲讷于言而敏于行"的言辞。有时甚至不加判断，直接以孔子的话作为自己的代言，如"殷有三仁""吴太伯可谓至德"等即属于这种情况。

---

① 《史记·殷本纪》。
② 《史记·吴太伯世家·赞》。
③ 《史记·伯夷列传》。
④ 《史记·田叔列传·赞》。
⑤ 《史记·酷吏列传》。

尤其是司马迁对孔子所撰《春秋》推崇备至。如《史记·太史公自序》载：

> 夫《春秋》，上明三王之道，下辨人事之纪，别嫌疑，明是非，定犹豫，善善恶恶，贤贤贱不肖，存亡国，继绝世，补敝起废，王道之大者也。……《春秋》辩是非，故长于治人。……《春秋》以道义。拨乱世，反之正，莫近于《春秋》。《春秋》文成数万，其指数千。万物之散聚皆在《春秋》。《春秋》之中，弑君三十六，亡国五十二，诸侯奔走不得保其社稷者不可胜数。察其所以，皆失其本已。故《易》曰："失之毫厘，差以千里。"故曰"臣弑君，子弑父，非一旦一夕之故也，其渐久矣。"故有国者不可以不知《春秋》，前有谗而弗见，后有贼而不知。为人臣者不可以不知《春秋》，守经事而不知其宜，遭变事而不知其权。为人君父而不通于《春秋》之义者，必蒙首恶之名。为人臣子而不通于《春秋》之义者，必陷篡弑之诛，死罪之名。……故《春秋》者，礼义之大宗也。夫礼禁未然之前，法施已然之后；法之所为用者易见，而礼之所为禁者难知。

在这里，司马迁把《春秋》看作是"是非"的权衡、"王道"的纲领和一切人"通权达变"的指南。它代表一种法制，是禁于未然的法制，这也就是"礼"。一句话，在司马迁的心目中，《春秋》是礼义的根本大法的例证和实施。正因为司马迁如此看重《春秋》，所以《春秋》的著述例则也就自然成为《史记》着力效仿的对象。比如，《春秋》对历史或现实的歌颂与讽刺的做法即为司马迁所吸收。他说:"《春秋》采善贬恶,推三代之德,褒周室,非独刺讥而已。"①这正是《春秋》颂扬的一面,司马迁把这方面发挥在对于当代的歌颂。与此同时司马迁像孔子那样,对当代又有所讽刺。然而无论是歌颂,还是讽刺,都不十分明显,这一点也是继承《春秋》而来:

> 孔子著《春秋》,隐桓之间则章,至定哀之际则微,为其切当世之文,而罔褒,忌讳之辞也。②

无须赘加例举,只要读者把《春秋》和《史记》做一对读,就可发现,《春秋》的微言大义为司马迁所吸收,以作为其《史记》的神髓。诚如章学诚所说:

> 夫史迁绝学,《春秋》之后一人而已,其范围千古,牢笼百家者,惟创例发凡,卓见绝识,有以追古作者之原,自具《春秋》家学耳。③

难怪班固修《汉书·艺文志》时将《史记》列入"春秋家"。

从某种程度上来说,没有孔子及其《春秋》,也就不会有举世闻名的《史记》,《春秋》是《史记》的灵魂。笔者如是说,丝毫无意于贬低司马迁作为中国史学之父对中国史学所做出的巨大贡

---

① 《史记·太史公自序》。
② 《史记·匈奴列传·赞》。
③ 《文史通义·申郑》。

献,只是想说明这样一个问题:研究中国史学,不能只看到司马迁的伟大建树,而忽视或淡化孔子的史学成就。不知从什么时候开始,史界学人便自觉或不自觉地形成这样一种习惯:一谈及中国史学的辉煌成就,就像条件反射似的马上联想到司马迁,正如同一说到西方史学,便会立即想起希罗多德一样。作为中国史学之父的司马迁和作为西方史学之父的希罗多德似乎已分别成为中西方史学成就的代名词。尤其是,一旦将中西方史学试做比较,人们每每以司马迁和希罗多德为基点,其结果必然是中国史学在很大程度上优于西方史学,因为司马迁比希罗多德在生活时代上晚数百年,任何事物的发展总是后来居上。这不能不说是一种十分偏颇的做法。如果我们将孔子和希罗多德这两位基本上处于同一时代的东西方历史学家做一比较,也许能够十分确切地映示出中西方史学的共性与特性,以更好地揭示出历史学发展的普遍规律。

三

不过,使我对"孔子与中国史学"这一课题产生浓厚的兴趣的原因,关键还在于孔子作为一位伟大的历史学家,对中国史学做出了许多富有开创性的贡献。需要指出的是,这些贡献在当时也许显得并不十分重要,但对后来中国史学的发展,尤其是对某些史学传统的形成却有着非常重要的影响。因为在人类历史上,常常会出现这样一种现象:一次重大的历史变故或者一种重要的思想学说,其价值的体现与作用的发挥有时不在孕育它的当时的时代环境之下,而在后来的历史长河中。这正像孔子创立的儒家学说,尽管它在孔子所生活的春秋末期并不那么引人注目而备受世人所重视，但对其后中国几千年思想文化的发展却发挥着举足轻重的作用。

那么，孔子有哪些主要的史学成就呢？我认为，孔子对中国史学的贡献主要表现在史学思想和史书编纂两个方面。关于史学思想，至少有三个方面特别值得注意：

第一，孔子修《春秋》，旨在借助历史来阐述自己的政治信念，以达到警世和垂教后世的目的，从而开创了"借事明义"的新史学。进行历史研究的目的，是为了在探讨人类历史发展过程及其规律性的同时，对以往的历史做出符合实际的总结，然后以深沉的历史眼光透视当代社会，以对现今的社会政治和未来的道路做出精确的抉择。换言之，历史研究如果离开为现实社会服务的目的，那么就成为一种毫无意义的徒劳之行。如果说孔子整理《诗》《书》《礼》《易》《乐》尚有"信而好古"之习，那么他修订《春秋》则完全是着眼于当世。孟子曾经指出："世衰道微，邪说暴行有（又）作。臣弑其君者有之，子弑其父者有之。孔子惧，作《春秋》。"[①]又云："孔子成《春秋》而乱臣贼子惧。"[②]可见《春秋》为感于乱世而作，具有强烈的社会批判性。孔子在该书中通过对自己所处时代的二百余年历史进行反审，并在以王公大夫为其审视与评判对象的基础上，达到警世和垂教后世的目的。显然，这是孔子把历史运用于现实政治的一项创举，从而结束了旧史官单纯记言记事的档案史学，开创了"借事明义"的新史学，为中国史学的

---

① 《孟子·滕文公下》。

② 《孟子·滕文公下》。

发展起了很大的促进作用。

第二，孔子主张的"忠孝节义"及其《春秋》对这一思想的运用，形成后世忠孝节义的史学思潮。如果说在中国传统文化以及外来文化中对中国人影响最深的是孔子创立的儒家学说，那么在儒家学说中对中国人影响最深的便是"忠孝节义"的纲常礼教。"忠孝节义"作为孔子哲学、伦理思想的重要组成部分，在孔子以后，凭借其在统治阶层心目中确然不拔的独尊地位，以强大的渗透力浸入、根植于史学领域，并始终伴随着中国史学的发展而存在，从而形成横贯中国史学长河的一大史学思潮。几千年来，尽管朝代更迭，社会演变，但不同时代、不同流派的史学家都不约而同地把"忠孝节义"作为修史的一大灵魂，严格地以此为准绳来评判历史人物的功过得失。而这正是中国史学不同于西方史学的一大特点，或者说是中国史学之所以为中国史学的内在根源之一。

第三，孔子既肯定"人事"又承认"天命"的哲学思想及其"天人合一"思想，形成中国史学在社会历史观方面既承认人为的作用，又相信天神的力量的传统。孔子在对待"天"的态度上保留了旧的超自然的神秘色彩，亦即在总体上肯定"天"是有权力意志的人格神，并进而承认"天"在人类社会生活中起着十分重要的作用。与之相适应，孔子相信"命"。他认为，小自人之生死，大至道之行废，一切全然由"命"决定。天命不仅存在，而且可知。然而，孔子在相信"天""天命"的同时，在他身边发生的许多用"天命"无法解释的客观事实又迫使他对"天""天命"产生了一定程度的怀疑，并对其表现出某种自然主义的理性思考。由此出发，孔子有时又承认"人事"在历史发展中起着一定的作用。

在孔子身上所体现出的"人事"与"天命"两种相互矛盾的思想因素，给当时正在孕育成长的中国史学烙上了无法泯灭的深深印痕，并一直影响着古代乃至近代的中国史学。一代复一代，一朝复一朝，无论是富有创新意向的异端派史家，还是恪守陈规陋俗的正统派史家，都徜徉在由"人事"与"天命"两重截然对立的思想交织融汇的精神氛围之中，都在一种矛盾的内心世界里递相探索决定人类历史命运的是人还是神这一古老而又现实的历史命题，直到古代和近代前期史学终结之际，这一史学现象才成为历史的陈迹。

就历史编纂而言，孔子在下面四个方面做出了开创性的贡献：

第一，在修史体例上，孔子撰《春秋》采用"以事系日，以日系月，以月系时，以时系年"的写法，从而在中国史学史上确立了编年体的雏形，开创了编年体史书的著述例则。后经左丘明撰《左传》，荀悦著《汉纪》，编年体日渐完备，以致到宋代出现了《资治通鉴》这一编年体巨著。

第二，在修史方法上，孔子首创简洁凝练、寓论于史的修史手法。孔子修《春秋》，采用"约其辞文，去其烦重"①的手法，作者从大量历史资料中经过精思提炼，并通过自己语言的高度概括，仅用一万六千五百七十二字，便将春秋时期二百四十二年错综复杂的史事，写成一部文辞严谨，一字都足以辨明是非，伸张正道而成褒贬的备极精练的重要史籍。自孔子开创简约之法以后，叙事简洁凝练就成为历代史家奉行不悖的修史良法。寓论于史是指寓论断于叙事之中的写作手法。孔子修《春秋》时采用不同笔法寓肯

---

① 《史记·太史公自序》。

定判断与否定判断于记事之中,借以称赞好人好事和抨击坏人坏事。作者不同的主观意念和感情色彩,不是通过作者本人之口道出,而是经由不同的笔法灵活自如地表现出来,这便是孔子的高明之处。其意义在于为中国史学开创了一种寓论于史的修史良法。司马迁撰《史记》即继承了这种手法。

第三,在治史态度上,孔子是中国史学史上第一位主张严谨求实的史学家。他修《春秋》,对于史料的选择本着"知之为知之,不知为不知"的求实态度。正如他自己所说:"盖有不知而作之者,我无是也。多闻,择其善者而从之。"① 为了广泛地占有史料,以便实录当世之事,他曾派子夏等十四人到周王室借阅周史,得到"百二十国宝书"②。这些"宝书"便成为孔子修《春秋》的重要依据,用以订正讹乱,补充史实。与此同时,对有些因史料不完备而无法详写者,孔子则以求实态度,付之阙如。这种"疑以传疑""疑者阙焉"的求实态度,一直深深地影响着后世的历史学家。

第四,在研究方法上,孔子《春秋》开后世研究近现代历史之先河。一部《春秋》,正是孔子所处时代的中国近、现代历史。按照公羊学派的说法,孔子把春秋历史分为三世,即所见世、所闻世、所传闻世,分别相当于自己和父辈一代,祖父辈一代,高祖、曾祖辈一代。大致相当于如今所说的现代和近代。从现有史料和中国史学的发展来看,孔子在《春秋》中对号称"天子之事"的近现代历史进行研究总结,客观上开辟了后世研究近现代历史的风

---

① 《论语·述而》。
② 《公羊传》注疏引《闵因叙》。

气。自孔子以后,密切注意正在变化的现代史,并对告一段落的近代史进行及时总结,便在中国古代史学中逐渐形成一种传统,司马迁《史记》、李焘《继资治通鉴长编》等都是这方面的力作。

上所胪陈,仅为孔子史学活动的局部概观,并非其史学成就的全部。

概括地说,孔子在中国史学的诸多方面做出了开创性的贡献,中国史学的许多传统都直接来源于孔子。尽管中国史学的历史可以从远古传说算起,但中国史学的萌芽起步却在孔子所生活的春秋时代。如果由此出发,不抱偏见,正视上述事实,那么应该承认,孔子是中国史学的开山祖师。虽然他对中国史学的发展起过一些消极影响,但他在中国史学史上的开拓之功却是抹杀不了的。作为史学史研究者,应该像思想史和教育史研究者研究孔子在思想史和教育史上的成就那样,来研究孔子在史学史上的成就,并把孔子的史学成就与其在思想史和教育史上的成就摆在同等重要的地位。唯有如此,才能对孔子这个伟大的历史人物在中国历史上的成就与地位做出准确、全面的评价。

(原载《孔子与中国史学》,台湾新文丰出版公司1994年版)

论孔子的史学思想

长期以来,中外学界同仁总是把孔子当作伟大的思想家和教育家对其伦理思想和教育思想进行广泛而深入的研究,并已出版和发表了诸多论著,而很少有人把孔子当作伟大的历史学家对其史学思想进行全面而深刻的论述,致使孔子在史学思想上的成就迄今鲜为人知。事实上,孔子不仅是伟大的思想家和教育家,而且是伟大的历史学家,他对中国史学的发展做出了许多重要的贡献(对此,笔者另有专文详论①,兹不赘)。本文拟就孔子的史学思想略作胪论,敬祈专家学人批评指正。

一、进化论的历史变易观

孔子作为一位政治思想家,他虽然生活在"礼崩乐坏"、早期奴隶制向发达奴隶制过渡、氏族统治体系和公社共同体的社会结构相继瓦解的社会大变革时代,但他不是站在这个时代的前列为新制度的诞生大喊大叫,而是固守保守、落后的一面,哀叹世风不古,

---

① 见拙作《孔子与中国史学》,载《人文杂志》1992年第6期。

力图重建文武周公之业。他不仅在政治上主张维护周礼的统治秩序,而且在经济上主张维持原有的社会经济结构。然而,作为一位历史学家,孔子的史学思想又表现出进化论的历史变易观。首先,他承认历史在不断地发展变化。他在《论语·季氏》中曾经指出:"天下有道,则礼乐征伐自天子出;天下无道,则礼乐征伐自诸侯出。自诸侯出,盖十世希不失矣;自大夫出,五世希不失矣;陪臣执国命,三世希不失矣。天下有道,则政不在大夫;天下有道,则庶人不议。"在这里,孔子以"礼乐征伐"是否由统治阶级决定为标准,将春秋以前的历史划分为"天下有道"和"天下无道"两个时期。"礼乐征伐"由统治阶级决定,便是"天下有道"的历史时期,反之则为"天下无道"的历史时期。而在整个"天下无道"的历史时期,又有着种种不同的情形:自西周中叶"国人之乱"以来到孔子生活的春秋末期,有四百余年。在此期间,"礼乐征伐"的决定权不仅不"自天子出",而且愈益下移,从诸侯手中下移到大夫,又从大夫手中下移到大夫的家臣手里。于是,孔子又把"天下无道"的历史时期再划分为三个阶段:开始是"礼乐征伐自诸侯出",可以延续十世;然后是"自大夫出",至多延续五世;最后是"陪臣执国命",可以延续三世。共计十八世。古人约以三十年为一世。若以此推算,孔子所指出的"天下无道"的三个阶段总计为五百四十年。由孔子《春秋》绝笔之年即鲁哀公十四年(前481)上推,则"天下有道"的下限相当于西周穆王、共王在位前后。考《史记·周本纪》所记,西周时代,"成、康之际,天下安宁";"昭王之时,王道微缺";穆王即位"王道衰微";懿王之时,"王室遂衰,诗人作刺";厉王执政,"诸侯不朝","国人莫敢言,道路以目",终于激起国人暴动。据此可见,周天子手中的"礼乐征伐"大权,在穆王前后业已丧失。就这一点来说,孔子关于"天下有道"和"天下无道"两个历史时期的划分大体上符合历史的真实情况。而这两个时期划分的本身,正好说明孔子承认历史在不断地发展变化。不过,需要指出的是,孔子承认历史在变,是说社会政治在逆行,亦即社会政治同历史所应该走的道路背道而驰。在他看来,整个春秋的历史,就是天下愈来愈"无道"的变迁史。他认为,只有使社会变回"礼乐征伐自天子出"的局面,就算是从"无道"复归于"有道"。当然,这并不是简单机械地要求社会上的一切事物都回归到西周初期文、武、周公之世的样式。

其次,孔子认为历史的发展具有一定的继承性。这主要表现在他对夏、商、周礼乐文化的认识与理解方面。中国古代礼乐文化是在原始宗教礼乐的基础上发展起来的早期国家的文化形态,自夏而商、而周,其内容与形式的演变经历了由鬼神崇拜而逐步增强道德理性、由粗鄙而日趋文雅、由不完备到完备的渐进过程。以礼而论,周礼是在西周初年确定下来的以血缘为基础、以等级为特征的一套典章、制度、仪式、礼节,它不同于殷礼、夏礼的基本精神就是它的道德理性。这种理性的创造,在周公制礼时表现得十分明确:"先君周公制周礼曰:'则以观德,德以处事,事以度功,功以食民。'"①"则"即礼的基本原则。遵从礼的基本原则即为有德,反之则为无德。这样便引德从礼,使周礼的基本原则

---

① 《左传·文公十八年》。

具有指导和规范德行的道德理性。虽则"德"的概念并非周人所独创,但将德与礼直接联系起来确实是始于周公。毫无疑问,相对于夏礼和殷礼来说,以道德理性为特征的周礼是对礼的一次变革。这一变革的重要意义在于使起源于神鬼祭祀的礼开始转变其职能,亦即从对外在的崇拜对象或神秘世界的追求转向人伦日用。显然,这对人们摆脱宗教蒙昧、发展理性活动起到一定的促进作用。另外,在美感方面,周礼和周代礼乐文化对夏、商礼乐亦有所发展。随着物质文明的进步和人们欣赏水平的提高,西周、春秋时用于礼仪场合的诸如乐律、乐技、舞技等各种声色手段,都较以往丰富而精巧。相应地,表现礼仪活动的声色之美,如弦歌雅颂之音、升降进退之容等,亦比从前更为富丽、典雅。这正是周礼和周代礼乐对夏、商礼乐有所发展的一种表现。对传统礼乐文化充满浓厚兴趣的孔子,在对三代礼乐进行广泛而深入的考察与研究之后指出:"殷因于夏礼,所损益可知也;周因于殷礼,所损益可知也。其或继周者,虽百世可知也。"[①]这就是说,三代礼制表现为一种渐进的历史过程,后世之礼对前世之制既有因袭又有发展。换言之,礼制在不断发展,历史在代代相续。既然殷能继夏,周能继殷,那么周的后世也一定能够继周。基于这种进化论的历史变易观,孔子认为,一方面,事物的变化和学术的发展总是后者超越前者。比如,他认为在夏、商两代古典文化的基础上发展起来的周文化是一种超越以往时代的空前繁盛、无与伦比的现代文化,以至于他把具有这种文化的西周当作自己理想社会的标准:"周监于

---

① 《论语·为政》。

二代,郁郁乎文哉! 吾从周。"①"从周"二字既表达了孔子的主观愿望,又反映了他对一种后来居上的文化的肯定与赞扬。另一方面,对以往时代的文化,不能因为它已经成为历史而轻率地予以抛弃,而应该有所选择地吸收其有益的成分,正如孔子举例所说:"行夏之时,乘殷之辂,服周之冕,乐则韶舞。"②

总之,孔子作为春秋时期一位伟大的历史学家,在认识人类社会的过程中表现出一种难能可贵的进化论的历史变易观。之所以说难能可贵,就在于它在当时代表了一种进步的历史观念。我们知道,春秋时期,由于社会生产力的发展和科学技术的进步,人们认识客观事物的水平和洞察客观世界的能力得到前所未有的提高。相应地,在如何认识人类社会的问题上,一些人开始冲破传统的万事不变的思想观念的束缚,从"变"的观点出发,来探讨人类社会的逆转运行。例如,晋国史官蔡墨在回答赵简子关于鲁国大夫季孙氏专权和鲁昭公逃亡在外而无人怜悯的原因时指出:"社稷无常奉,君臣无常位,自古以然。"③这种承认自古以来事物的变革是不可避免的观点正是进化论的历史观的具体反映。然而,尽管如此,但大多数人依然保有一种僵化、固定不变的历史观,比如与孔子几乎同时的老子即是如此。他说:"小国寡民。……使民复结绳而用之。甘其食,美其服,安其居,乐其俗。邻国相望,鸡犬之声相闻,民至老死不相往来。"④这种僵化的、固定不变的说教

---

① 《论语·八佾》。
② 《论语·卫灵公》。
③ 《左传·昭公三十二年》。
④ 《老子》第八十章。

和孔子进化论的历史变易观显然不能同日而语。

二、天人并重的社会历史观

既然孔子承认历史在不断地发展变化,那么究竟为什么会产生这样的变化?孔子认为,这其中既有"上天"的力量,又有"人事"的作用,"天"与"人"构成历史发展的双重动力。同政治上的"吾从周"一样,在社会历史观方面,孔子因袭周代的宗教观念,把"天"看作有意志的人格化的上帝、看作人类和自然界的最高主宰。兹就《论语》中孔子谈"天"的语录略举数则:

子见南子,子路不说(悦)。夫子矢之曰:予所否者,天厌之!天厌之!①
天之将丧斯文也,后死者不得与于斯文也;天之未丧斯文也,匡人其如予何?②
获罪于天,无所祷也。③
颜渊死。子曰:噫!天丧予!天丧予!④
天生德于予,桓魋其如予何?⑤

---

① 《论语·雍也》。
② 《论语·子罕》。
③ 《论语·八佾》。
④ 《论语·先进》。
⑤ 《论语·述而》。

很显然,孔子在对待"天"的态度上保留了旧的超自然的神秘色彩,亦即在总体上肯定"天"是有权力意志的人格神,并进而承认"天"在人类社会生活中起着十分重要的作用,尤其是当有些事物的变化规律不被认识或身处逆境而毫无所措之时,这种看法将变得更为深刻和强烈。与之相应,孔子相信"命"。且看《论语》中言及"命"的语录:

> 吾十有五而志于学,三十而立,四十而不惑,五十而知天命,六十而耳顺,七十而随心所欲,不逾矩。①
> 伯牛有疾。子问之,自牖执其手,曰:"亡之,命矣夫,斯人也而有斯疾也。"②
> 死生有命,富贵在天。③
> 君子有三畏:畏天命,畏大人,畏圣人之言。小人不知天命而不畏也,狎大人,侮圣人之言。④
> 道之将行也与,命也;道之将废也与,命也。⑤
> 不知命,无以为君子也;不知礼,无以立也;不知言,无以知人也。⑥

在孔子看来,小自人之生死,大至道之行废,一切全然由"命"决

---

① 《论语·为政》。
② 《论语·雍也》。
③ 《论语·颜渊》。
④ 《论语·季氏》。
⑤ 《论语·宪问》。
⑥ 《论语·尧曰》。

定。天命不仅存在，而且可知。正是从这个意义出发，孔子提出"不知命，无以为君子也"的命题。基于天命可知的认识，孔子认为天命不可抗拒，并进而指出"君子有三畏：畏天命，畏大人，畏圣人之言"。在"三畏"之中，"畏天命"占有突出的地位，这里的"天命"是指尘世统治阶级的意志和愿望。在孔子心目中，"知天命""畏天命"即为君子，"不知天命""不畏天命"便是小人。他还赋予"知命""知礼"以同等意义，因而乐天知命与安贫乐道便没有任何区别，都是要求人们顺从命运的支配。

孔子在相信"天""天命"的同时，其身边发生的许多用"天命"无法解释的事情又使他不能完全相信天命能够无条件地支配历史的发展变化和人事的升降变化。比如，他曾提出这样的疑问："回（颜回）也其庶乎，屡空。赐（子贡）不受命而货殖焉，亿则屡中。"①颜回知礼行仁，可谓"顺应天命"，结果却在陋巷中穷苦不堪；子贡置天命于度外，却能经商致富。如果说"君子知命"，这又如何解释？客观现实迫使孔子对"天命"产生一定程度的怀疑。相应地，在他的有关谈论中，对"天""天命"表现出某种自然主义的理性思考。他曾深有感触地对其弟子说："天何言哉？四时行焉，百物生焉。"②天不发号施令，而春夏秋冬照常交替运行，万事万物照样萌生滋长。显而易见，这与老子的"天地不仁，以万物为刍狗"的思想完全相同。在这里，孔子阐释的"天"又具有自然的属性，而出自这种自然之天的"天命"，当然不能简单地理解为天帝意志的显现或尘世统治阶级的利益、愿望和意志，这也就是

---

① 《论语·先进》。
② 《论语·阳货》。

说，它不能不具有自然法则或事物规律性的含义。正是由于这一点，孔子对《诗经·大雅·蒸民》中的"有物有则"一语做了热情的肯定："《诗》曰：'天生蒸民，有物有则。民之秉彝也，故好是懿德。'孔子曰：'为此诗者，其知道乎！故有物必有则，民之秉彝也，故好是懿德。'"①尽管《诗经》的原文是"天生蒸民，有物有则"，但孔子着重强调的却是"有物必有则"对人事的影响，这不能不说在对待"天"的问题上又表现出自然主义的理性思考。张岱年先生认为，孔子的"天命"观具有从主宰之天向自然之天过渡的特征②。此说不无道理。

与这种具有自然主义倾向的"天命"观相适应，孔子对"天命"的观念，又多少表现出一些不可知论的色彩，所持的态度是尽人事以应"天命"，所谓"不怨天，不尤人，下学而上达，知我者其天乎"③正好说明这一点。再比如，"子路宿于石门。晨门曰：'奚自？'子路曰：'自孔氏。'曰：'是知其不可而为之者与？'"④"知其不可而为之"是对孔子尽人事以应天命的态度的最好说明。与人要胜天不同，它强调的是谋事在人、成事在天。作为对天命的怀疑，这个命题在中国哲学史上具有积极意义，因为它至少表现出一种重视实做的精神。

如果说在具有自然主义倾向的孔子天命观中还存在着超自然的思想因素，那么这种思想因素在孔子对鬼神的看法中则十分淡薄。

---

① 《孟子·告子上》。
② 张岱年：《玄儒评林》，湖南人民出版社1985年版，第28页。
③ 《论语·宪问》。
④ 《论语·宪问》。

孔子对鬼神的基本立场是："敬鬼神而远之，可谓知矣。"①章太炎据此断定："至于破坏鬼神之说，则景仰孔子当如岱宗北斗。"②此说有失片面。这正如蔡尚思先生所说，"敬鬼神"，其前提就是承认有鬼神，否则，何"敬"之有？③ "敬鬼神而远之"只能说明孔子对鬼神既承认又回避。"敬"，是指在祭祀时保持礼仪的严肃性；"远"，是说不要把人事吉凶同鬼神相联系。在孔子看来，在对鬼神的有无及其作用难以做出实证的情况下，保持敬而远之的态度是明智的。因此，他坚持不谈鬼神，"子不语怪、力、乱、神"④。即使他的学生直接提出有关鬼神的问题，他也不做正面解释。有一次，子路请教怎样事奉鬼神，孔子回答说："未能事人，焉能事鬼？"子路又问死是怎么回事，孔子说："未知生，焉知死？"⑤又有一次，子贡问孔子：人死以后还有知觉吗？孔子回答说：我如果说死而有知，恐怕会使那些孝子贤孙们为死去的父母过度操办而影响养生；如果说死而无知，又担心那些不肖子孙对死者弃而不葬。你若想了解人死有知还是无知，等你死后自己去体验吧，到那时还来得及。⑥透过这番幽默而风趣的解答，正好可以看出孔子在对待鬼神的问题上关心人事、注重道德的立场。基于这种立场，身处当时巫术迷信仍然非常盛行的时代环境中的孔子非但不愿对一切玄想和宗教信仰进行过多的探讨与研究，反而试图把宗

---

① 《论语·雍也》。
② 章太炎：《答铁铮》。
③ 蔡尚思：《孔子思想体系》，上海人民出版社1982年版，第96页。
④ 《论语·述而》。
⑤ 《论语·先进》。
⑥ 见《说苑·辨物》。

教神秘转变为人伦日用之常。他认为,人们对鬼神的虔诚如果不是表现为对神秘世界的憧憬,而只是满足人伦道德的心理欲求,亦即不因对鬼神的崇拜而放弃对人事的追求,那么即使承认鬼神存在也无关紧要。退一步说,即使鬼神不存在,也可假设其存在,"祭如在,祭神如神在"①。但假设其存在,只是为了寄托思念之情,以达到死者与生者、历史与现实的统一。这就是孔子"敬鬼神而远之"的复杂心态。

从上可见,孔子的社会历史观既带有承认"天命"的消极方面,又表现出肯定"人事"的积极因素。《春秋》作为孔子在史学方面的代表作充分体现出这一社会历史观。就《春秋》的内容来说,它记载了很多天象变化及自然灾害情况,诸如日食星陨、地震山崩、风雨不调、蝗害螟患、春荒冬饥等,有一百四五十则。据朱文鑫《春秋日食考》一文统计,其中有三十五次准确的日食记录。这在当时世界上属于最完整的天文观测资料。《春秋》作为一部"道名分"之作,为什么要大量记载天象灾异?尤其是甚至连老鼠啃了牛角②、水鸟被风吹得"退飞"③之类的琐事也大书特书。其实,这正是孔子迷信"天命"的具体表现。春秋时期,一些尊古守旧的思想家普遍认为:"国无政,不用善,则自取谪于日月之灾。"④与这种对天变的基本见解相适应,孔子在《春秋》中集天象

---

① 《论语·八佾》。
② 《春秋·成公七年》:"春王正月,鼷鼠食郊牛角,改卜牛,鼷鼠又食其角,乃免牛。"
③ 《春秋·僖公十六年》:"是月(正月),六鹢退飞过宋都。"
④ 《左传·昭公七年》。

灾异,旨在宣传人事由"天"在冥冥之中所主宰,警告各级统治者切勿玩忽"天命"。《春秋》关于天变的记录,虽然在客观上有着重要的史料价值,但在主观上却是宣扬神秘的"天命"论。

与此同时,我们又应该看到,在一部《春秋》中,孔子并不是事事都陷入"天命"论的泥淖之中。相反,相对于天象灾异来说,《春秋》所记更多的则是人的活动,大凡春秋时期列国间的朝聘、盟会、战争等均有记载。不妨以其记载的第一年即鲁隐公元年(前722)为例:

> 元年,春,王正月。
> 三月,公及邾仪父盟于蔑。
> 夏,五月,郑伯克段于鄢。
> 秋,七月,天王使宰咺来归惠公仲子之赗。
> 九月,及宋人盟于宿。
> 冬,十有二月,祭伯来。
> 公子益师卒。

这是一年记载的全文。很清楚,这里丝毫没有以天和鬼神进行说教的痕迹,完全是从人事的角度对历史所做的客观叙述。可以说,这正是孔子"人能弘道,非道弘人"[①]思想在史书编纂中的反映。

---

① 《论语·卫灵公》。

三、经世致用的鉴戒史观

自春秋初期开始,周天子已无足轻重,即使在自己的王畿之内,政权亦由王臣支配。尤其是到春秋中后期,诸侯各行其是,非但擅自改革国内各项制度,而且互相攻伐兼并,强者称王称霸。从人类社会发展的观点出发来评判春秋时代的社会政治变化,应该承认,这是社会发展过程中进步代替落后的一种弃旧扬新的历史大变革,从而在中国文明史上具有确然不拔的历史地位和深远的历史影响。相反,孔子作为一位比较保守的思想家,反而认为这是"天下无道"的表现。为了改变这种社会现实,孔子忙忙碌碌地到处奔走。特别是从他五十五岁起,开始了长达十四年的周游列国以游说诸侯的历程。然而,到头来却无济于事,汹涌澎湃、滚滚向前的历史潮流依然是大国争霸、战争频仍的政治生活的剧烈动荡。

如果说孔子作为伟大的思想家在现实生活中的四处碰壁,使他成为一位在周道既衰、天下纷争之际为求得统一的理想而企图用思想理论来挽救颓势的悲剧人物,那么作为一位历史学家,孔子在现实社会中倒有其成功的地方,这便是"经世致用"思想的运用。孔子在自己的政治理想无法实现的时候,转而编写《春秋》,借历史来陈述自己的政见,并最终改造自己所面临的现实。司马迁在《史记·太史公自序》中与壶遂的对话即清楚地说明这一点。在"自序"里,司马迁首先给我们揭示出孔子写作《春秋》的主观动机——借助历史来阐述自己的政治信念,以达到警世和垂教后人的目的(《史记·孔子世家》对此亦有深刻的论述①),然后通过比较的手法指出《春秋》在现实社会中发挥的主要作用。在司马迁看来,《易》学偏重于解释自然现象的变化,《礼》学偏重于人与人之间的等级地位,《书》学偏重于为统治者治理国家提供方便,《乐》学偏重于声音的协调,《诗》学偏重于各地风土人情。唯有以《春秋》为代表的史学,偏重于辨明是非真假,回答是与不是、对与不对这样一种严肃的问题,故能"上明三王之道",即指出历史前进的规律,"下辨人事之纪",即指出受历史规律制约的各种人事活动。所以,"有国者不可以不知《春秋》",通过对历史的了解,人们才能知道怎样做才是对,才能达到"君君、臣臣、父父、子子"的理想境界。

的确,《春秋》作为一部史学著作,充分体现出孔子经世致用的鉴戒史观。下面就两个方面对此做一论证。

第一,正名。鲁哀公七年(前488),孔子和子路有这样一段问答:"子路曰:'卫君待子而为政,子将奚先?'子曰:'必也正名乎!'子路曰:'有是哉,子之迂也!奚其正?'子曰:'野哉由也!君子于其所不知,盖阙如也。名不正则言不顺,言不顺则事不成,事不成则礼乐不兴,礼乐不兴则刑罚不中,刑罚不中则民无所措手足。故君子名之必可言也,言之必可行也。君子于其言,无所苟

---

① 《史记·孔子世家》:"子曰:'弗乎弗乎,君子病没世而名不称焉。吾道不行矣,吾何以自见于后世哉!'乃因史记作《春秋》,上至隐公,下讫哀公十四年,十二公。据鲁,亲周,故殷,运至三代。约其文辞而指博。……贬损之义,后有王者举而开之。《春秋》之义行,则天下乱臣贼子惧焉。"

而已矣。'"①从一般意义来说,这里所说的名,是指事物的名称、概念。正名,即把名称概念搞正确。但孔子说的名,还有名分即人的社会地位和身份的意思。因为名分要借助于一定的名称来表达,二者有其形式上的一致性。例如,君、臣、父、子,既是人的称谓,又表示各自在人伦社会中的身份和地位。名分的社会属性使其具有相应的道德内涵亦即人在社会关系中所承担的道德义务。正名,就是端正名分的道德内涵,用以纠正不符合名分要求的思想行为。

孔子正名主张的提出,有十分强烈的社会针对性,或者说它是孔子经世致用史观的必然产物。我们知道,春秋以来,随着政治斗争的日趋激烈,诸如君臣父子相争相克以至臣弑君、子弑父的社会悖伦行为越发严重。孔子认为,之所以会出现这些社会现象,关键就在于人们无视名分的道德要求,故拨乱反正必自正名始。通过正名,使社会各级成员按照名分所涵之道德义务把自己的行为纳入一定的秩序范围,以实现国治民安。为了达此目的,孔子把修《春秋》作为自己为之奋斗的主要途径。正因此,正名分便成为孔子修《春秋》的第一要义,《庄子·天下篇》所说"《春秋》以道名分",即十分明确地指出这一点。正名思想在《春秋》中的突出表现就是尊王攘夷。尊王即尊崇周天子的共主地位,使周天子作为各地诸侯之共主能实有其名;攘夷即抵御夷狄对中原各国的侵扰,以华夏文化统帅夷狄文化。就尊王而言,比如,在春秋后期,周天子已名存实亡,而孔子在《春秋》中仍旧大书"春王正月"

---

① 《论语·子路》。

"王正月"之类的话。按照《公羊传》的解释:"曷为先言王而后言正月?王正月也。何言乎王正月?大一统也。"这就是说,先说王,后说正月,是因为正月是由周天子确定的。所以要书以王正月,是为了强调周天子以建正月而总统天下政教。再如,春秋时,国君称王尚无严格限制,故吴、楚之君亦每每自号为王。但孔子以王为周天子之专称,遂在《春秋》中仍称吴、楚之君为"子",以表明他们对周天子的从属关系。这些都是《春秋》通过"道名分"以经世致用的重要例证。

第二,批判。历史对现实是批判的,没有对不合理的现实的批判,没有爱憎分明的立场,没有直言不讳的精神,就没有史家的良心,也就没有史家的地位。孔子修《春秋》,采用批判的手法,对一切君不君、臣不臣的社会现象做出贬损以申明大义。孟子曾经指出:"世衰道微,邪说暴行有(又)作,臣弑其君者有之,子弑其父者有之。孔子惧,作《春秋》。"[1]又云:"孔子成《春秋》而乱臣贼子惧。"[2]这充分说明,孔子《春秋》为感于乱世而作,具有强烈的社会批判性。尽管《春秋》批判的是过去的既成事实,但却可以为现实提供直接的经验和教训,以达到经世致用的目的。

由上可知,无论是正名,还是批判,都是孔子从当时的客观现实出发,通过编写史书以求经世致用的做法。虽然孔子的目的是要使向前迈进的历史进程回归到他所认为至善至美的周代社会,以复兴三代礼乐制度下的奴隶制的统治秩序,从而表现出一定程度的保守性与落后性,但是,正名和批判作为一种以史学经世致用的方

---

[1] 《孟子·滕文公下》。
[2] 《孟子·滕文公下》。

法却是非常积极而有价值的,因为它密切了史学与现实社会政治的关系,加强了史学的参与能力,并因此增强了史学的生命力。

尽管历史学作为一门以阐明人类社会发展过程、研究社会现象及其规律性为对象的科学,具有"通古启今""鉴往知来"这一为其他学科所不具备的特殊的社会功能,但只有到孔子修《春秋》,这一特殊的社会功能才第一次得到体现。在孔子以前,尚无人以编写史书或者说以史学作为经世致用的手段,正如梁启超所说:"我国人无论治何种学问,皆含有主观的作用……惟史亦然,从不肯为历史而治历史,而必侈悬一更高更美之目的——如'明道''经世'等,一切史迹,则以供吾目的之刍狗而已,其结果必至强史就我,而史家之信用乃坠地。此恶习起自孔子,而二千年之史,无不播其毒。"①尽管梁启超是从学术研究应超越利害关系之外的观点出发,以谴责的口气指出这一问题,但孔子开经世致用史观之先河却是不可否认的历史真实。其实,梁启超一向十分强调学术的经世致用性。他之所以在这里主张学术研究应超越利害关系之外,只是为了克服旧时代学术过分依附于封建政治,缺乏独立意识的弊端。不可否认,梁启超的这种观点对于确立我国近代学术形态和健全史学的学科独立发展机制是一种积极的推动,但无论何时何地,为历史而历史,希望学术研究完全超脱于政治或现实利益的做法毕竟是行不通的。

自孔子以降,著史以借鉴戒便成为史学领域里重要的优良传统之一。无论是在国泰民安、政治兴隆的时刻,还是在危机四伏、国

---

① 梁启超:《中国历史研究法》,见《饮冰室合集·专集之七十三》,中华书局1989年版,第31页。

难当头的紧要关头,忧国忧民的责任感总是把那些满腹经纶、知书识理的史学家推到历史舞台的前沿,成为上层统治阶级制订定国策或改良政治的重要谋士。他们一无例外地以历史为根基,打起"经世致用"的旗号,或正面或反面,或直言进谏或严词抨击,为当朝统治者提供借鉴。司马迁、班固、杜佑、司马光、王夫之、章太炎、梁启超等众多的史学家,都是沿着这条道路走完自己的人生历程。

四、以"名教"为本的是非人物观

作为历史主体的人类在历史发展、演变的过程中起着非常重要的作用。从这个意义上来说,作为史学主体的史学家怎样评价历史人物的功过是非,就是其撰写历史的一个重要环节。而怎样评价历史人物,在很大程度上直接反映着史学家具有怎样的史学思想。

孔子为了推行自己的政治主张和道德观念,既没有像宗教家那样,设计一个来世与彼岸的天堂,用"升天堂"或"堕地狱"之类的迷信言辞进行说教;也没有像法家那样,主张专用严刑峻法、赏善罚恶以达目的,而是借用"名教"一套思想手段,亦即用纲常伦理进行道德教化,用名声不朽的观念劝善惩恶、行仁复礼。对孔子来说,名声不朽是其行仁复礼的精神支柱。正如他自己所说:"君子去仁,恶乎成名?"[①]"君子疾没世而名不称焉"[②]。在孔子

---

① 《论语·里仁》。
② 《论语·卫灵公》。

看来，一个人即使生前富贵，但如果没有功德，死后无名，那么就等于白活一世①。可见在孔子心目中，"名"占有何等重要的地位。其所作《春秋》，实际上就是一部名教之书："孔子作《春秋》，即名教之书也。善者褒之，不善者贬之，使后世君臣，爱令名而劝，畏恶名而慎矣。"②在孔子那里，"名教"观念不仅被用来灌输其整套伦理思想，而且是他推行礼治、化民成俗的主要思想手段。

正因此，是否奉持"名教"观念，具体来说，就是是否奉持纲常礼教、恪守忠孝节义的伦理道德，便成为孔子评判历史人物是非的一个很重要的衡量标尺。凡是遵守纲常礼教的人，都可能受到孔子的褒扬；反之，一切非礼的言行，都将受到孔子的指责。例如，孔子认为，无论君主如何荒淫昏聩，臣子也不能推翻他，充其量只可抛弃他，另投明君。孔子之所以对周武王稍有不满，就在于武王用武力推翻了殷纣王。在孔子看来，能够"事君以忠"③，就称得上是"仁人"。殷纣王暴虐无道，大臣微子进献忠言，不听，微子忧愤离去；箕子相劝，又不听，只得装疯，被降为奴隶；比干多次直言强谏，结果被开胸挖心而死。三人特点虽不相同，但对纣王尽忠却是一样的，因此被孔子赞为"殷有三仁"④。又如，有一次，楚国大夫叶公告诉孔子说：楚国有一位立身正直的

---

① 《论语·季氏》："齐景公有马千驷，死之日，民无德而称焉；伯夷、叔齐饿于首阳之下，民到于今称之。"
② 江瀚：《孔学发微》。
③ 《论语·八佾》。
④ 《论语·微子》。

人，其父窃取别人一只羊，他便亲自告发作证。这种做法无论在何时何地都应该受到人们的褒扬与称道，但孔子听后却不大以为然地说："吾党之直异于是：父为子隐，子为父隐，直在其中矣。"①盗窃作为一种危害公共利益的不良行为，在任何时代、任何社会都应明令禁止，但孔子却认为名分高于国法，维护尊长地位比保护社会安定更为重要，所以隐瞒尊长罪恶也就是"直"；反之，揭露尊长罪恶即成为"曲"。

正是由于受这种以"名教"为本的是非人物观的限制，尽管孔子也宣扬"直道"："人之生也直"②，"举直错诸枉，能使枉者直"③。但这种"直道"是受周礼或名教制约的，即所谓"直而无礼则绞"。反对礼制或不奉持名教观念的人，即使其行为再如何正直，也会被孔子看作是不正直的人。上文所述楚人揭发其父盗窃之罪，反而遭到孔子谴责即说明这一点。这种"名教"与"直道"观表现在史书编纂上，必然是曲笔手法的运用，因为为了保持"名教"，势必在一定程度上阉割或歪曲历史事实。孔子正是采取"为尊者讳""为亲者讳""为贤者讳"的曲笔手法，以体现自己的"名教"观念。

综上所论，孔子作为春秋时期伟大的历史学家，有着丰富的史学思想，尤其是其中有些史学思想对中国史学的发展产生了重大的影响，至今仍有着十足的价值。今天，从事史学研究的工作者，应该像伦理思想研究者研究孔子的伦理思想和教育思想研究者研究

---

① 《论语·子路》。
② 《论语·雍也》。
③ 《论语·颜渊》。

孔子的教育思想那样,来研究孔子的史学思想。唯有如此,才能对孔子这位伟大的历史人物做出全面、公允的评价。

(原载《中国史研究》1994 年第 3 期)

上编 春秋战国 ◆

吕不韦与《吕氏春秋》

战国末年,学术下移,私人著述与日俱增,形成了百家争鸣的兴盛局面。执掌秦国政权的吕不韦基于为即将形成的大一统国家寻找理论方案的需要,把统一的愿望扩大到思想文化领域,他下令三千门客广征博引,兼收并蓄,将诸子学说齐聚一堂,然后以务实的观点对其品评缕析,剪裁取舍,最终形成了《吕氏春秋》这样一部"备天地万物古今之事"的杂家大作。该书体例严谨,但内容却十分庞杂,故历代评论对其褒贬不一,然而总体上却是褒多贬少,这多少为吕不韦在历代士人心目中挽回一些地位,正所谓:书以人而成,人以书而名。

一、吕不韦与《吕氏春秋》的编纂

当战国养士之风蔚然兴起后,吕不韦以海纳百川的大家风范招纳门客三千,不惜耗费巨额资金与精力,致力于《吕氏春秋》一书的编纂。此书于秦王政八年(前239)编成,书成后吕不韦特加《序意》一篇,阐明其成书时间及著述意图,这成为吕不韦主编此书的力证。吕不韦对《吕氏春秋》一书可谓费尽心机,为使其广为人知,他甚至不惜抛出"一字千金"的承诺,这是何等的气度。对《吕氏春秋》,吕不韦的主编之名是当之无愧的。

(一)《吕氏春秋》成书的时代氛围

吕不韦在秦国当政的时代,上承秦昭王称霸诸侯、连年征战的风云激荡,下启秦始皇统一六国、御守海内的威震殊俗,是一个统一趋势已十分明显的过渡期。这一时期,秦本土已实现统一,政治上比较稳定,生产发展有一定保证,这就使秦在对外战争中有了稳固的后方。在外部环境方面,六国濒临灭亡的颓势越来越明显,各国之间矛盾重重,其内部也各有不同的竞争帮派,内忧外患交困。秦国巧妙地利用了这些矛盾,借此逐渐具备了统一六国的可能与实力。

然而政治上的变化总是快于思想文化上的演变,虽然这时要试图改变秦国一统天下的趋势已如螳臂挡车,但思想文化领域的"百鸟齐鸣"却依然久盛不衰,丝毫未显示出要转变为"百鸟朝凤"的迹象。战国时代,诸侯林立,以往被视为礼制、法度之楷模的周王朝早已失去号召力,各国君主纷纷按自己的意愿各自为政,尊儒、崇法、信道、重农等各种观点在不同国家间并存。随着战国末年政治局势的演变及新兴士人对此越来越精确的分析,各国都渐渐意识到仅靠一种学说来实行统治已不足以应付纷繁多变的时局,于是他们开始信奉"海纳百川,有容乃大",不论持何派观点,只要有利于国家统治,就可以接受。这一统治策略的调整加快了战国末年士人的流动,其直接影响便是促进文化交流与融合,各个学派不再互相敌视,他们终于能够心平气和地和平共处了,虽然偶然还会出现一些疾言厉辞的激烈争论，但他们已学会了为实现"天下大治"这一共同目标而包涵、忍让。于是，中国思想界的第一次大解放出现了，这就是"百家争鸣"。这种开放的文化氛围为《吕氏春秋》一书的编写提供了必要的"软件"——即诸子百家思想的兼容并存，这就使其可以成就其杂了。

春秋以前，著书立说被认为是严肃而神圣的事情。当时，做文章、写书都是官府委派官吏、士所做的事，所写的内容也多是官府的文告、占卜的记录和历史，因此作者的官名就叫史或卜。到春秋战国时代，以前那种"学在官府"的局面改变了，文化逐渐传入寻常百姓家，特别是经春秋时代孔子（前551—前479）的提倡和传播，开民间讲学之风，一般百姓读书识字多了起来，私人著述也渐渐出现。如孔子讲学的内容，就被他的弟子及再传弟子整理记录下来，编成语录式著作，即为《论语》。到了战国时代，越来越多的士人将自己的理论、主张、对人生的思考及对事物的见解写出，各成一家之言，这就形成了《老子》《庄子》《法经》《商君书》《墨子》等许多私家著述。他们有的讲哲理，有的谈兵法，有的说逻辑，有的论政治，各种观点、各种派别都有作品传世，这就是战国时代的"百家争鸣"。

面临全国即将统一的新形势，地主阶级内部各派思想家和政治家，都开始着手研究完成统一大业的军事和政治策略，以及统一后新生国家如何进行统治的问题。各国统治者亦开始广纳贤良，当时"魏有信陵君，楚有春申君，赵有平原君，齐有孟尝君，皆下士喜宾客以相倾"①。他们供养这些宾客，除了要获得礼贤下士的美名外，主要还是想从中汲取一些安邦治国的正确策略。这些宾客不仅成为供养者的私家势力，而且能协助其主辅政治国，成为其智囊团的人才库，即使是鸡鸣狗盗之徒也能在关键时刻发挥作用。秦军虽倚其强大军事实力连年东进，而齐、赵、魏、楚四国却未立即崩溃，反与强秦对抗达数十年之久，这不能说与这些国家所养宾客的出谋划策毫无关系。

而这时的秦国，虽也有吸收外来人才的优良传统，但所吸收的人才的范围十分狭窄，主要只是欢迎持法家观点的人物，所以严格地说，秦国并没有"养士"之风。但战国时代，士已成为社会上举足轻重的一股特殊势力。他们有一定的文化或专长，善游说，不受国家、宗教、经济和政治地位的限制，以自己的才能寻求赏识自己的明主，从而求取官位、功名。这些人为追求富贵而奔走于各国，在政治舞台上起着举足轻重的作用，所谓"入楚楚重，出齐齐轻，为赵赵完，畔魏魏伤"。他们的思想观点不一而同，有儒、道、墨、法、阴阳、刑名、农、兵等各种不同学派，而法家学派不过是这众多学派中的一派，秦统治者却因推崇酷法的有力统治而唯此派独尊，这显然已不适应战国末年这种具有极大包容性的统一趋势的要求。因此，到吕不韦当政后，他从多年经商时奔走于各国的所见所闻中认识到"士"的重要作用，他深为秦国之士的屈指可数而自愧不如，便也开始大量养士，招致了几乎当时所有派别的士人。这些人构成了战国末年最高质量的智囊团，在他们的协助

---

① 《史记·吕不韦列传》。

下,吕不韦才得以把偌大的秦国治理得井井有条。吕不韦的门客中能人辈出,最著名的莫过于李斯。李斯本来出身于楚国的下层社会,年少时遍尝人间屈辱与苦难,对跻身上层社会有强烈的渴望。他青年时代曾和韩非一起向荀子学过"帝王之术",结果自创了惯用阴谋诡计的权术论。学成之后,李斯便趁吕不韦招贤纳士的良机投奔到吕不韦门下,"不韦贤之,任以为郎"。李斯抓住机会,极力表现自己的才能,为秦王政所看中,后来竟官至丞相,与吕不韦不相上下。然而吕不韦身边也不可能全都是像李斯这样有安邦定国的奇才大略的大贤,他们中更多的是一些只懂一技之长的小才,像这样的人,发挥作用的机会自然很少,可也不能就这样白养着他们。吕不韦经过一番思考,终于想出一个可以把所有门客都派上用场的好办法:让他们群策群力,共同编一本集当时各学派之大成的书籍。这样,吕不韦组织编写《吕氏春秋》一书的硬件——执笔者就具备了。至此,中国历史上第一次由个人组织的大规模的文化整理工作开始了,其结果是编成了《吕氏春秋》这部书。

(二)《吕氏春秋》的成书年代与书名

《吕氏春秋》一书作为战国末年诸子百家的集大成之作,已越来越为学术界所重视。关于此书的成书时间,其《序意》篇中明确记载为:"维秦八年,岁在涒滩。秋,甲子朔,朔之日,良人请问十二纪。"然而由于历法认识方面的差异以及对古人作书习惯的不同理解等原因,历来对此书成书时间颇有争议,计有八年说、七年说、六年说等不同观点。

1. 三说概览

（1）八年说。

最早提出此说的是汉代的高诱，其《吕氏春秋·序意》注云："八年，秦始皇即位八年也。"宋代吕祖谦亦持此说，他说："不韦《春秋》，成于始皇八年，有曰'维秦八年，岁在涒滩。秋，甲子朔，朔之日，请问十二纪'，此其成书之岁月也。"清周中孚《郑堂读书记》称："书成于始皇八年，有《序意》篇可为证。"《四库全书总目·子部·杂家类》也从《序意》之记载而否定"不韦迁蜀，世传吕览"之说。当代史学家郭沫若明确指出"维秦八年"就是秦王政八年（前239），他还进一步解释涒滩与后世甲子纪年之逆推不合的原因是古人太岁纪年依实际天象而得，故而会与后世甲子并不一样。现代学者赵年荪受此启发，迈出了从天文历法角度对吕书成书年代进行验证的第一步，得出"维秦八年，岁在涒滩"准确无误的结论，只是其论证过于简单，有些不易理解。①

（2）七年说。

姚文田《邃雅堂集·吕览维秦八年岁在涒滩考》及钱穆《吕不韦著书考》认为吕书成于秦王政七年（前240）；田凤台认为《序意》所说八年实统庄襄王而言，吕书成书应在秦王政七年（前240）。② 此外，一些历史年表也采用这一说法，如柏杨主编的《中国历史年表》中"前240年"条后列："辛酉年，秦始皇七年，秦

---

① 赵年荪：《关于〈吕氏春秋〉成书年代之我见》，《苏州大学学报》，1987年第3期。

② 钱穆、田凤台、李家骧之观点，见李家骧：《中外"〈吕氏春秋〉学"评考综要》（下），《湘潭大学学报》，1999年第1期。

相吕不韦著《吕氏春秋》问世。"冯君实主编的《中国历史大事年表》亦有"辛酉秦王政七年,吕不韦招宾客著《吕氏春秋》"之条。在近年的考古发现中,由马王堆汉墓帛书《五星占》记述及附表整理的秦及汉初星岁纪年表中也列有"秦始皇七年,太岁在申",即此年为"涒滩"。

(3)六年说。

清代学者孙星衍在其《问字堂集》中称:"考秦庄襄王灭周后二年癸丑岁至始皇六年,共八年,适得庚申岁,申为涒滩,吕不韦指谓是年。"这就是说,秦庄襄王元年(前249)灭东周,次年秦以东周之继任自居,从这一年到秦王政六年(前241)恰好为八年,由后世干支纪年推算此年为庚申岁,而"岁在涒滩"曰申,故吕不韦所说秦八年实际应为秦王政六年(前241)。孙氏这一结论被当代学者陈奇猷及李家骥所继承。陈认为十二纪确系成于秦王政六年(前241),而八览、六论则成于吕不韦迁蜀之后;[①]李家骥则坚持吕书是一次性完成于秦王政六年(前241)。

以上就是三说概况,从中可见其争论焦点集中于"岁在涒滩"到底是哪一年上。要弄清这一点,我们必须首先对我国古代的星岁纪年法做一概括了解。

2. 星岁纪年法概览

星岁纪年法是利用岁星运行规律来纪年的方法。岁星即木星。我国古代很早就认识到木星约十二年运行一周天。人们把周天分成十二份,称为十二次,木星每年会行经一次,所以就用木星

[①] 陈奇猷:《〈吕氏春秋〉成书的年代与书名的确立》,《复旦大学学报》,1979年第5期。

所在星次来纪年,这被称为星岁纪年法。《左传》《国语》中所记载的"岁在星纪""岁在析木"等记录即属于星岁纪年法。春秋战国时期,诸侯割据,各国都用本国帝王年号纪年,而星岁纪年则可避免混乱,便于交往。由于岁星运行方向与当时通用的以地支排列的十二辰的计量方向相反,所以人们又设想有这样一个天体,它的运行速度也是十二年一周天,但运行的方向是循十二辰的方向的。这个假想的天体称为太岁。当岁星和太岁的初始位置关系规定后,就可从任何一年岁星的位置推出太岁所在的辰,因而就能用十二辰的顺序来纪年。当时对太岁所在的子、丑、寅、卯、辰、巳、午、未、申、酉、戌、亥十二个年,给以相应的专名,依次是困敦、赤奋若、摄提格、单阏、执徐、大荒落、敦牂、协洽、涒滩、作噩、阉茂、大渊献。

采用岁星及太岁纪年法,虽有一定的天文依据,但却不够准确,因为岁星绕天一周,并非十二个整年(地球年),而是 11.86 年,因此,每隔 86 年,就要超过一个星区。所以星岁纪年法名为纪年,实际所纪的是岁星之年,而非地球之年,它不能反映地球公转的时间长度。作为一种历法,《岁星历》有这样的本质缺点,加之其名称繁难,故而自西汉以后,就逐渐不再使用了。但与此相配而生的干支纪年法却为《太初历》及《四分历》所沿用,这种纪年法实际已与岁星脱离了关系,而成为后世干支纪年的来源。

3."秦王八年,岁在涒滩"考证

通过以上的纪年法知识,我们可以知道,"秦王八年"属帝王纪年,而"岁在涒滩"是星岁纪年。帝王纪年亦称史家纪年,各国不同,一般是按王公即位的年次顺序递纪,至其出位为止。秦王嬴政于庄襄王三年（前247）嗣位，翌年称元年，统一全国称始皇时纪年为二十六年，死时为三十七年，一直未见更元，而且秦国国君中除惠文王外，均未更元。由此我们可以肯定"秦王八年"是指秦王政八年（前239），这是不容置疑的。

那么，这一年是"岁在涒滩"吗？查历表，这一年的干支纪年应为壬戌，依此则与其相对应的星岁纪年应为"阉茂"，而非"涒滩"。这是什么原因呢？当代学者张俊麟认为这是由于岁星超辰两次所致，他定公元前529年为申宫，向下顺推到公元前239年申宫，在这290年期间，按每144年超辰一次算，共有两个超辰年，故需超辰两次。① 这种说法颇值商榷。首先，我国开始使用星岁纪年法大约在公元前4世纪初（约前400—前370），所以用公元前529作为标准似乎缺乏现实依据；其次，其文中所采用的144年超辰一次的根据，既不符合科学测算的结果，又未曾在实际生活中应用过，因此其结论的可靠性值得怀疑。此外，赵光贤先生也从星象角度对此问题做出解释，他认为，公元前365年岁星正在星纪之次，这是实际天象，当时的占星家依此为准来治历（未知超辰之事），于是过了120年，即秦王政二年（前245），岁星已进入玄枵之次，而于历法上仍在星纪，于是用太阴纪年法，即以太阴在寅、岁星在丑的对应关系，下数六年至秦王政八年（前239），太阴在申，即涒滩，与《吕氏春秋》所言正合。作者还特别指出，此虽不符合实际天象，但合于当时所行历法。就当时所行历法来说，"维秦八年，岁在涒滩"是完全正确的，而且古人只以干支纪日，

---

① 张俊麟：《"维秦八年，岁在涒滩"求因——试析"郭沫若先生用岁星超辰法推算屈原生辰说"之正误》，《人文杂志》，1994年第5期。

并不纪年，以干支纪年当始于东汉。于古代则逆推而上，不独此一"壬戌"，凡古代所有干支纪年全不可信。① 这一论述堪称精当。但由于关于秦王政八年（前239）以前的星岁纪年资料有限，而作者在文中亦指出"岁阴的发明当在战国末年，所以在古书里只一见于《吕氏春秋》，他书未见"，因此这种推法之中包含了许多推测的成分，不如从后向前依确凿的文献记录推断来得准确。下面我们就从秦王政八年（前239）至汉武帝太初元年（前104）间的历法变更中来寻求一个新的解释。战国时所使用的星岁纪年是依甘氏或石氏星经推算而来的。秦统一中国后，使用太阴在寅、岁星在亥的纪年方法，使原太阴、岁星超一辰，后岁星又单超，一辰即太阴入单阏，岁星入降娄。到汉武帝太初元年（前104）改用《太初历》时，又对岁星后纪年做过超辰一次的处理，即太岁超困敦纪入赤奋若，岁星超星纪入玄枵。②

由此可知，在秦王政八年（前239）至汉武帝太初元年（前104）的百余年中，岁星已有两次超辰，这与星岁纪年每86年需要超辰一次的要求是大致相符的。《史记·天官书》记载："昔之传天数者：于宋，子韦；郑则裨灶；在齐，甘公；楚，唐昧；赵，尹皋；魏，石申。"依此，则唯独秦国无"传天数者"。而据《史记·秦本纪》："（昭襄王）八年，使将军芈戎攻楚，取新市。齐使章子、魏使公孙喜、韩使暴鸢共攻楚方城，取唐昧。"这表明至

---

① 赵光贤：《"维秦八年，岁在涒滩"释惑——兼论秦汉时代与历法相关的问题》，《人文杂志》，1994年第3期。

② 徐锡祺：《新编中国三千年历日检索表》，人民教育出版社1992年版，第79、90页。

昭襄王八年（前299）唐眛死时秦国尚无专门传授历法的人。然而到秦王政八年（前239），身为秦相的吕不韦在其所著书中已明确使用"岁在涒滩"来纪年，据此推测，秦开始使用星岁纪年必在昭襄王八年（前299）之后。从这时算起，到秦始皇二十六年（前221）已有78年，这对岁星的运行来说已产生了近一次的超辰，故而秦统一时的超辰是有其现实依据的。而从秦昭襄王八年（前299）到汉武帝太初元年（前104），则有至少195年的时间，这又恰好接近于岁星超辰两次的年限（172），所以这次超辰也非随心所欲，而是一次顺应岁星运行规律的审慎行为。

具体说来，秦始皇统一中国时，由于战国诸侯所用的历法各不相同，而秦又沿袭自己的传统，采用十月为岁首的纪年方法来统一全国的纪年，这样，岁首的差异可能导致了岁名的混乱，于是人们便根据岁星运行的实际情况对纪年做了人为的修正。而汉武帝元封七年（前104）的改历是在此年五月，又将岁首从十月改为正月，这样从元封七年（前104）到太初二年（前103）正月之间，即后世所称之太初元年（前104），就有十五个月。这对与星象息息相关的星岁纪年无疑是有影响的，所以为了使新历与实际岁星运行相符合，便在改历时使岁星超辰一次，即由"困敦"超为"赤奋若"，与此相适应，其干支名也由"丙子"超为"丁丑"。

这里需要指出一点：《史记·历书》中有"至今上即位，其更以七年为太初元年，年名'焉逢摄提格'"，其后的《历术甲子篇》亦以太初元年为"焉逢摄提格"，即司马迁认为此年岁名应为摄提格。但据《汉书·律历志》来看，虽在武帝改历前确实算出过"元封七年，复得'焉逢摄提格'之岁，中冬十一月甲子朔旦冬至，日月在建星,太岁在子,已得太初本星新征",但其后因大典星射姓等"奏不能为算",最终选用的仍是邓平等人制定的太初历,即用岁名为"赤奋若"。其实上述推算结果本身也是有问题的:太岁在子,岁名应为"困敦",何得为摄提格呢?这大约正是射姓等"奏不能为算"的原因吧。由以上两次超辰,我们可知太初元年(前104)的岁名实际已比秦王政八年(前239)岁名的次序超出两次了,故而依太初历推算,必将秦王政八年(前239)的"涒滩"前移两年,即得出秦王政六年(前241)为"涒滩"的结论。

同样,在秦王政八年(前239)至汉武帝太初元年(前104)间的干支纪年也发生过两次变化。一次上文已提及,即太初元年(前104)干支由"丙子"超为"丁丑"。另一次是在汉高帝元年(前206)。依秦历干支法排列,此年本应为"癸巳",但据《汉志》则"其岁名曰'敦牂',太岁在午"。所以只有一种可能,即在这一年干支超用甲午。今人章鸿钊提出:"在汉高帝元年,岁次本应是'癸巳',但为超用甲午所隐蔽而成为虚次,四分历更定甲午为秦二世三年的岁次。"①而孙星衍正是用四分历的更定去逆排而得出秦王政六年(前241)为"庚申"的结论,这显然是有悖于实的。今人刘坦对此有专门解释,其文云:"后之学者,忽略从秦始皇八年迄汉武太初元年,其间有两处超越顺序之岁次——汉高帝元年超癸巳在甲午——汉武帝太初元年超丙子在丁丑,但取四分历纪年岁次之体系完整,推数顺利,于是言秦始皇八年之岁次者遂

---

① 章鸿钊:《中国古历析疑》,科学出版社1958年版,第81页。

曰壬戌。"①

另外,我们发现七年说的根源如下:说七年"岁在涒滩"是只考虑了一次超辰的结果,即仅以始皇二十六年(前221)为"单阏"作为标准逆推而得的;而说七年为申,则是仅以汉高帝元年(前206)为甲午作为标准推算的结果。这两个结果当然是错误的。由马王堆汉墓帛书《五星占》所整理的"始皇七年,太岁在申",显然也是因为未考虑超辰而仅以汉高帝元年(前206)为甲午而推得的,故而其中关于秦的纪年是不可取的。

最后让我们再回到《吕氏春秋·序意》所说的"维秦八年,岁在涒滩。秋,甲子朔"。据我国著名天文史学家陈久金考证:"查历谱秋季有甲子朔的年份,在这前后十年之内只有秦八年有。"②由此,我们更可以确信《吕氏春秋·序意》中关于其书成书年代的记载是准确无误的,即为秦王政八年,岁在涒滩,此年为庚申年,也就是公元前239年。

4. 成书的过程

关于这一年是成书年代还是开始编书的年代的争议主要来自对"维秦八年,岁在涒滩。秋,甲子朔。朔之日,良人请问十二纪……"这段记述中"良人"所指对象的不同理解。认为这一年是开始编书的时间的人将"良人"理解为参加撰写的门客,因而认为这段话是指吕不韦在编书之始向他的门客们传达其编书意图的。但依照我国古代惯例,往往是书写成后才作序,所以这段载于《吕

---

① 刘坦:《〈吕览〉涒滩与〈鵩赋〉单阏、〈淮南〉丙子之通考》,《历史研究》,1956年第4期。

② 《中国天文学史文集》,科学出版社1978年版,第107页。

氏春秋·序意》中的记述自然也应成于书成之后，如此看来，认为它是传授编书意图的主张就站不住脚了，而且，只要将上述引文的原文再往下读一点，就会看到"良人请问十二纪。文信侯曰：尝得学黄帝之所以诲颛顼矣，爰有大圜在上，大矩在下，汝能法之，为民父母"的叙述。"汝能法之，为民父母"显然是给当时的国君，也就是《吕氏春秋》一书的重点针对对象秦王政说的，故而，这里的"良人"理解为秦王政更合适些，这样才能使《吕氏春秋·序意》上下文意通顺。由此，我们可以推出，这段话是书成之后作序时向秦王政阐明编书目的的，所以这一年自然应当是成书之年。

那么，《吕氏春秋》到底是几次成书的呢？陈奇猷认为是分两次成书的，理由如下：第一，古人习惯书成后作序。《序意》置于十二纪之后，其内容又无一字提及览与论，故布于咸阳市门的只是十二纪的六十篇，外加《序意》一篇，迁蜀之后，才又写成八览、六论，故太史公独说世传《吕览》。第二，《吕氏春秋》纪、览、论三部分是各自独立的。"迁蜀后所作的八览六十四篇（今本缺一篇）即名'八览'，司马迁为了要明确其出于吕氏，因而称之为《吕览》。"①第三，据《六国表》，从吕不韦迁蜀至秦王政十二年（前235）吕不韦卒，其间只有两年左右的时间。在此短促时间内，要完成八览、六论共一百篇约九万字的巨著，似显仓促，但吕不韦是令门客"人人著所闻"，况且门客的文章多是现成的，是抄袭师传下来的著作，"据此，八览、六论在迁蜀后不久编成是没有问题的"。然而这些理由大有商榷之处。《吕氏春秋》中览、论、

---

① 陈奇猷：《吕不韦和〈吕氏春秋〉新评》，《复旦大学学报》，1979年第5期。

纪的排列是有据可证的，最早的如《史记·吕不韦列传》及《十二诸侯年表》，依此则《序意》列于十二纪后，即在全书之末，这与古人惯例是相符合的；且《序意》是一残篇，其文脱漏错简为古今学者所公认，就连陈先生也承认其"多有脱文""文义未完"。因此，篇中没有述及的内容（览、论）就不能说必为原文所无。故而上述第一个理由难以成立。至于第二个理由，也不能成立。陈先生说迁蜀后所作八览即名《八览》，司马迁称之为《吕览》，依此说，司马迁只说了"不韦迁蜀，世传《吕览》"，那么，六论与八览是否同时完成？如不是（事实上不可能同时完成，必定有先后之分），则《吕氏春秋》不就应是三次成书了？这与陈先生所主张的二次成书显然又不相符。况且，读司马迁《报任安书》中关于"不韦迁蜀"一段，不难看出其本意是在抒发刑余感慨之情，表述愤而著书之意，主旨不在考订史实，这里所载明显是有讹误的，除与《吕不韦列传》中所记《吕氏春秋》成书时间不符外，关于韩非所作《说难》《孤愤》的时间也有错误。《老子韩非列传》记述韩非作此文是在入秦以前，秦王因见其书而思其人，但这里却说"韩非囚秦，《说难》《孤愤》"。所以，这里的"世传"不妨作流传讲，即是说吕不韦失势后，其书却并未磨灭，太史公正是借此来自励的。在第三个理由中，陈先生也认为时间上有些仓促，但这个"两年"还是经过放大了的期限。实际上，秦王政十年（前237）十月，吕不韦免相，十一年（前236），之河南；岁余（即秦王政十二年，公元前235），诸侯宾客使者相望于道，请文信侯，"秦王恐其为变,乃赐文信侯书"①。据《史记·秦始皇本纪》记载:"十二年,文信侯不韦死,窃葬,其舍人临者,晋人也逐出之;秦人六百石以上夺爵……秋,复嫪毒舍人迁蜀者。"由此可知"饮鸩""窃葬"及逐迁不韦舍人均在秦王政十二年(前235)秋以前,所以从赐书令迁蜀至不韦去世,最多不过短短数月,在这期间要完成八览六论约九万字的巨著,就不可能了。由上可知,陈先生的二次成书说是不能令人信服的。

事实上,从总体结构看,《吕氏春秋》本来就是浑然一体的。它是根据"法天地以行人事"的基本思想来谋篇布局的。在这样的体系中,十二纪、六论、八览分别依照"上揆之天、下验之地、中审之人"的三要素来构建,十二纪按"天曰顺"的规律安排人事;六论则按"地曰固"的特性广加推绎;至于八览,则按照"人曰信"的要求分门别类地论述人事行为规范。这样三个结构体系结合起来使得《吕氏春秋》的总体结构体系具有严整的系统、鲜明的目的和清晰的格局。这样谨严整齐的体例,充分说明《吕氏春秋》是在一个系统完整的指导思想下一气呵成,而非两次或多次成书。

至此,我们可以明确:《吕氏春秋》一书是秦王政八年(前239)编成的,这一年是成书之年,而且,此书为一次编成,并非二次成书。

5. 书名的来历

那么,《吕氏春秋》这个名称有何来历呢?这其中着实包含了

---

① 《史记·六国年表》。

吕不韦及其门客的一番思索。按当时私家修书的一般命名习惯，一是以编书人的姓氏来命名，如《老子》《庄子》《孟子》《墨子》等，依此则可将其书命名为《吕子》，但《吕氏春秋》一书为众门客集体创作而成，吕不韦虽名为主编，但其亲手所作文章太少，这样，若真以其姓氏命名，众门客必难于接受；二是按书中所涉及的最主要的学术派别的名称来命名，如《道德经》《法经》等，但这种方法对吕不韦之书却更不可行，因为其内容观点非一家一派之言，而是"兼儒墨、合名法"，凡当时出现过的学派之学说，在此书中均可见一斑，所以无论取哪一学派的名称来命名，都会犯以偏概全的错误。

于是，当时习惯的命名方法均被否决，在众人激烈争论后，终于产生了一个能为大多数人所接受的方法：依古代史书的命名方法来命名。因为在所有的学科中，涵盖领域最广的就是"史"，而能"备天地万物古今之事"者非"史"莫属，同时，在先秦时期，重要的史书都称为"春秋"，如《鲁春秋》《齐春秋》等，所以吕不韦之书命名为"春秋"是最合适的。然而与《鲁春秋》《齐春秋》等不同，吕不韦所编之书属私人组织编纂，所以自然不宜称"秦春秋"，何况此书也非专讲秦国之历史。为避免这一问题，吕不韦最终决定突出他的主编地位，将此书定名为《吕氏春秋》，给人的印象是此书乃吕不韦所认识的历史，即由他"上观尚古，删拾春秋，集六国时事"所汇成之书，这样，无论其书内容多么庞杂，都可以囊括在内了，因为一个人对世界的认识是方方面面的，无论写什么，都是个人认识的一个反映，都是能够被允许的。于是，这部由吕不韦主持编写的、出自众多文人之手的鸿篇巨制，便以《吕氏春秋》之名面世了。

（三）吕不韦与《吕氏春秋》的编纂

《吕氏春秋》的编写与吕不韦的苦心孤诣是分不开的。《史记·吕不韦列传》记载"吕不韦乃使其客人人著所闻",说明编书的想法正是由吕不韦提出的。而《隋书·经籍志·杂部》称"《吕氏春秋》二十六卷,秦相吕不韦撰",这更是将吕不韦对《吕氏春秋》的编纂之功极度夸大。不论是亲自写或派人写,吕不韦参与了《吕氏春秋》的编纂都是不容否认的事实。吕不韦不仅发起组织了这项文坛盛事,而且是这项大型文化整理工作的唯一出资人,仅凭这些,他对《吕氏春秋》的成书就已功不可没。

但是,历史上对此表示怀疑的也不乏其人。宋人黄震说:"今其书①不得与诸子争衡者,徒以不韦病也。然不知不韦固无与焉者也。"②这种观点在清代也有人提出。他们基本肯定《吕氏春秋》一书,但却对吕不韦其人抱有偏见,故而不愿将二者相提并论。这是由于他们从封建正统思想出发,认为吕不韦出身商贾,属于经营末业的卑贱之人,由于囤积居奇和以吕易嬴等丑闻广为流传,故而品德极差;再加之他读书不多,文化功底浅薄,没资格当此书的主编。那事实是怎样的呢?吕不韦主编《吕氏春秋》明知嬴政生性暴戾,却处处批他的逆鳞,找不到一点阿谀逢迎之辞。而且在他饮鸩自尽之后,他的门客千余人,冒着被驱逐、削爵、流放的危险将他窃葬。假如他是个猥琐小人,他的门客岂能如此尽心?所

---

① 指《吕氏春秋》。
② 黄震:《读吕氏春秋》,见《黄氏日抄》卷五十六。

以,我们绝不能将吕不韦一棒打死,认为他所有品性皆为不良,果真如此的话,他又哪里来的那么大的气度去容纳三千门客呢? 至于说他文化功底浅,倒也未必是坏事。 假若吕不韦也像他的众门客一样饱读诗书或专门去研习学问的话,那他很可能就只会精通一两家的学问,并将这一两门学问深深地根植于自己的大脑中,那么,他对其他门派的学问自然就有了一种抵触情绪,这样,他所主编的《吕氏春秋》恐怕就要大变样了。 所以吕不韦读书少,再加上他多年经商养成的重实际的习惯,正好给兼容百家、注重实用创造了条件,而《吕氏春秋》也正是因为它的这两个特点才为人们所重视。 由此可见,吕不韦是完全有资格充当《吕氏春秋》一书的主编的。

那么,吕不韦在《吕氏春秋》的编纂中都做了哪些工作呢?

首先,他是编著此书的发起者和动议者。 吕不韦发起编写《吕氏春秋》,目的有二:一是为即将到来的统一帝国奠定理论基础,二是为了训导秦王政。 这两个目的在《序意》中都有记载: "凡十二纪者,所以纪治乱存亡也,所以知寿夭吉凶也。 上揆之天,下验之地,中审之人,若此,则是非可不可无所遁矣。 天曰顺,顺维生;地曰固,固维宁;人曰信,信维听。 三者咸当,无为而行。 行也者,行其理也。"这段话可以说是全书纲目所在。 先说编书的目的在于寻求治乱、存亡、寿夭、吉凶转化的规律;其次是提出了判断是非正误的标准——上要符合天理,下要符合地宜,中要符合人心;最后,他强调了天、地、人三者统一的关系,说只要天、地、人各当其位,就可以顺自然而运作——这就是吕不韦为即将到来的统一国家所准备的理论基础。 至于其训导嬴政的目的，则突出反映在我们已多次引用的《序意》中，其中吕不韦将自己比作黄帝，而把秦王政视为颛顼，他教诲嬴政"为民父母"的最高原则就是"法天地"，即按自然规律办事。

以上说的是吕不韦编书的两个目的，它们是从当时的时局出发订立的：对外，秦灭六国的趋势已越来越明显；对内，秦王政正一天天长大。这种局面确实需要一本像《吕氏春秋》这样的书出现。可惜后来的事情发展却不像吕不韦所设想的那样，嬴政成了一个生性暴戾、刚愎自用的专制皇帝，而由他所统治的秦帝国，也不是吕不韦所希望的那种天、地、人三者合一的顺利运行的大一统国家。从这个角度看，吕不韦的两个初衷似乎都落空了。然而从整个历史长河来看，《吕氏春秋》却留给后世取之不竭的文化遗产。时至今日，它的价值已越来越为人们所重视。

其次，在编写过程中和编著成功后，吕不韦也做了大量工作。他是整个编著过程唯一的出资者，他不仅要供给执笔者们的生活所需，而且还要负担收集资料、制作竹简、配制笔墨刻刀之类用具的具体费用。这些费用固然不算十分庞大，但因这是一次大规模的私人集体编著活动，所以若无专人组织供应，这本书也是难以编成的。就拿我们所常听说的竹简来说，它是那时所使用的基本的书写材料，但它的制作程序却十分复杂。《论衡·量知篇》记载，"截竹为简，破以为牒，加笔墨之迹，乃成文字，大者为经，小者为传记"，即是说要制作一根可以书写的竹简，先要把选好的竹子截成约一尺长的竹简，再将竹简破析成简条，然后力加刮削，削平竹节部分，之后还要进行杀青，或称"汗简"，即用火烤。刘向《别录》中说"杀青者，以火炙简令汗，取其青易书，复不蠹"，可见杀青的作用,既是便于书写的一道必要工序,又可防止竹简被虫所蛀。因为火烤时,竹子中的汁液会渗出,看上去就像竹简出汗了一样,故而这一工序又称"汗简"。最后,在刮削汗简之后,编联成册以前,还有一道工序——凡编绳所过之处,于其棱上刻出极小的三角形契口,用以固定编绳,使其不致脱落或上下移动。这道工序看似简单,但操作起来却存在困难:竹子皆顺纹理而生长,用力稍猛,便会使竹简劈裂,成为废简。当时人们是用毛笔或刻刀在竹简上写字,一根竹简上最多不过十几二十个字,而《吕氏春秋》一书共二十余万字,则至少需上万根竹简。这样,光是准备这项基本书写材料就得耗费大量的人力物力,如果吕不韦当时没有位极人臣的权势和地位,恐怕也难以编出如此大手笔的《吕氏春秋》。所以,吕不韦的参与,是该书得以成书的一个不可或缺的必要条件。

在《吕氏春秋》编成后,吕不韦为了使它能名扬天下,特意采用了悬之市门、言能改一字者予千金的夸张的发布方式。这一做法虽有向政敌及嬴政示威的成分,但客观上也确实使《吕氏春秋》名扬天下。一时间,《吕氏春秋》成了街头巷尾的热门话题。在这时,《吕氏春秋》因为吕不韦的缘故而名传千里,而在两千多年后的今天,人们之所以还没有将吕不韦这个名字从记忆中完全抹去,在很大程度上则是因为他主编了《吕氏春秋》这部不朽著作的缘故。

然而,另一方面,吕不韦太过盛大的名气也给《吕氏春秋》的进一步修改完善带来了一定的负面影响。书成之后,吕不韦发出了改一字者悬赏千金的通告。这一举动历来多被认为是他要借此炫耀自己的权势，这多少有些言过其实。吕不韦此举虽不无此种意图，但以他的务实，不能完全排除他想使此书更为完善的可能。事实上，这种重金悬赏之举在此前是有先例的，如吕不韦的同乡商鞅在秦孝公时在秦国推行变法，为了取信于民，他在城门外放了一根并不很粗的木桩，向众人宣布：能扛之入城者奖五十金。人们都认为这事太容易做到了，根本不值五十金。后来有人抱着试试看的态度完成了此项要求，果然得到了五十金。众人很是吃惊，但也从此相信了商鞅是个"言必行，行必果"的人。此后，商鞅在秦的变法得以顺利进行。吕不韦或许是想借鉴商鞅的做法，但可惜一则他权势过重，二则出手太大，来观书的人即使能够发现《吕氏春秋》的错误，也会因畏于其权势而不敢指出。结果，吕不韦借《吕氏春秋》示威的目的达到了，但与他给《吕氏春秋》征求意见的初衷却是南辕北辙。

吕不韦动议和组织编写《吕氏春秋》，全书的指导思想是他的；他给它提供了孕育成长的场所、资金，甚至书的生身父母，即书的编纂者；他看着它从几支竹简上的几点墨迹逐渐长大；最后又经他集中、简选、修订、编次成书。仅凭这些，吕不韦的主编之名就当之无愧了。吕不韦使《吕氏春秋》得以名扬天下，但也正是因为他的缘故而使《吕氏春秋》在后来的很长时间内不被重视。时至今日，《吕氏春秋》终于以它丰富的史料内容重新唤回了人们的关注，而吕不韦的奸商权相的传统形象也因此逐渐在人们心目中得以改观。所以，吕不韦和《吕氏春秋》是密不可分的，书因人而成，人以书而荣，二者早就在历史的长河中紧密地结为一体了。

二、《吕氏春秋》的体例与内容

《吕氏春秋》一书严格按照十二纪、八览、六论的体例排列,且有"上揆之天、下验之地、中审之人"的思想指导,览围绕"人",论立足"地",纪贯以"天",三者各成系统又相互关联,全书结构严密,几乎无懈可击。而其内容却出人意料地庞杂,"兼儒道,合名法",天文、地理、艺文、术数无所不包,然却杂于人而不杂于己,对各家学说虽均有涉及,但皆能从自己的致用立场品评剖析,吸其精华,补其不足,自成一派。以上这两个看似截然相反的特点为其招致了历代学者众说纷纭的复杂评说,虽褒贬不一,但终归褒多贬少,足见其书价值之恒久。

(一)自成一体的编纂体例

1. 集众创新的编纂原则

《吕氏春秋》成书之际,正值百家争鸣极盛之时,诸子学说均各执一端,各有其所崇与所蔽。随着政治形势上统一趋势的日渐明朗,各学派出于自身发展的需求,开始吸收别派之长,出现了统一百家思想的尝试,但它们都希图使别家屈从己说而以一己之见一统众家。如《荀子》之《非十二子》及《解蔽》虽承认诸子持之有故,言之成理,但其态度却以讽刺和批判为主;《庄子·天下》已认识到诸家皆有所长,却又认为各家皆"一曲之士也",而采取悲观的态度觉得"举世皆浊我独清"。这在诸子学派势均力敌的战国时代自然行不通。当时统一思想可以有两种模式,一种如前所述，而另一种则是高屋建瓴地审视百家，根据一定的原则，去粗取精，兼收并蓄，再加以适当的创造，从而组合成新的理论。在前一种模式被实践证明只能失败后，吕不韦以其政治家的远见、博大的胸怀及成功商人的敏锐头脑应时而动，发起了以第二种方式统一思想的活动——《吕氏春秋》的编纂。

《吕氏春秋》的编纂目的是欲成一代兴王之宝典，又以"法天地"为指导思想，故能海涵百家精华，积极、客观、公正地对待诸子。它超越学派偏见，不持一家之言去排斥异己，而是推崇"物固莫不有长，莫不有短，人亦然。故善学者，假人之长，以补其短"①，提倡博采众长，其着眼点在肯定各家所长，而非指摘其短。《不二》篇说："老聃贵柔，孔子贵仁，墨翟贵廉，关尹贵清，子列子贵虚，陈骈贵齐，阳生贵己，孙膑贵势，王廖贵先，兒良贵后。此十人者，皆天下之豪士也。"对各家皆用一字总结其长处，且将他们并称为天下之豪士，其博采众家之长、打破门户藩篱的意图显而易见。

《吕氏春秋》强调破除成见，取各家之长而弃其短，但它对于诸子的思想也并非原封不动地照抄，开设百家之学的陈列馆，而是在引用的同时进行改造创新，使其具备若干新的性质，成为吕氏理论体系的有机组成部分。例如他在自然观上提出的"法天地""因者无敌"，在教育学上提出的"凡学，非能益也，达天性也""师徒同体"，在生命观上提出的"达乎死生之分"，在情欲问题上提出的"令人得欲无穷"，在养生问题上提出的"全天""节

---

① 《吕氏春秋·用众》。

性",在人性问题上提出的"性异非性"等,都是其所独有的精辟见解。此外,《有始》篇开创了分野说,《本味》篇则成为食谱学的鼻祖,这些都是吕氏门客创造性的火花。这足以说明,吕氏门客并不是一批"滕文公",《吕氏春秋》也不是一部杂抄汇集,而是一部有着统一思想、自成体系的专著,因而洪家义谓之"卓然成一家之言"①。

《吕氏春秋》不是材料汇编,不是论文集,它以汇千江万河于一海的气魄,在先秦各种文化学说面前不摆出一副历史审判官的姿态,而采取择善而从的后继者的态度,不掩前人之长,不窃他人之功,对于前人批评贬抑者少,积极肯定者多,以继承和发扬为主,吸收中有创新,这正是一种"述而作"的可贵态度。从历史编纂学的角度来看,作为一部博古通今的通史史论,《吕氏春秋》显然已冲破了孔子"述而不作"的编年体史书的藩篱。

2. 谨严整齐的编纂体例

(1)《吕氏春秋》的版本及篇次。

《吕氏春秋》现存最早的版本为东汉高诱的《吕氏春秋注》;清代毕沅曾作《吕氏春秋新校正》;1935年,许维遹博采众说写成《吕氏春秋集释》一书;1984年,陈奇猷又集众家之论而作《吕氏春秋校释》一书,考证甚详,是目前相对最完善的版本。

从现存各种版本来看,《吕氏春秋》在体例上分为纪、览、论三大部分。对于这三部分的次序,历代学者颇有争议,争议的焦点是纪、览、论孰先孰后的问题。今之治《吕氏春秋》的学者如陈

---

① 洪家义:《吕不韦评传》,南京大学出版社1995年版,第474页。

奇猷、洪家义、王范之、李家骧、田凤台等对此问题均有详尽论述，且基本上一致认为其书次序应为纪、览、论，此说似已渐成定论，故此处不再画蛇添足。

然而需要提及的是，持"览居前说"的学者，如周中孚及吕思勉等，皆以"古人作序，皆在卷末"为览前纪后的力证（因吕书《序意》附于十二纪之末），但依傅斯年《战国子家叙论》所说："《吕览》这部书在著书体裁上是个创作，盖前于《吕览》者，只闻著篇而不闻著成系统之一书……自吕氏而后，汉朝人著文，乃造系统，于是篇的观念进而为书的观念，淮南之书，子长之史，皆从此一线之体裁。"在《吕氏春秋》之前，成系统的书近乎没有，那么作书序之事大概更是凤毛麟角，这也就是说，《吕氏春秋》之序极可能是我国古代书序的开创之作。①

假如真是这样，那么"古人作序，皆在卷末"之说对吕书适用与否就值得商榷了：既是开创，自可无拘无束，置于书前、书中、书后，可任凭作者之喜好。因此，虽然说著书体例有一定的历史继承性，有时可以按照习惯或成例去推测以往之史实，但对《吕氏春秋·序意》这样具有开创意义的序文，如果按后来之成例去逆推的话，就多少会有些太过以今度古之嫌了。由此，我们更可以相信，《吕氏春秋》确实如众多学者所认可的那样，是依纪、览、论的篇次排列的。

（2）《吕氏春秋》体例概述。

吕不韦集众著书的目的是要构造一个能贯通天、地、人的庞大

---

① 《诗经》《尚书》亦有后人所加之"序"，但此"序"一般被认为是目录，与此处所言并非同类。

理论体系，以便为统一的封建帝国提供较为完备的理论学说和治国方案。《序意》提出"上揆之天，下验之地，中审之人"的思想，是要对"天、地、人"做一体观，从而包容天地万物，兼容百家众说，这实质上即是《吕氏春秋》编撰的指导思想。这一思想在全书的结构体例上体现为纪、览、论分别与天、人、地相呼应。

——"纪"分为十二篇，以春、夏、秋、冬四季为序，每季各有孟、仲、季三纪，每一纪又各有五篇文章。各纪之首均为该月月令，之后按四季的不同特点，将四篇论文置于该纪之下。春主生、夏主长、秋主收、冬主藏，故春季诸篇皆言养生；夏季诸篇均讲树人、教化，都是生长壮大的问题；秋季讲用兵用刑，并讲用贤胜于用兵的道理；冬季人息粮藏，于是言死葬，并由岁寒知松柏之常青联系到人的品格、气节。十二纪还记载了十二个月的星辰位置及各个季节的物候，它以四时配五行，搭起一个庞大的框架，并将音乐、色调、方位、祭祀等列入其中。

统观十二纪，不难发现它是围绕"天"这个核心展开的。这里的"天"指的是阴阳五行及四时等自然变化。当时的人认识不了这些变化产生的原因，便认为它们是不可抗拒的，因而只能对其采取恭顺的态度，并仿照自然运行来设计自己的行为模式。于是在十二纪中，便以木、火、土、金、水五行配合春、夏、秋、冬四时作为主要体系。这也是作者提出来的统治图式，要求统治者在一年十二个月内都能顺应五行四时之气来进行统治，这样才能使其统治得以巩固。

十二纪的编排是一个很整齐的体例，虽然有人批评各纪之首基本上是一个次第固定的呆板的体系，有许多项目仅仅是为了凑数而添加上去的,有些联系只抓住某些表面上的相似,勉强拼凑在一起,但就其结构而言,十二纪的确是无懈可击的。

——"览"分为八,每览又包括八篇文章,故这部分共计应有六十四篇文章,但因后来存佚错落,现存《有始览》中只有七篇,整部书也因此比成书时少了一篇文章。八览着重论君道和治本:《有始览》论天地有始,下含六篇都是论述任贤顺民、治乱祸福的;《孝行览》论述孝行为本,下属七篇文章论述国君治国应依靠何种人;《慎大览》论强国需谨慎治国,以下七篇具体论述如何治国;《先识览》论先见之明,其下论如何通过细致的观察和思考预见将来;《审分览》论为君之道,其下七篇阐释人君南面之术;《审应览》说君主要慎重其辞,其下诸篇详论流言及诡辩之害;《离俗览》论述王者应索求离世高士为师,其下论审士用民;《恃君览》论君道不可废,其下亦讲为君之道。八览明显是以"人"为核心,它极力宣扬民为本、民重君轻、君主无为、治民以德等主张,都是为君主政治服务的。八览由《有始览》统领,以下各篇或言天人感应,或言人际关系,或言人的自身修养的提高,都围绕人展开论述。

——"论"分为六大部分,每部分又由六篇组成。《开春论》由春之生引出王者厚德积善,后五篇论尚贤、爱民及养生之道;《慎行论》论君子、小人的处世,其下属五篇进一步阐释处世之理;《贵直论》论君应任贤使能,以下皆论进谏、纳谏、拒谏之事;《不苟论》讲贤人的操守:一切行事必当于义理,一切举动必利于国君;《似顺论》论辨异同、别真伪,以下诸篇论贤主治国之术;《士容论》论国士的操守仪态,其下五篇除《务大》外皆论农业为本。

"论"这一部分可以说是从"地"这个核心上展开的。开篇由春天到来、万物兴起引申出人主应仁德宽厚,爱惜大地上生长出来的一切生命,并因此而推崇因循万物本性的自然无为的养生之道。末篇又以大量的篇幅讲述耕作的原则、播种的方法、土地的调理、农时的安排等一系列伺地求食的问题。中间各论因地论人,从土地耕作的自然规律出发,阐述为人处世所应保有的节操及优秀品质。总的看来,六论是由"地"及人,但重点却是"地",即万事万物生长的自然之理。

《吕氏春秋》还有《序意》一篇,相当于今天书籍中的序言,交代著书的目的、时间、创作概况及基本内容,为全书的总纲领,今置于十二纪之后。

全书共一百六十篇。从形式上看,十二纪、八览、六论形式整齐,所统之文各有定数,且纪、览、论各自之间字数大体相当。据贺凌虚统计,每纪均在2500~2900字之间,每览均在5800~6400字之间(《有始览》今缺一篇,故该览字数为3797字),每论均在3200~3400字间。[①] 全书以"法天地"以行人事为指导思想,十二纪按"上揆之天"建构,八览则依"中审之人"排列,六论以"下验之地"布局。三大部分各有侧重,自成体系。

(3)《吕氏春秋》体例简论。

对于纪、览、论三者关系的考察,李家骧认为十二纪似有内篇的意味,八览可疑为外篇,六论像是杂篇。这是对其结构的一种

---

① 田凤台:《吕氏春秋探微》,台湾学生书局1984年版,第62页。

较特殊的认识,但它同样说明吕书在内容上是层进的,其各部分之间有密切的联系。徐复观认为八览、六论旨在囊括八方六合,包举天地万物,并共同作为十二纪的补充。这似乎也是认为十二纪与八览、六论有内外篇之意。

对《吕氏春秋》内在结构的各种分析,无论是"纪统天、览应人、论系地"说,还是"纪统天,览、论统地"说,或者是"纪为内篇、览论为外篇"说,都否定不了一个事实:这样的体例是以"人"——尤其是统治者为根本出发点来建构的。仅就各篇篇题而言,除十二纪纪首各篇及《大乐》《古乐》《音律》《音初》《序意》《开春》等少数篇题外,几乎所有篇题都从人事角度出发,以人的操行来命名,且大部分篇题还用"贵、重、去、不、审、必、慎、上、察、达"等字眼直接表明本篇的态度,这与先秦其他书籍篇目,如《孟子》之《梁惠王》《公孙丑》《滕文公》等,及《庄子》之《逍遥游》《天下》等,拟名方式大有旨趣。孟、庄之书虽亦讲为人处世之道,但其篇名远不及《吕氏春秋》整齐、明白。在内容上,十二纪讲治国之大纲,按四季分述人主对臣民的养、教、卫、管之事,八览、六论更是泛论治道,举凡人君个人德、智、体之修养及治国理政之方策,无不备言。这也充分说明《吕氏春秋》是以人事为着眼点的。

从篇与篇之间的关系看,每组文章多相贯相连,成组之篇有的两篇连环,有的联袂而起,有的群篇集中,有的前行后继,有的互为表里,有的正反相成,以至于全书呈现"处处成系统,系统套系统,配套分层的结合"①。

以孟春纪为例,首篇《孟春》为该月月令,春天生育万物,可联系到养生,故《孟春》之后有《本生》,即鼓励人们去追求那保全生命和天性的实际,由此引出《重己》:提倡安时处顺,珍惜己之所有,不去做过度的追求。又因天地育万物而不私,故又有《贵公》《去私》这两篇从正反两个方面来阐明治国应效仿天地之无私,这样才能长治久安。王范之认为《重己》与《贵公》《去私》这两篇在根本学说上是矛盾的,这其实是没有参透吕文之本旨。《重己》是讲养生节性,这与注重公心、不过分追求私利的《贵公》《去私》实际是一脉相通的:唯有安时处顺,才能公而无私,否则若孜孜焉以追求一己之私利为目标,又怎么可能顾及公利公心呢?可见《吕氏春秋》整齐的体例不仅迎合了人们的审美情趣,而且它的各个篇章的内容也有谨严的内在联系。

然而,由于太过追求形式上的整齐划一,吕书的体例也产生了一些不尽如人意之处,李家骥之论已臻完备,故全录于此,借以为吕书之体例勾勒一个完整的面貌:

①因刻意追求形式的整齐,凑足篇数,有时有重复割裂的现象。如《去尤》与《去宥》意旨相同却硬割为两篇;《应同》与《召类》内容相同,文字亦多重复,完全可以合为一篇。

②因要凑足篇幅,而使两篇的大段字句几乎完全一样。如《长见》与《观表》叙吴起治西河一事、《谕大》与《务大》谈燕雀一段即是如此。

---

① 李家骥:《吕氏春秋通论》,岳麓书社1995年版,第52页。

③有的篇章基本抄自他书,可能这种现象在成书的预定规划和定稿编排之时都没有禁止或预防的明确规定。如《当染》篇就基本照搬《墨子·当染》的文字,《有度》末尾一段的文字也与《庄子·庚桑楚》基本相同。

④有的部分两组文章之间联系并不紧密,硬拼在一起来凑篇数,显得勉强。如《士容论》按成书的写作意图和中心所在似应是论土地耕作,故主要有《上农》等四篇一组,但可能为凑足每论六篇之数,硬将《士容》《务大》两篇入此论,而《士容论》之总名又与农耕的内容并不相干。

⑤体制有不一致之处。如《开春》以首二字名篇,与全书以意名篇之例不合。①

(4)《吕氏春秋》体例的影响。

《吕氏春秋》所开创的这种谨严的体例对后世产生了巨大的影响。刘勰《文心雕龙》称赞它"鉴远而体周"。蔡伯尹曾说:"汉兴,高堂生、后仓、二戴之徒,取此书之十二纪为《月令》,河间献王与其客取其《大乐》《适音》为《乐记》,司马迁多取其说为《世家》《律》《历书》,教武藏书以预九家之学,刘向集书以系七略之数。"②

《月令》取自十二纪,已被梁玉绳所证明;《礼记》之《乐记》为《荀子·乐论》与《吕氏春秋》乐论合并的产物。蔡伯尹强调了司马迁对吕书内容的吸收,实际上司马迁在体例上对《吕氏春秋》所采亦颇多。他不仅仿十二纪的形式创造了十二本纪,而且在

---

① 李家骥:《吕氏春秋通论》,岳麓书社1995年版,第52-53页。
② 《读吕氏春秋》,见《黄氏日抄》卷五十六。

"纪"之内涵上亦与《吕氏春秋》有相通之处。《史通》说:"年仰他人者,虽纪实传;年得自主者,虽传实纪。"能自主纪年的,唯有帝王,所以"纪"实际是为帝王而设,而《吕氏春秋》的十二纪也是以天子顺时布政来立论,这与《史记》之"纪"一脉相通。章学诚更认为:"吕氏之书,盖司马迁之所取法也,十二本纪,仿十二月纪,八书,仿其八览,七十列传,仿其六论,亦微有所以折衷之也。"①《史记》的编著体例,是将十二本纪列前、八书居中、七十列传在后。这样的安排,不能说不是根据了《吕氏春秋》的编排顺序。《史记·伯夷列传》提到"其传曰",《索隐》说这是指《韩诗外传》和《吕氏春秋》。虽有学者指出此"传"与《史记》之"列传"并非同类之"传",但司马迁会采用"列传"之名,则足以说明《吕氏春秋》与"列传"是有某种联系的。

《吕氏春秋》的成书,还引起了杂家之书的兴盛。除淮南王刘安亦步亦趋地主编了《淮南子》外,汉时著名政论家陆贾、贾谊、晁错等亦因袭其撷人之长补己之短的成法,均采数家、博取众说以成己见。徐复观的《两汉思想史》说:"两汉思想家,几乎没有一个没有受到十二纪纪首——《月令》的影响。"这已超出了关于体例的范畴,但由此足见由《吕氏春秋》所首创的十二纪影响之大。梁启超称:"《吕氏春秋》,实类书之祖,后世《艺文类聚》《太平御览》《永乐大典》等,其编纂方法及体裁,皆本于此。"②然而田凤台指出:"类书之修,四库之编,虽集众为书,然仅备资料检

---

① 章学诚:《校雠通义》卷三。
② 梁启超:《覆毕校本吕氏春秋》,见《饮冰室文集》第十六册,中华书局1941年版,第9页。

阅,以汇萃为功,非若吕氏淮南之欲成一家言者也。惟宋之世,温公之《通鉴》,或可拟之。"①历代类书虽效仿了《吕氏春秋》规模庞大、包含宏富的形式,但却未能汲取其"欲成一家之言"的精髓,这不能不说是一种遗憾。

傅斯年《战国子家叙论》还总结了《吕氏春秋》在我国古代书籍编纂史上的开创之功。其论前已引用,此不赘述。天、地、人一体观思想虽非《吕氏春秋》所创,但它毕竟在我国史学史上第一次用这一思想来指导一部书的编纂,这本身就是一种开创,大大拓展了古典编辑活动的时空观念和评判视野。

(二) 丰富多彩的写作内涵

《吕氏春秋》为吕不韦集众门客所作,由于各人学术思想及派别不同,其内容的庞杂自不待言。因其庞杂,加之吕不韦个人与封建社会传统模式要求不甚相符,故而历代学者对它的评价不是很高。然而近世以来,其博大的思想内涵已开始逐步被人们所认识。国学大师冯友兰认为此书"所记先哲遗说、古史旧闻,虽片言只字亦可珍贵。故此书虽非子部之要籍,而实史家之宝库也",这个评价充分肯定了《吕氏春秋》内容的丰富及宝贵。

作为杂糅百家的大作,《吕氏春秋》所包含的写作内涵十分丰富。它对战国末期各个学派的基本主张都有所承袭。如儒家主张实行德治,认为最好的统治方法是推行教化,用教化征服人心,处处以"仁""义"作为行事的根本准则,吕不韦对此极为推崇。

---

① 田凤台:《吕氏春秋探微》,台湾学生书局1984年版,第414页。

《适威》篇指出:"古之君民者,仁义以治之,爱利以安之,忠信以导之,务除其实,思致其福。"可见其是接受了儒家思想,认为"仁义"是"君民者"的首务。不仅如此,《吕氏春秋》对各学派还做了自己的发挥,使其得以提高到一个新的层次。如儒家大力提倡施行仁义,但却效果欠佳,原因是什么呢?《吕氏春秋》拿出了自己的解释:"仁义之术外也。夫以外胜内,匹夫徒步不能行,又况乎人主?唯通乎性命之情,而仁义之术自行矣。"①即是说其原因在于仁义之术只是外现的,缺管内养的基础,而内养就是"通乎性命之情"。这不是对仁义的否定,而是给它加入新的内涵,使它能够更有效地推行开来。性命之情本是道家的东西,《吕氏春秋》却将其嫁接到儒墨的仁义之术上,这不但是对儒墨思想的一种提高,也是对道家思想的推广。

另一方面,《吕氏春秋》也不因已采纳了某一学派的观点而将与其相对的学派置之不理。如它虽重视仁政和精神力量,但却并不因此而反对法治。它说:"法也者,众之所同也,贤不肖之所以(用)力也。"②"赏罚,法也。""凡赏非以爱之也,罚非以恶之也,用观归也。所归善,虽恶之,赏;所归不善,虽爱之,罚。此先王之所以治乱安危也。"③这些材料表明,它不但承认法治的必要性,而且还承认赏罚是法治的两种不可或缺的必要手段。更可贵的是它接受了法不阿贵及赏罚不以亲疏、远近、贤不肖、爱恶为转移的观点,并且提出应以善与不善作为执法的基本标准,这又是

---

① 《吕氏春秋·有度》。
② 《吕氏春秋·处方》。
③ 《吕氏春秋·当职》。

对法家思想的进一步发展。

在承袭的同时,《吕氏春秋》对诸子学说也分别做了不同程度的批判。如它在《应同》篇中提出"子不遮乎亲"的命题,并说"父虽亲,以黑为白,子不能从",这显然是对孔子的"三年无改于父道,可谓孝矣"及"子为父隐"思想的否定。再如,《吕氏春秋·审分》中说"至治之务,在于正名",但当触及与实际和应用距离很远的名家诡辩派的论题时,《吕氏春秋》则给予严厉的批判。它说:"坚白之察,无厚之辩,外矣!"即是说,《公孙龙子·坚白论》和《邓析子·无厚论》一类的辩论应该弃绝。这批判是毫不留情的。

除了对儒道墨法等影响较大的学派的圈点评判外,《吕氏春秋》也并未忘记一些在当时并不起眼的小学派,如在十二纪每纪的首篇,以及《制乐》《明理》《应同》等专篇中,均涉及了阴阳五行学说;在《荡后》《振乱》《禁塞》《怀宠》《论威》《决胜》《长攻》《悔过》等篇中都主要论述兵家理论;《知士》《至忠》《忠廉》《士节》《不贤》《更报》《顺说》等篇则专论纵横家。最为可贵的是全书最后四篇,即《上农》《任地》《辩土》《审时》四篇,专门记叙了与当时农业生产紧密相关的内容,如利用天时、土壤以及重视农耕的重要性,等等,都是弥足珍贵的先秦农学文献。《汉书·艺文志》农家类记战国时有《神农》二十篇和《野老》十七篇,但两书今均不存,故《吕氏春秋》中这四篇文章就成了我们现在所能追溯到的最早的系统性农学著作,此亦可见其珍贵价值。

《吕氏春秋》对先秦各家均有所及,但并不能据此而认为它只不过是一部诸子思想的资料汇编。它是按照自己既定的宗旨,对汲取来的思想材料进行剪裁取舍,合于己者留,不合于己者也不会避而不理,而是对其进行批判改造,提出自己的看法。这样,随着对诸子百家的或留或改,《吕氏春秋》一书逐渐形成了自己的一家之言。这表现在方方面面,从对天、地、人的产生的看法,到对政治、经济、社会、哲学、天文、历法、乐律、科技等领域的认识上,《吕氏春秋》都有一些与众不同的见解。反映在历史观上,它首先突破了商周时代的人的起源的神话,提出"始生之者,天也"①。这里的"天"是"自然"的同义语,即是说,它认为人类是大自然的产物,这是人类对自身来源认识的一个飞跃。接着,它又提出社会进入文明时代之后会继续在圣君贤相及人民群众的共同推动下艰难地、曲折地前进。这表明它认为历史是发展变化的。之后,《吕氏春秋》又对人类历史演进发展的规律进行了积极的探索。这是我国史学史上的一大创举。尽管从西周以来,就有人不断地总结历史经验,但那都是局部的、片段的总结,而没有从整体的、贯通的角度考虑问题。直到战国后期,阴阳五行学说兴起,历史总结才真正突破了经验的格局,走向哲学的思考。《吕氏春秋》汲取了阴阳五行家的观点,开始探寻历史发展的规律。

《吕氏春秋》第一次将历史的发展纳入了金木水火土五德循环的模式中,但它也并不排斥人的作用。它认为纵使天象的运行已到了新旧交替的时机,人不好好地把握,照样会失去这一机会。它还提出了天、地、人同构的模式,将人类社会的一切都吸收到此模式之中,形成了我国最早的系统论思想。五行循环的历史发展规律模式,虽来源于邹衍的五德终始说,但却避免了它的历史宿命

---

① 《吕氏春秋·本生》。

论,突出了人的主观能动作用。在《吕氏春秋》看来,人才是历史发展的最重要动力。这一观点,对鼓励人们去认识自然、改造自然、发展人类社会无疑是很有帮助的。当然,以我们今天的观点和思维方式来看,它的五行循环规律并不正确。它只看到自然与社会的共性,但忽略了它们之间的本质区别,因而走入了神秘主义的泥潭。然而在当时,它却第一次走出了经验总结性的历史认识方式,并将其提高到了规律性的高度,大大地开阔了后人认识历史的范围,这一点是具有极大的开创性意义的。

《吕氏春秋》在学术上广收博取,采众家之长,集中体现了春秋以来诸子百家的学术观点,并结合当时的时代精神自成体系,发展了诸子的学说,对阴阳、因果、生死等问题进行了深入探究,在政治、社会方面总结了先秦统治阶级思想统治的经验,为即将到来的大一统局面制定了一套完整的治国理论与方针,这是我们研究先秦历史与哲学的重要资料。

《吕氏春秋》中不少哲理或政论性言论都是通过一些富有文采的、生动曲折的小故事来说明的,这给人以十分鲜明的印象,被视为我国古代小说之先河。仅就其文学特点来衡量,可以说它是当时秦国最好的一部作品,由此奠定了它在中国古典文学史上的地位。其中很多篇章中的寓言、比喻写得相当精彩,妙语解颐、趣味盎然,如将人不愿听直言喻为"障其源而欲其水",说不善于统治人民的君主"若决积水于千仞之上,其谁能挡之",把一个人失去权势比为"吞舟之鱼陆处则不胜蝼蚁",形容那些不调查研究的"愚者"以讹传讹是"数传而白为黑,黑为白,故狗似玃,玃似母猴,母猴似人,人之与狗则远矣"。像这样的比喻在《吕氏春秋》中不胜枚举,它们语句简洁,形象生动,不失为我国古代文学的精华。

《吕氏春秋》杂糅百家,取其所长,补其所短,是公元前三世纪中国的一部百科全书,上有天文、历法,下有地理、月令,中有政治、经济、历史、哲学、音乐、农技、科技,等等,无所不包,真正做到了"上揆之天,下验之地,中审之人"。

(三)褒多贬少的历代评说

自《吕氏春秋》一书问世以来,对其的评议就一直连续不绝。这些评议或褒或贬,各有见地,即使只是只言片语,亦自有一番道理。评价高者如许维遹在《吕氏春秋集释·自序》中云:"夫《吕览》之为书,网罗精博,体制谨严,析成败升降之数,备天地名物之文,总晚周诸子之精英,荟先秦百家之妙义,虽未必一字千金,要亦九流之喉襟,杂家之管键也。"评价低者则如梁启超在《汉书·艺文志·诸子略考释》中所说:"吕不韦不学无术之大贾,其著书非有宗旨,务炫博哗世而已,故《吕览》儒、墨、名、法,樊然杂陈,动相违忤,只能为最古之类书,不足以成一家言,命之曰杂,固宜。"这两种意见的差别是比较大的。我们注意到评论《吕氏春秋》时,总要连带着论及吕不韦其人,不过尽管关于吕不韦的微词较多,但对《吕氏春秋》的评价大致还是以褒扬为主。

1. 肯定其书而否定其人

高诱在其《吕氏春秋注·序》中说:"诱证《孟子》章句,作《淮南》《孝经》解,毕讫,家有此书①,寻绎案省,大出诸子之

---

① 指《吕氏春秋》。

右。"高氏是在正《孟子》章句、作《淮南》《孝经》解之后,继而从事吕书注释的,故而他的"大出诸子之右"之评价是相当重要的。 然而后世的人却没有这么豁达,肯定其书而否定其人的不绝于书。 黄震《黄氏日抄》引韩彦直语云:"《吕氏春秋》言天地万物之故,其书最为近古,今独无传焉,岂不以吕不韦而因废其书耶?"与韩彦直同时代的蔡伯尹也认为:"今其书①不得不与诸子争衡者,徒以不韦病也。 然不知不韦固无与焉者也。"他们都是肯定其书有可取之处,而对它因与吕不韦相关而不得广为流传深感惋惜,甚至为了给吕书正名而不惜牺牲吕不韦的主编之名。 这对《吕氏春秋》可能是一个抬升,但对吕不韦却实在不够公平。《四库全书总目提要》对吕不韦及《吕氏春秋》的评价则稍显公允,其云,"不韦固小人,而是书较诸子之言独为醇正,大抵以儒为主,而参以道家、墨家,故多引六籍之文与孔子、曾子之言。 ……其持论颇为不苟",最后还反对前代的评论因人废言,说:"论者鄙其为人,因为甚重其书,非公论也。"这一态度是极为可贵的。 毕沅在其《吕氏春秋新校正·序》中说:"其著一书,专觊世名,又不成于一人,不能名一家者,实始于不韦……不韦书在秦火以前,故其采缀,原书类亡,不能悉寻其所本……是以其书沈博绝丽,汇儒墨之旨,合名法之源,古今帝王天地名物之故,后人所以探索而靡尽欤!"他虽不赞同吕不韦编书的动机,却依然对吕书本身给予了相当高的评价。

2. 肯定其思想及学术价值

《吕氏春秋》中蕴含着丰富的思想,对此,历来多有学者论

---

① 指《吕氏春秋》。

及,兹不赘述。这里重点就其学术价值略做评价。郭沫若在《吕不韦与秦王政的批判》中评《吕氏春秋》,称其"在文字结构上也每每馁饤泄沓""在编制上实在也相当拙劣的",但他紧接着话锋一转,说"然而这书却含有极大的政治上的意义,也含有极高的文化史上的价值",这就从政治意义和文化史角度给予吕书极高的评价。徐复观在《〈吕氏春秋〉及其对汉代学术与政治的影响》一文中从学术史角度对吕书做了很高的评价,称:"但两汉士人,许多是在《吕氏春秋》影响之下来把握经学;把《吕氏春秋》对政治所发生的巨大影响,即视为经学所发生的影响;离开了《吕氏春秋》,即不能了解汉代学术的特征,这点却被人忽略了。"这是对其在经学史中重要作用的揭示。在史学领域中,对其价值的评价尤其丰富。这方面最早的评论来自其书自身,《序意》篇述其编纂意图为:"凡十二纪者,所以纪治乱存亡也,所以知寿夭吉凶也。""纪治乱存亡""知寿夭吉凶",这正是我国传统史学所孜孜以求的撰史目的,所以冯友兰《吕氏春秋集释·序》说:"然此书不名曰《吕子》,而名曰《吕氏春秋》,盖文信侯本自以其书为史也。"

《史记·吕不韦列传》称:"吕不韦乃使其宾客人人著所闻,集论以为八览、六论、十二纪,二十余万言。以为备天地万物古今之事,号曰《吕氏春秋》。"而在《史记·十二诸侯年表序》中,司马迁更明确地指出:"吕不韦者,秦庄襄王相。亦上观尚古,删拾春秋,集六国时事,以为八览、六论、十二纪,为《吕氏春秋》。"司马迁认为吕不韦自认其书包罗天地古今万物之事,事取获麟,踵事春秋,故以名书。任继愈所说"春秋"已被引申为古史的通称,

《吕氏春秋》的作者欲博通古今之变,以史典自诩,故自号"春秋"①,正是对此意的详尽解释。

清章学诚《校雠通义》卷三言:"《吕氏春秋》,亦春秋家言,而兼存典章者也。当互见于《春秋》《尚书》,而猥次于杂家,亦错误也。古者春秋家言,体例未有一定。自孔子有知我罪我之说,而诸家著书,往往以'春秋'为独见心裁之总名。然而左氏而外,铎椒、虞卿、吕不韦之书,虽非依经为文,而宗仰获麟之意,观司马迁叙《十二诸侯年表》而后晓然也。……四时错举,名曰'春秋',则吕氏犹较虞卿、晏子《春秋》为合度也。刘知几讥其本非史书而冒称'春秋',失其旨矣。"这更是明确地为《吕氏春秋》正其为史之名。

刘咸炘《推十书·杂家十一》说:"《吕氏春秋》,史公亟称之,引事喻义,名曰'春秋',复何嫌乎?"松臬园亦云:"愚谓此书,以'春秋'命名,恐非独因十二纪者也。广说事理、示以劝戒,故曰'春秋'。"二人皆以吕书因事说理,合于史书之旨而归其为史。孔颖达《春秋正义·序》言:"失则贬其恶,得则褒其善,此春秋大旨。"《吕氏春秋》集六国时事、意存褒贬,正是取了"春秋大旨"。

冯友兰《吕氏春秋集释·序》曰:"以此书为史,则其所纪先哲遗说,古史旧闻,虽片言只字,亦可珍贵,故此书虽非子部之要籍,而实乃史家之宝库也。"这是从史料学的角度肯定《吕氏春秋》的历史价值。

---

① 任继愈:《中国哲学发展史》(秦汉),人民出版社1985年版,第4页。

夏祖恩认为:"《吕氏春秋》实为一部史著,亦可视为史籍。"其具体分析是:"《吕氏春秋》是一部史论性的著作,是以探讨治乱为中心、融古今于一体的历史评论著作。"①他已经着手从史著的角度来研究《吕氏春秋》的史学思想了。

以上就是历代学者对《吕氏春秋》的一些评价概况,除梁启超等评价较低外,绝大多数人对此书是持肯定意见的。虽然对《吕氏春秋》的评论到目前为止仍有较大分歧,但随着各个角度、各个层面上认识的不断深入,人们对《吕氏春秋》的评论还是表现出越来越客观、越来越趋同的趋势。

(原载《吕不韦与〈吕氏春秋〉》,西安出版社 2007 年版)

---

① 夏祖恩:《〈吕氏春秋〉的史学思想与特色初探》,《福建师范大学学报》(哲学社会科学版),1992 年第 1 期。

论《吕氏春秋》的历史思想

《吕氏春秋》一书为秦相吕不韦集其门客所作,自从《汉书·艺文志》将其著录于诸子以来,一直被视为子部杂家类著作,然而就其本旨及内容而言,它与"史"有密切的联系。其书《序意》篇述其编纂意图为"凡十二纪者,所以纪治乱存亡也"。"纪治乱存亡"是先秦史书如《春秋》《左传》等的重要内容,对后世史学有深远的影响。冯友兰《吕氏春秋集释·序》说:"然此书不名曰《吕子》,而名曰《吕氏春秋》,盖文信侯本自以其书为史也。"可见,无论是在编纂意图及内容上,还是在后代学人眼中,《吕氏春秋》都接近于一部历史著作。司马迁称其"上观尚古,删拾春秋"[①],正揭示出其书明确的历史意识。总体看来,《吕氏春秋》不仅广泛涉及史事,而且对之提出许多看法,具有丰富的历史思想。

一、对历史进程的初步认识

先秦时期,人们对于历史进程的认识在很大程度上长期被浓厚

---

① 《史记·十二诸侯年表·序》。

的天命观念所笼罩。至战国末年，科学技术的发展开阔了人们的眼界，揭示出许多自然现象发生的真实原因，进一步破除了人们对"天命""神意"的迷信。在这种时代氛围下，思想领域分外活跃，人们力图从天命的包裹中剥离出来，将现实社会的政治和人生作为关注的中心。受此影响，《吕氏春秋》在天人关系上认为天和人是相辅相成的，它谈及"天"时，常常是天人并举。如《本生》篇云："始生之者，天也；养成之者，人也。"《情欲》篇云："人与天地也同，万物之形虽异，其情一体也。"《大乐》篇云："始生之者，天也；养成之者，人也。"《大乐》篇云："始生人者天也，人无事焉。"《荡兵》篇云："性者所受于天也，非人力所能为也。"《有始》篇云："天地万物，一人之身也，此之谓大同。"《慎人》篇云："功名大立，天也；为是故，因不慎其人不可。"

在它看来，"天"已从无所不能的主宰者的位置上跌落下来，变成了与"人"齐平的影响历史进程的因素，它已失去了神秘的外衣，而几乎完全成为"自然"的代名词。与之相对，"人"的地位大大提高，人与天的关系由单向的"受命于天"变为"天人相成"。这与《荀子·天论》中"天行有常，不为尧存，不为桀亡，应之以治则吉，应之以乱则凶"的结论有相通之处。

基于这种观念，《吕氏春秋》对历史进程的认识也有了朴素的唯物色彩。历史是人类社会发展的记录，有了人，历史才应运而生。那么人及人类社会如何产生、历史如何开始呢？《吕氏春秋》的回答是"始生人者，天也"，即人是大自然的产物。人产生后，"凡人之性，爪牙不足以自卫，肌肤不足以捍寒暑，筋骨不足以从利避害，勇敢不足以却猛禁悍，然且犹裁万物，制禽兽，服狡虫,寒暑燥湿弗能害,不唯先有其备,而以群聚也。群之可聚也,相与利之也"。① 凶恶势力的侵害和自然环境的威胁迫使人以群聚,群聚便形成社会。所以,社会的出现,不是上帝的安排,而是人类生存的必需。

就社会本身来说,它是不断发展变化的。《察今》篇说:"昔太古尝无君矣,其民聚生群处,知母不知父,无亲戚、兄弟、夫妻、男女之别,无上下、长幼之道,无进退揖让之礼,无衣服、履带、宫室、畜积之便,无器械、舟车、城郭、险阻之备,此无君之患。"这段描述显然认为古代社会不如当代,"太古"的人民不懂礼义,衣食无依,不会利用外物来给自己造成便利,而当代却不存在这些问题,正说明社会是不断发展的。

既然社会有"太古"和今世的区别,那么古与今的关系如何呢?《长见》篇认为:"今之于古也,犹古之于后世也。今之于后世,亦犹今之于古也。故审知今则可知古,知古则可知后,古今前后一也。"这表明它已认识到社会历史是由古、今和后世(将来)三个彼此联系的部分构成的。审察当代,可以知道历史,知道历史则可以推知后世。这种认识体现了明确的、完整的历史意识。与吕不韦同时代的韩非,一般被公认为是战国时期历史思想的最高代表,如《韩非子·五蠹》篇,将历史划分为上古、中世(中古、近古)与当今这几个阶段。换言之,韩非对历史的认识只在于已经和正在发生的阶段,而《吕氏春秋》连即将发生的阶段也纳入考虑之中,这无疑是一个进步。就此而言,《吕氏春秋》确实

---

① 《吕氏春秋·恃君》。

不仅吸取了诸子之长,而且对其有所发展。

认识到古今前后之间可以相互推知后,《吕氏春秋》表现出明确的历史借鉴意识。《序意》篇述其编纂意图为:"凡十二纪者,所以纪治乱存亡也,所以知寿夭吉凶也。"借"纪治乱存亡"以"知寿夭吉凶",不正是一种明确的历史借鉴思想吗? 观其行文,"尝试观于上志""尝试观上古记"之类说法绝非仅见,正是对其意图的贯彻。

因为注重借鉴历史,《吕氏春秋》把治乱兴衰定为历史的主要内容。 它立足现实,追溯逝去之史实,古为今用,融历史与现实于一体。《观世》篇论道:"主贤世治,则贤者在上;主不肖世乱,则贤者在下。 今周室既灭,天子既废。 乱莫大于无天子,无天子则强者胜弱,众者胜寡,以兵相铲,不得休息,而佞进,今之世当之矣。"这是从周灭亡后的历史事实说明:结束战国时代,建立大一统政权,已经是长利天下的迫切要求。 这可以看作是《吕氏春秋》对历史的预见。

《吕氏春秋》既重视历史经验,又反对盲目照搬先王成法,它认为历史是不断变化发展的。《察今》篇说:"凡先王之法,有要于时也,时不与法俱至。"先王之"时"与当今之"时"已大不相同,所以它提出了"世易时移,变法宜矣"的主张,宣称"因时变法者,贤主也。 是故天下七十一圣,其法皆不同,非务相反也,时势异也"。 它还反诘道:"时已徙矣,而法不徙,以此为治,岂不难哉?"由此可见,《吕氏春秋》总结过去,更多的是着眼于规划未来,这是其历史思想的一个重要内容。

二、对历史发展动因的认识

社会历史是不断发展的,那么其动力何在? 对此,《吕氏春秋》也有一番见解。《荡兵》篇讲:

> 兵所自来者久矣,黄、炎用水火矣,共工氏固次作难矣,五帝固相与征矣。递兴废,胜者用事。人曰"蚩尤作兵",蚩尤非作兵也,利其械矣。未有蚩尤之时,民固剥林木以战矣,胜者为长。长则犹不足治之,故立君。君又不足以治之,故立天子。天子之立也出于君,君之立也出于长,长之立也出于争。争斗之所自来者久已,不可禁,不可止,故古之贤王有义兵而无有偃兵。

这段话表明,《吕氏春秋》认为社会的发展经历了立长、立君、立天子三个不同的阶段,而促使这些阶段形成的原因是"争斗"。战国时期群雄争霸、烽火连年,所谓"争地以战,杀人盈野;争城以战,杀人盈城"[1],正是对这一历史阶段的真实描述。《吕氏春秋》从总结历史中得到启示,因而提出了这种看法。当时的荀子也讲"争",《荀子·王制》篇说:"人之生不能无群,群而无分则争,争则乱,乱则离,离则弱,弱则不能胜物。"他认识到了"争"在社会发展中具有举足轻重的作用,却并未像《吕氏春

---

[1] 《孟子·离娄》。

秋》那样将二者之间的关系明确地归纳出来。

由于把社会发展的动因归结于"争",所以《吕氏春秋》进一步肯定了人在历史发展中的作用。具体来说,它认为社会的进步同君主、臣子、民众都有关系,而三者在推动历史进程中的作用是不同的:

——君主处于主导地位。《吕氏春秋》对君主政治极为推崇。《先己》篇说:"昔者先圣王,成其身而天下成,治其身而天下治。"《劝学》篇称:"圣人之所在,则天下理焉。"《为欲》篇说:"故古之圣王,审顺其天而以行欲,则民无不令矣,功无不立矣。圣王执一,四夷皆至者,其此之谓也。"这些论述都表现了"治身与治国一理"的观念,这种观念将国家存亡系乎君主一人之身,认为社会治乱兴衰的关键就在于君主的所作所为。

《恃君》篇则叙述了无君之害,指出:无君之国,"其民麋鹿禽兽,少者使长,长者畏壮,有力者贤,暴傲者尊,日夜相残,无时休息,以尽其类。圣人深见此患也,故为天下长虑,莫如置天子也;为一国长虑,莫如置君也。置君非以阿君也,置天子非以阿天子也,置官长非以阿官长也。德衰世乱,然后天子利天下,国君利国,官长利官,此国所以递兴递废也,乱难之所以时作也"。《谨听》篇也说:"乱莫大于无天子,无天子则强者胜弱,众者暴寡,以兵相残,不得休息,今之世当之矣。"在《吕氏春秋》看来,君主若肯顺天修身,就可令民、立功;反之,若君主利用权力谋求私利,就会给国家、社会带来衰弱和停滞。在《先己》篇中,它引用了《诗经》中之"淑人君子,其仪不忒。其仪不忒,正是四国"来对君主的作用做极限发挥,说君主只要通过修身就可以使天下达到大治。这种评价对君主在社会发展中的作用自是夸大其词,但却是当时社会走向大一统的客观形势下思想领域的必然产物。

——臣子的作用十分重要。《吕氏春秋》虽强调君主在历史发展中的主导地位,但它的另一个同样鲜明的观点是:"天下非一人之天下也,天下之天下也。"①《吕氏春秋》的作者,即吕不韦及其门客,在政治地位上属于"臣",出于自身利益的考虑,他们在书中大力宣扬臣子对社会发展的重要作用,认为臣是联系君和民的纽带。《先识》篇称:"地从于城,城从于民,民从于贤。故贤主得贤者而民得,民得而城得,城得而地得。"获得土地和城池要靠民,而得民却要靠贤者。这样,贤者便成了统治者统治被统治者的中介。《达郁》篇从反面对此做了更为详细的论述,其云:"国亦有郁。主德不通,民欲不达,此国之郁也。国郁处久,则百恶并起,而万灾丛至矣。上下之相忍也,由此出矣。故圣王之贵豪士与忠臣也,为其敢直言而决郁塞也。"这显然已将贤者与国家的兴废存续问题联系起来,足见其对国家发展的作用之大。

既然直接与被统治者(民)接触的是臣,则《吕氏春秋》很自然地提出了"君无为而臣有为"的主张。《圜道》篇说:"贤主之立官,有似于此。百官各处其职、治其事以待主,主无不安矣。以此治国,国无不利矣;以此备患,患无由至矣。"《任数》篇讲:"古之王者,其所为少,其所因多。因者,君术也;为者,臣道也。为则扰矣,因则静矣。因冬为寒,因夏为暑,君奚事哉?故曰君道无知无为,而贤于有知有为,则得之矣。"在《吕氏春秋》

---

① 《吕氏春秋·贵公》。

看来，君主的作用固然重要，但他最终只能停留在局外统揽的层面，至于真正做决定，做出具体行动，则应由臣负责，所以臣对历史进程的影响十分巨大。《求人》篇总结说："得贤人，国无不安，名无不荣；失贤人，国无不危，名无不辱。"这就肯定了臣对社会发展进程的不可忽视的作用。

——"民心""民欲"是影响社会治乱盛衰的重要因素。《吕氏春秋》将君主和贤臣视为推动历史发展的主要力量，但它并未否定民众的作用，相反，它还多次强调君主做决定应以顺应民心为前提。《功名》篇说："欲为天子，民之所走，不可不察。"《用众》篇言："凡君之所以立，出乎众也。立已定而舍其众，是得其末而失其本。得其末而失其本，不闻安居。"《贵因》篇举例说："舜一徙成邑，再徙成都，三徙成国，而尧授之禅位，因人之心也。汤、武以千乘制夏、商，因民之欲也。"《顺民》篇则得出结论："先王先顺民心，故功名成。夫以德得民心以立大功名者，上世多有之矣。失民心而立功名者，未之曾有也。……故凡举事，必先审民心，然后可举。"这些论述都表明《吕氏春秋》并不曾忽视民众的力量。它一再提醒君主不能任意行事，如《行论》篇中就说："执民之命，重任也，不得以快志为故（事）。"在《达郁》篇有："国亦有郁。主德不通，民欲不达，此国之郁也。"这是提倡君主要经常保持与民的关系，做到上德下喻、下情上达，因为君主的主导作用只有依靠群众的力量才能实现，否则只能一事无成。

应当指出的是，《吕氏春秋》虽然肯定了人民对国家兴亡的走向会产生巨大影响，但其始终是否定人民推动历史发展的主动性，即它眼中的"民"只是一种会对国家命运产生重大影响的客观因素,是与天时、地利一样的不可违抗的力量,故而君主对此要因循不悖。《吕氏春秋》并未认识到民众对历史的主动创造作用,它认为"听群众人议以治国,国危无日矣"①。所以它仅仅是从替即将君临天下的天子寻找巩固统治的方略的愿望出发,认识到了民众对历史进程的不可逆转的客观作用罢了。

与此同时,《吕氏春秋》还从天道循环中受到启示,对君、臣、民共同努力促使历史发展的方式进行了探索。《圜道》篇探讨了君与臣在国家发展中的关系,其云:"天道圜,地道方,圣王法之,所以立上下。……主执圜,臣处方,方圜不易,其国乃昌。"《务本》篇则将讨论的范围扩大到君、臣、民三者之间,其结论为:"安危荣辱之本在于主,主之本在于宗庙,宗庙之本在于民,民之治乱在于有司。"这段话是说:君主对社会发展起主导作用,但君主的决定应依照民心走向来决定;民心走向会受到有司(大臣)的驱动疏导的影响,但有司最终却还是要听命于君主的。可见,《吕氏春秋》的历史动力观实际上是一种循环论,即认为历史发展是在君、臣、民三者相互促进又相互牵制的循环机制的推动下进行的。这种观点虽未摆对君、臣、民三者在历史发展中的正确位置,但它能肯定历史发展是一种由人的相互作用构成的机制,这与此前的天命史观及单一的英雄史观相比,无疑是一个进步。

三、关于历史演进的法则

《吕氏春秋》的一些论述还显示出揭示历史演进法则的倾向。

---

① 《吕氏春秋·不二》。

它一贯主张"法天地",并根据自然运动中"物动则萌,萌而生,生而长,长而大,大而成,成乃衰,衰乃杀,杀乃藏,圜道也"①的过程及"天地车轮,终则复始,极则复反,莫不咸当"②的认识,对人类社会历史的发展进行了相应的探索,同时,它吸收了邹衍的学说,形成"五德终始"的历史循环论观点。《应同》篇对此有集中的论述:

> 凡帝王者之将兴也,天必先见祥乎下民。黄帝之时,天先见大螾大蝼。黄帝曰:"土气胜。"土气胜,故其色尚黄,其事则土。及禹之时,天先见草木秋冬不杀。禹曰:"木气胜。"木气胜,故其色尚青,其事则木。及汤之时,天先见金刃生于水。汤曰:"金气胜。"金气胜,故其色尚白,其事则金。及文王之时,天先见火,赤乌衔丹书集于周社。文王曰:"火气胜。"火气胜,故其色尚赤,其事则火。代火者必将水,天且先见水气胜。水气胜,故其色尚黑,其事则水。水气至而不知数备,将徙于土。

这就是说,每个帝王要开创新业之前,上天必定会向人间显示祥瑞。黄帝时天显现大蚯蚓、大蝼蛄,这是土气旺盛的表示;同样,禹时显现草木秋冬不凋,汤时显现金属兵器在火中,文王时显现红色鸟衔着丹书停留在社庙上,这些分别是木气、金气、火气旺盛的表示。它还进一步预测,代替火的必将是水,天会显现水气旺盛,并指出,火德已尽、水德已至,是统一中国的大好时机;但

---

① 《吕氏春秋·圜道》。
② 《吕氏春秋·恃君》。

如果君主不好好把握，水德就会为土德所代。这显然是在为秦国的向外发展制造历史根据。

《吕氏春秋》的五德循环史观是唯心的，它不可能跳出五德循环的窠臼，按其所说，依此推断下去，人类社会只能永远处于王朝更迭的君主专制范围内，可见其最终的落脚点仍在君主政治上。但就其内容来说，也有值得注意之处。首先，它肯定了历史的演进，并认识到这种演进是有法则可循的。这一点除了在以上《应同》篇引文中清晰可见外，《察今》篇亦有所表述："凡先王之法，有要于时也，时不与法俱至。法虽今而在，犹若不可法。故择先王之成法，而法其所以为法。""有要于时"是说历史不断运动，而"其所以为法"便是它所找到的贯通古今的"规律"。这种观点不仅肯定了历史运行有法则可循，而且明确提出对法则的应用要与时俱变，可见当时人们对规律的认识及应用已有一定的积累。其次，《应同》篇虽采用了邹衍的学说，但却将此学说改造为气的学说，并在论述五德终始之后，用"天为者时"等语，说明它所讲的并不全是神秘主义的"怪迂之变"，或者至少可以认为它是在邹衍的五德终始说中加入了一些较具体的概念，从而减轻了该学说的神秘程度。再次，在后来的历史发展中，这一理论还在相当长的时间内成为人们认识社会发展的重要理论。《史记·秦始皇本纪》说："始皇推终始五德之传，以周德为火德，秦代周德，从所不胜。方今水德之始，改年始，朝贺皆自十月朔。"这显然是受了五德终始说的影响。汉代董仲舒吸收利用这种理论，形成天人感应学说，成为封建思想的重要内涵。直到近代，皇帝所发的诏书上还有"奉天承运"之类的字样，其渊源亦不外乎此。

作为一种"揆天、验地、审人"的历史思想,《吕氏春秋》的这一历史循环论超越了孔子的经验堆积式的春秋笔法,使中国史学在总结规律的理论层面上又向前迈进了一步,为后人开拓了更广阔的研究思路。

四、关于历史评价的原则

《汉书·艺文志·杂家类·序》中说:"杂家者流,盖出于议官。兼儒、墨,合名、法,知国体之有此,见王治之无不贯。"出于议官,则其中评析议论的内容自然不少。作为杂家代表作的《吕氏春秋》,正体现了这一特点,其中所举人物及史事,多是为一定的理论充当论据的,因而记述之后大都有分析评价,为研究其历史评价原则提供了丰富的资料。

关于其评论历史的原则,《吕氏春秋》高诱序称:"然此书所尚,以道德为标的,以天地为纲纪,以忠义为品式,以公方为检格。"由此可见,其书追求务实和公正,崇尚公允和客观。清人卢文弨说:"而其书时寓规讽之旨,求其一言近于揣合而无有,此则风俗人心之古,可以明示天下后世而不作者也。"[①]他也同样认定《吕氏春秋》立论态度严肃。从《吕氏春秋》的内容来看,由于此书编写的初衷在于针对现实社会提出切实可行的政治统治理论,故而其对历史人物及事件的评价,大多能从事实出发,究根问底,发前人所未发。

---

① 卢文弨:《书〈吕氏春秋后〉》。

(一)评论历史人物的原则

在对历史人物的评价上,《吕氏春秋》提出以保持心境平和、去除主观上的蒙蔽为前提。《去宥》篇说:"夫人有所宥者,固以昼为昏,以白为黑,以尧为桀,宥之为败亦大矣。亡国之主,其皆甚有所宥邪? 故凡人必别宥然后知,别宥则能全其天矣。"这是说,人在主观上如果被成见所局限,就会把白天当成夜晚、把圣王看成暴君,所以,人们必须去除主观上的蒙蔽,才能认清真相、了解全貌。

基于上述原则,《吕氏春秋》对人物的评价一般不怀成见,既不因为众口誉之而将其奉若神明,也不因为众口毁之而对其视如草芥,对至贤至圣,不掩饰其缺点,对至奸至恶,不忽视其可取之处。如尧、舜、禹、汤及春秋五霸是当时人所广为称道的圣君明主,《吕氏春秋》对其却并不一味奉承。《举难》篇说:"以全举人固难,物之情也。人伤尧以不慈之名,舜以卑父之号,禹以贪位之意,汤、武以放弑之谋,五伯(霸)以侵夺之事。由此观之,物岂可全哉!"对历史人物不求全责备,这正是《吕氏春秋》人物观的特点。同样,对桀、纣等暴君,它也不彻底否定。《用众》篇说:"虽桀、纣犹有可畏可取者,而况于贤者乎?"高诱注云:"桀作瓦,纣作胡粉,今人业之,尚可取之一隅。"这里的"胡粉"按《释名·释首饰》中解释为:"胡粉,胡,糊也,脂和以涂面也。"纣发明胡粉到底是为善心济民还是满足奢欲我们姑且不论,总之,《吕氏春秋》不因纣恶贯满盈而将其彻底否定,而能以宽广的胸怀去发现他的可取之处,这在十分注重观点鲜明的百家争鸣的大背景下显得分外难能可贵,它与儒家的"言必称尧舜"的做法相比,可谓多了几分公允。

尤其难得的是,在评论本朝人物时,《吕氏春秋》不迎合最高统治者的口味,不回避、不掩饰,能据理论断。这突出表现在其书对秦国国君的批评上,如对于秦穆公,《悔过》篇直接批评他"知(智)不至也",说他目光短浅,没有远见。《去宥》篇更是直斥秦惠王老朽昏聩,说:"人之老也,形益衰而智益盛。今惠王之老也,形与智皆衰邪?"这里直呼其名、直引其事、直刺其短,没有丝毫避讳。其书最引人注目的是对时君世主的批评。《振乱》篇明显地表示了对列国纷争、生民涂炭的不满,说:"当今之世,浊甚矣,黔首之苦,不可以加矣。天子既绝,贤者废伏,世主恣行,与民相离,黔首无所告诉。世有贤主秀士,宜察此论也,则其兵为义矣。"这里甚至公然鼓励贤主秀士发起义兵赶走恣行之主,显示出作者过人的胆识。

除此之外,《吕氏春秋·论人》篇中还提出了品评人物的方法,它称之为"八观六验",即:"凡论人,通则观其所礼,贵则观其所进,富则观其所养,听则观其所行,止则观其所好,习则观其所言,穷则观其所不受,贱则观其所不为,喜之以验其守,乐之以验其僻,怒之以验其节,惧之以验其特,哀之以验其人,苦之以验其志,八观六验,此贤主之所以论人也。"这些方法也是极为全面的:对通达富贵的人要从不同方面去观察,对穷苦贫贱者亦应按不同情况选择不同侧面进行观察;不仅要观察,而且还要有意制造一些喜、乐、怒、惧、哀、苦的环境来进一步认识此人所不曾显露的深层特征。识别人如此,评价一个人自然也不会缺少其中的哪一方面,观察角度多了,所得的结论也就越接近客观事实。这也许正是《吕氏春秋》评价人物比较客观公正的重要原因。

(二) 史事评论的原则

除评价历史人物外,《吕氏春秋》对历史事件也有诸多评论。在这方面,它有许多方法论上的创建,显示出了朴素的辩证观点和探求事物本质的愿望。如《荡兵》篇云:"夫兵不可偃也,譬之若水火然,善用之则为福,不能用之则为祸。"这种福祸相倚的思想正是明显的辩证思想。《长攻》篇还据此来批判历史上的不实之评,其云:"若桀、纣不遇汤、武,未必亡也;桀、纣不亡,虽不肖,辱未至此。若使汤、武不遇桀、纣,未必王也;汤、武不王,虽贤,显未至于此。故人主有大功,不闻不肖。亡国之主不闻贤。"这是说,世人往往偏爱成功者,将所有的光环都加在他们身上,而对失败者,却恰好相反,将所有的污水都泼向他们,以此来证明他们该亡,这显然是不合情理的。这一认识,在历史认识论上有重要价值。又如《似顺》篇中提出:"事多似倒而顺,多似顺而倒",所以,"有知顺之为倒、倒之为顺者,则可为言化矣。至长反短,至短反长,天之道也"。它举了荆庄王伐陈的例子:

> 荆庄王欲伐陈,使人视之。使者曰:"陈不可伐也。"庄王曰:"何故?"对曰:"城郭高,沟洫深,蓄积多也。"宁国曰:"陈可伐也。夫陈,小国也,而蓄积多,赋敛重也,则民怨上矣;城郭高,沟洫深,则民力罢矣。兴兵伐之,陈可取也。"庄王听之,遂取陈焉。

这个例子正说明，凡事不能只看表面，而应从其具体条件出发，经过分析认识其本质后，才可能得出正确的结论，闪现理性之光。

然而，也有人指责《吕氏春秋》在对历史事件的评价中有复古主义的倾向，理由是《长利》篇中有这样一段记载：

> 尧治天下，伯成子高立为诸侯。尧授舜，舜授禹，伯成子高辞诸侯而耕。禹往见之，则耕在野。禹趋就下风而问曰："尧理天下，吾子立为诸侯，今至于我而辞之，故何也？"伯成子高曰："当尧之时，未赏而民劝，未罚而民畏，民不知怨，不知悦，愉愉其如赤子。今赏罚甚数，而民争利且不服，德自此衰，利自此作，后世之乱自此始。夫子盍行乎，无虑吾农事。"协而耰，遂不顾。夫为诸侯，名显荣，实佚乐，继嗣皆得其泽，伯成子高不待问而知之，然而辞为诸侯者，以禁后世之乱也。

这段话，颇有今不如昔之嫌，因为伯成子高无论是在行动上还是在语言上，都显示了对前世的赞美和对当世的不满，而《吕氏春秋》对其言行却又表示赞同。这看似有复古的倾向，但事实并非如此。吴怀祺先生在《中国史学思想史》中讲道："研究诸子历史观点时，当知其言，还要知其所以言，弄清他们的真实理念。如关于'先王'的观点，不能一看见赞美先王的言辞，就断定是一种复古的倒退的思想。"①《吕氏春秋》引用上述事例的落脚点实际上

---

① 吴怀祺：《中国史学思想史》，安徽人民出版社1996年版，第41页。

在于最后一句的"禁后世之乱",它的目的是要为现实服务,其用意无非是劝导统治者把天下当作天下人的天下,不要那么贪婪、残暴,以防造成天下大乱。它实际上是希图借用古代的经验来弥补当今的不足。在我国古代,从孔子起,许多哲学家都把这个方法作为实现自己理想的一个重要途径。如孔子就"信而好古",颜渊问他应当怎样治理国家,孔子回答说:"行夏之时,乘殷之辂,服周之冕,乐则《韶》《武》。放郑声,远佞人。郑声淫,佞人殆。"①这里所提及的都是古代,但却并非提倡完全回复到某一个具体的上古之世,而是要采前朝各代之长而避其所短。这一扬一弃之间,一种新的理想体系便已生成,虽然它仍披着"古制"的外衣,但其整体内容却是前所未有的,所以,这种托古实际上是一种创新。《吕氏春秋》的"褒古"亦是如此,这种"古"其实是人们心目中的理想社会,只因它被冠以"先王之世"的名称,才被认为是"古",因此,这种赞扬古代的做法的真正目的只是为了附和众人的理想心态,其最终目标仍在于改善现实社会,促进历史发展。

总而言之,《吕氏春秋》对历史进程的认识比较接近实际,它肯定了历史是自然发展变化的产物,是不断进步的,历史发展的根本动力在人而非天命,历史的发展是有法则可循的;同时指出对历史的评价应摈除成见,要全面地看问题,等等。当然,由于时代的局限,《吕氏春秋》的历史思想中还是有些违背历史事实的观念,如《当务》篇将民间起义领袖跖称为"盗",并对其言论不屑一闻,这主要是因为以跖为首的起义者触犯了《吕氏春秋》所代表的

---

① 《论语·卫灵公》。

统治阶级的根本利益。然而,类似这种情况在此书中毕竟是极少数,总的看来,《吕氏春秋》的历史思想中还是以积极成分居多。

(原载《吕不韦与〈吕氏春秋〉》,西安出版社2007年版)

先秦历史编纂学简论

先秦时期作为中国史学起源与成长的历史阶段①,在中国史学史上占有十分重要的历史地位,尤其是从治史态度、史书体裁、编纂体例、修史风格等方面,在奠定中国古代历史编纂学根基的同时,初步形成这一时期颇具特色并对后世产生深远影响的历史编纂学。可是,长期以来,由于史界学人总是以为先秦作为中国史学的草创时期,在历史编纂学方面没有什么成就可言,以致很少有专文对此进行论述。我认为,任何事物的草创都有其原始、粗糙的一面,但同时又有它发凡起例、导启后学的一面。本文拟就先秦历史编纂做一简要的论述,以期对先秦在历史编纂学上的成就做出粗浅的评价。

与后世各朝浩繁的史籍相比较,先秦时代流传至今的史书为数不多,主要有《尚书》《春秋》《左传》《公羊传》《穀梁传》《国

---

① 长期以来,史学界同仁或以文字和历法的产生,或以史官的出现为依据,视先秦为中国史学的起源时期。我认为这是不能成立的,因为无论从历史编纂学,还是就史学思想来看,都说明先秦时期中国史学不仅起源,而且已经进入了它的发展阶段,并已取得多方面的成就。对此笔者将另撰专文详论,兹不赘述。

语》《战国策》等。本文的论述主要以此为依托。

一、言必有征,疑者阙焉

言必有征、疑者阙焉是中国史学的一大特点,同时也是历代史学家编纂史书的重要手法之一。而这一手法在先秦即已出现。

《尚书》作为我国现存最早的一部史料汇编,虽无统一的编写体例可言①,但如果从编纂的角度来考察,它仍有一定的原则和法度。《伪孔传序》曾对《尚书》的编纂原则做了这样的归纳:"先君孔子,生于周末。睹史籍之烦文,惧览之者不一……讨论坟典,断自唐虞以下讫于周,芟夷烦乱,剪截浮辞,举其宏纲,撮其机要,足以垂世立教,典谟训诰誓命之文,凡百篇。"尽管孔子删订《尚书》一事尚有争议,但就《尚书》本身来说,"芟夷烦乱,剪截浮辞"却是事实。而"芟夷烦乱,剪截浮辞"便指的是《尚书》的编纂原则和方法。对于《尚书》的编者来说,"芟夷烦乱,剪截浮辞"的标准或前提便是言必有征,疑者阙焉。我们知道,远古时代由于人神杂糅的时代特征的限制,许多历史资料总是掺杂着一些神奇、荒诞的记载与传说。而《尚书》的编纂者对这些资料的处理采

---

① 在儒家学说盛行的古代社会,学者们把"六经"之一的《尚书》奉为至高无上的经典,认为它存在着严密的体例。如唐初孔颖达《尚书正义》将《尚书》的体例归纳为十种:"一曰典,二曰谟,三曰贡,四曰歌,五曰誓,六曰诰,七曰训,八曰命,九曰征,十曰范。"但实际上这只是对《尚书》篇名的归纳,并非体例。《尚书》作为一部史料汇编,不可能有什么体例,正如章学诚在《文史通义》中所说:《尚书》"因事命篇,本无成法,不得如后史之方圆求备,拘于一定之名义者也"。

取谨严审慎的态度。首先，尽力删除富有神奇色彩的资料，保持平实的历史原貌。例如，关于禹的事迹，特别是关于他的治水，在古代的记载与传说中颇富神奇色彩。而《尚书·禹贡》在记载禹的功绩时，全部删除这些神奇色彩资料，而以大量的篇幅记载了九州的划分、山川的方位、物产的分布等，毫无神话成分。其次，对那些难以据信的资料付之阙如。比如，在古代有很多关于五帝的记载与传说，学者对五帝的历史也津津乐道。但由于五帝的时代过于遥远，其资料难以征信，因此《尚书》的记载从尧开始，对尧以前的历史付之阙如。正如司马迁在《史记·五帝本纪》中所说："学者多称五帝，尚矣。然《尚书》独载尧以来，而百家言黄帝，其文不雅驯，缙绅先生难言之。"

孔子作为一位伟大的历史学家①，在修史的过程中，坚持实事求是的态度。这主要表现在两个方面：

第一，言必有征，不空发议论。

孔子尽管具有广博的历史知识，但他从来不凭借自己的见多识广去妄言，而是言必有征。他说："夏礼，吾能言之，杞不足征

---

① 长期以来，人们总是把孔子当作伟大的思想家、政治家和教育家进行研究，而很少有人把他当作伟大的历史学家对其史学成就进行探讨。尽管早在清朝和近代，章学诚和章太炎曾极力主张，孔子在中国历史上主要以史学家现身，但时至今日，学界同仁并未予以珍视。毋庸讳言，这是一个被我国历史学界长期忽略的问题。可以毫不夸张地说，如果从史学的观点来看，孔子的撰述及其史学活动，实乃先秦史学的重要组成部分，尤其是还一直深深地影响着后世中国史学的发展。我们说孔子是一位伟大的历史学家，并不仅仅因为他撰写了我国历史上第一部编年体史书《春秋》，而在于就《论语》来看，他本来就是一位对历史充满浓厚兴趣，并具有深刻的社会历史观的史学家。

也；殷礼，吾能言之，宋不足征也。文献不足故也。"因为杞、宋所保存夏、殷的文献资料太少，以致不能详细探究夏、殷两朝的历史。如果材料充足，将会研究得更好，即"足，则吾能征之矣"。这种有一分材料说一分话的做法，充分体现出一位历史学家严谨审慎的治史态度。

第二，知之为知之，不知为不知。

孔子著史，不但重视根据，而且本着"知之为知之，不知为不知"的求实态度，坚决反对那种强不知以为知及不知而作的作风。他说："盖有不知而作之者，我无是也。多闻，择其善者而从之。"这段话说明孔子不但反对无根据地乱说，而且主张即使有了根据（所获得的材料），也要进行辨析，采用正确的，去除错误的；选取有代表性的，去除对说明问题无补的。有一次，孔子的学生子张向他请教谋求官职、获取俸禄的办法时，孔子说："多闻阙疑，慎言其余，则寡尤；多见阙殆，慎行其余，则寡悔。言无尤，行寡悔，禄在其中矣。"意思是说，遇到事情要多听取各方的意见，有怀疑的地方加以保留，其余足以自信、有把握的地方，谨慎地讲出来，这样就能减少一些错误；遇到问题要多做一些了解，有怀疑的地方加以保留，其余足以自信为正确的，谨慎地去做，这样就能减少一些懊悔。如果这样去做，一个人言语的错误少了，行动的懊悔少了，官职、俸禄自然在里面了。这段话虽则阐释的是为官之道，但却也反映了孔子处理问题的态度，即多了解情况，获得第一手材料，肯定其正确的部分，对不足的地方加以保留，切忌轻下结论。这种态度贯穿在孔子所作《春秋》之中。比如，对有些因史料不完备而无法详写者，孔子则以求实的态度付之阙如。

正因为这一点,《春秋》中保留了一些阙文。如庄公二十二年(前674)"夏五月",有纪时而无记事;僖公二十八年(前632)"壬申,公朝于五所",有日而无月。当然,其中有些地方也可能因为今本残脱所致。这种"疑者阙焉"的做法,正是求实精神的具体表现。

仅就《尚书》和孔子所作《春秋》而言,先秦历史编纂学一开始就带有浓厚的严谨求实性。这不仅有利于当时的历史学家尽最大可能地为后人提供翔实可靠的历史资料,而且在修史方法方面对秦汉以来的历史学家起了重要而深远的影响。例如,孔子严谨求实的治史态度曾给司马迁以深深的影响。《史记·三代世表序》云:"孔子因史文,次《春秋》,纪元年,正时日月,盖其详哉。至于序《尚书》,则略无年月,或颇有,然多阙,不可录。故疑则传疑,盖其慎也。"司马迁在以赞扬的口吻做出上述叙述的同时,继承了孔子"知之为知之,不知为不知""多闻阙疑,慎言其余"的求实精神。《史记·高祖功臣表序》中所说:"颇有所不尽本末,著其明,疑者阙之"即承受孔子而来。司马迁像孔子那样,对那些实难取信或无法知道的事情,则以"疑者阙焉"这种严谨的科学态度来解决,以免以讹传讹,贻误后学。如《史记·仲尼弟子列传》云:"学者多称七十子之徒,誉者或过其实,毁者或损其真,钧之未睹厥容貌则论言,弟子籍出孔氏古文,近是。余以弟子名姓文字,悉取《论语》弟子问,并次为篇,疑者阙焉。"

从某种程度上来说,正是由于受先秦历史编纂学"言必有征""疑者阙焉"这种求实精神的影响,中国古代史学形成了一种注重实证的优良传统,严谨求实、详加考证成为历代史学家恪遵的修史大法。也正是因为这一点,中国史籍的真实性是世界其他各国所不可比拟的。德国著名的汉学家夏德在其《大秦国全录》中曾经指出:中国史籍虽然浩繁,但比起任何西方国家的历史文献都远为优越。黑格尔通过对各国历史著作进行比较研究后指出:"中国历史作家的层出不穷、继续不断,实在是任何民族所比不上的。""而尤其使人惊叹的,便是他们历史著作的精细正确。"①这也多少从一个侧面映示出先秦历史编纂学在中国史学史上的成就与地位。

二、编年体体裁的创始与改进

编年体是我国上古记载史事所普遍使用的一种体裁,同时也是后世中国封建社会重要的史书体裁之一。它以年系事,按年月陈述史事。《隋书·经籍志》史部分类中,称编年体为"古史"。从《旧唐书·经籍志》和《新唐书·艺文志》开始,将"古史"类改为"编年"类。尔后,历代因之。在史部诸史中,编年体占据重要的地位,几乎与纪传体"正史"并驾齐驱,两者"角力争先,欲废其一,固亦难矣"。在封建统治者看来,"编年、纪传均正史也"。而编年体之所以最终未被列入"正史",关键在于"班马旧裁,历朝继作,编年一体,或有或无,不能时代相续"②。比如,自《左传》以后,至司马迁《史记》以前,编年史却是寥若晨星,今

---

① [德]黑格尔著,王造时译:《历史哲学》,生活·读书·新知三联书店1956年版,第161、163页。

② 《四库全书总目》史部编年类序,中华书局1965年版。

天所能见到的亦不过《竹书纪年》和秦简《编年记》等数种而已。特别是自《史记》问世到荀悦《汉纪》三百年间,编年史竟绝而无传,直至荀悦著《汉纪》,才把编年体重新恢复。这固然是编年体屈居纪传体之下的原因,但我们于此可看出编年体在中国史学史上的地位之重要。

孔子晚年编写的《春秋》,是我国现存最早的一部编年体史书,此书尽管以鲁国为主,用鲁国纪元,记载了隐公、桓公、庄公等十二公二百四十二年的史实,但所记内容却不限于鲁国,而是春秋时期的整体历史,故于当时凡涉及国之大事如朝聘、盟会、战争等均有记载。《春秋》记事采取以时间为经、事实为纬的手法。且看其记载的第一年(鲁隐公元年):

> 元年,春,王正月。
> 三月,公及邾仪父盟于蔑。
> 夏,五月,郑伯克段于鄢。
> 秋,七月,天王使宰咺来归惠公仲子之赗。
> 九月,及宋人盟于宿。
> 冬,十有二月,祭伯来。
> 公子益师卒。

此为一年记载的全文,共六十二字,分七条记载了六件事情。很显然,《春秋》作为一部史书,在编写体例上已具备了编年史的重要特征,即"以事系日,以日系月,又月系时,以时系年"。也就是按年、时、月、日的顺序来记述历史。《春秋》记事,一般都有年、时、月、日，日子不明则有年、时、月，至少也有时。 另外，从上可见，《春秋》记事在突出时间顺序的同时，初步将人物、地点、时间、事件四个因素有机地结合起来，把事件有系统地按年代先后加以编排，上下连贯。 这样，不仅可以使人从中看出历史的发展过程，而且有利于考察各种事件的相互联系。 不难发现，这与甲骨文的记事零碎、金文的一篇篇孤立相比，已完全不同。 这些都足以说明，孔子所修《春秋》的问世，在中国史学史上确立了编年体的雏形。 正如白寿彝先生所说："《春秋经》所开始的年代，即鲁隐公元年（周平王四十九年），可作为编年体国史确立的标志。 这是有历史记载以来的新的阶段性的发展。"①

但是，《春秋》作为编年体史书的发凡起例者，尚存在一定的不足和缺陷，如记事简单，致使内容空洞、抽象，不够具体，有时还容易使人误解，这是不可否认的历史事实。 然而，如果仅仅抓住这一点，像王安石那样讥笑《春秋》是"断烂朝报"、梁启超那样批评《春秋》像"流水账簿"②、胡适那样说《春秋》是一部"极不可读的史书"③，则又是一种超越客观实际的苛求古人的做法。 这是因为，第一，任何事情的草创都有其不尽完备的一面，何况编写一部事关君国大事的史书。 我们不能因为《春秋》的原始性而过分挑剔、指责，以至于把它说得一无是处。 第二，孔子作《春

---

① 白寿彝：《中国史学史教本》上册，北京师范大学 1964 年印本，第 9 页。

② 梁启超：《中国历史研究法》，见《饮冰室专集》第十六册，中华书局 1941 年版，第 11 页。

③ 胡适：《中国哲学史大纲》卷上，商务印书馆 1919 年版，第 98 页。

秋》记事简单，是受他叙事简约的主观意图所决定的，并非由于才识所限而叙事不周。《礼记·经解》说："属辞比事，《春秋》教也。"又说："属辞比事而不乱，则深于《春秋》者也。"这是针对《春秋》编纂方法而言。《春秋》按时间顺序把史事排列起来，并有所取舍详略。这样，虽则着墨不多，但可以表达出较多的历史内容，正所谓"约其辞文而指博"。关于这一点，下文将有详论，兹不赘。

今天，我们研究孔子《春秋》在中国史学史上的地位，首先必须探讨它在中国史学史上对编年体史书的发凡起例之功。很难设想，没有《春秋》，而能出现以后的《左传》。《左传》的编纂体例是《春秋》的继承和发展，传以释经，依《春秋》之成例而述作。正如《史通·序例》所说："昔夫子修经，始发凡例；左氏立传，显其区域；科条一辨，彪然可观。"据杜预《春秋经传集解序》总结，《春秋》凡例有五："一曰微而显，二曰志而晦，三曰婉而成章，四曰尽而不污，五曰惩恶而劝善。"又有"称书、不书、先书、故书、不言、不称、书曰之类"，"谓之变例"。《左传》依此成法而为"五十凡"。其对《春秋》的发展主要表现在三个方面：一是取材广泛。《左传》的取材涉及社会的各个方面，诸如政治、军事、外交、经济、学术文化、社会生活、自然现象等都有不同程度的反映。二是叙事完整。《左传》改《春秋》标题记事法为完整的叙事，在注意时间、地点、人物、事件、原因结果诸因素的同时，记事相当详细，对于历史事件一般都能做到首尾完整，而且还能吸收其他史体的长处。例如，《左传》把记事本末体和传记体运用于编年史之中，作为编年体的补充，如《左传》把僖公四年（前

656）以后重耳流亡近二十年的经历，全部写在僖公二十三年（前637），然后在"僖公二十四年（前636）正月"的下面写道"秦伯纳之"。意即秦伯把重耳送到晋国。像这样，把近二十年的重耳流亡的总过程写在一年的下面，可以说是记事本末体。它写的又是重耳的事迹，也可以说是传记体。这种用其他史体的长处来补充编年体的做法，是《左传》对《春秋》的重大发展。三是创立史论。但是，《左传》也有一定缺陷，如在记事系时上，对那些无年月可考的史事不能妥善处理，显得杂乱。不过，这并不影响《左传》在体例上对《春秋》进行改进的成就。

总之，由《春秋》创立，经《左传》改进、发展，编年体达到基本成熟的程度。尽管秦汉以来，东汉荀悦作《汉纪》、东晋袁宏著《后汉纪》、北宋司马光撰《资治通鉴》，都先后对编年体进行过精心改进，从而使编纂方法日趋成熟，编写体例日臻完善，撰写水平日益提高，创作规模日渐宏大，但是，最终均未能超越《春秋》和《左传》"以事系日，以日系月，以月系时，以时系年"的既定法则。仅此而言，很难设想，没有《春秋》和《左传》，而能出现以后的《汉纪》《资治通鉴》。这正是今天我们不得不对《春秋》和《左传》刮目相看的原因。

三、简洁凝练的修史原则

在我国，几乎所有的士大夫都认为简洁凝练是艺术的理想境界之一，都在不同程度上自觉或不自觉地通过减少字句物象以增加背后想象空间和以少量的笔墨获取最大的艺术效果的手法，在各自不同的领域从事着不同种类的艺术作品的创作。程正揆曾经指出："论文字者谓增一分见不如增一分识,识愈高而文愈淡,予谓画亦然,多一笔不如少一笔,意高则笔简,何也?意在笔先,不到处皆笔。繁皴浓染,刻划形似,生气漓矣。"因此,当人们回溯我国历史的时候,便会发现,随着时间的推移,社会的发展,诗越写越凝练,画越画越简约。以绘画而言,在"愈简愈佳""愈简愈入深永"的意识支配下,那些笔法简练、形象草率甚至一挥而就,但能直接表露或抒发人们情感、理想与愿望的绘画总是为人们孜孜以求。

与其他艺术作品的创作一样,史书编纂,也宜从简要。唐代著名史学评论家刘知几在《史通·叙事》篇中强调指出:"夫国史之美者,以叙事为工,而叙事之工者,以简要为主。简之时义大矣哉!"他进而以钓鱼和捕鸟对叙事简要做了形象的说明,他说:"饵巨鱼者,垂其千钧,而得之在于一筌;捕高鸟者,张其万罝,而获之由于一目。夫叙事者,或虚益散辞,广加闲说,必取其所要,不过一言一句耳。苟能同夫猎者、渔者,既执而置钓必收,其所留者,唯一筌一目而已,则庶几骈枝尽去,而尘垢都捐,华逝而实存,滓去而渖在矣。"的确,一部好的历史著作,总是以其精练的语言表达出丰富的内容,"一言而巨细咸该,片语而洪纤靡漏",作者言虽简略,但理皆切要,"譬如用奇兵者,持一当百,能全克敌之功"。如果虚加练饰,轻事雕彩,人有一言,而史辞再三,赘词褥说,尽于篇中,那么势必酿成繁芜之弊,终失为史之道。特别是我国历史悠久,史籍浩繁,如果没有简洁凝练的表达能力,将无法驾驭繁复的史料。因此,我国史家在力求准确的同时,相因祖述一条叙事简约的修史原则,以简练的方式表达出丰富的历史内容。而先秦时期正是这一修史原则的创立时期。

在孔子的史学活动中,无论是对《诗》《书》《易》《礼》《乐》的整理,还是编写《春秋》,始终奉行叙事简约的修史原则。刘知几在《史通·叙事》中曾就此评论说:"历观自古,作者权舆,《尚书》发踪,所载务于寡事;《春秋》变体,其言贵于省文。斯盖浇淳殊致,前后异迹。然则文约而事丰,此述作之尤美者也。"就《春秋》而言,它是一部备极精练的重要史籍。孔子采用"约其辞文,去其烦重"的手法,从大量历史资料中经过精密提炼,并通过自己的语言高度概括,仅用一万六千多字,便将春秋时期二百四十二年间错综复杂的史事,写成一部字句严谨、一字都足辨明是非、伸张正道而成褒贬的简练的《春秋》。例如,《春秋》僖公十六年(前644)云:"陨石于宋五。"此为十分简练之笔。正如刘知几所说:"夫闻之陨,视之石,数之五。加以一字太详,减其一字太略,求诸折中,简要合理。"又如,鲁庄公七年夏四月辛卯(公元前687年3月16日)曾出现一次流星雨,"不修《春秋》"即未经孔子整理的《鲁春秋》对此记载说:"雨星,不及地尺而复。"乍一看,使人莫名其妙,无数陨星如流雨下落,何以又返回天际?实乃故弄玄虚而悖于常理,当属讹传。孔子修《春秋》时改作:"星陨如雨。"清楚可见,这远比原文简明平实。另外,孔子在编写《春秋》时,力求用简单的字句区分出不同的事态。如同样写战争,就有伐、侵、战、围、入、灭、救、取、败等不同:声罪致讨曰伐,潜师掠境曰侵,两兵相接曰战,环其城邑曰围,造其国都曰入,毁其宗庙社稷曰灭,等等。同样写杀人,又有杀、诛、弑等区别:杀无罪者曰杀,杀有罪者曰诛,下杀上者曰弑。这些在选词用字上规定的义例,是《春秋》书法上的一个特点,同时也是孔子简洁凝练的修史原则的表现。

继《春秋》之后,《左传》善于用简洁凝练的语言写出纷繁复杂的历史事件,以较少的笔墨生动而形象地刻画各种类型的人物性格。我们知道,《左传》引用《国语》的地方很多,但所引用的部分,往往经过删节润色,言简意赅。又如《曹刿论战》,是《左传》中著名的篇章,作者仅用二百余字,便把鲁国在这次战争中以弱胜强的史实原原本本一无遗漏地写了出来。毛泽东同志曾就此说过:"文中指出战前的政治准备——取信于民,叙述了利于转入反攻的阵地——长勺,叙述了利于开始反攻的时机——彼竭我盈之时,叙述了追击开始的时机——辙乱旗靡之时。"①虽然毛泽东同志是从军事家的角度来评论这次战争的,但于此也可清楚地看出《左传》作者以简练的语言表达丰富内容的修史手法。

国别体史书《国语》逻辑严密,用词简练,无论是对历史事件的叙述,还是对政治形势的分析,都尽量力求简洁凝练。例如,《越语》"勾践灭吴"一段,讲越王勾践卧薪尝胆,发奋图强,深得百姓拥戴:"国人皆劝,父勉其子,兄勉其弟,妇勉其夫,曰'孰是君也,而可无死乎?'"寥寥数语,便勾画出当时人们勇于参战以报仇雪耻的动人场面。再如《郑语》在分析西周末年以来的政治形势时指出:"幽王八年而桓公为司徒,九年而王室始骚,十一年而毙。及平王之末,而秦、晋、齐、楚伐兴。秦景、襄于是乎取周土,晋文侯于是乎定天下,齐庄僖于是乎小伯,楚蚡冒于是

---

① 毛泽东:《毛泽东选集》第 1 卷,人民出版社 1959 年版,第 188 页。

乎始启濮。"短短六十九字，清楚地说明了西周末年王朝变乱和东周大国争霸的历史状况。

与《春秋》《左传》《国语》一样，《公羊传》和《穀梁传》在词汇的选用和表述的形式上，每一个字都要求得很严格，既要准确又要凝练。且看《公羊传》僖公十六年（前644）对《春秋经》的一段解释。经文曰："春王正月戊申朔，陨石于宋五。是月，六鹢退飞，过宋都。"传文对此解释道：

  曷为先言陨而后言石？陨石记闻，闻其磌然，视之则石，察之则五。
  是月者何？仅逮是月也。
  何以不日？晦日也。
  晦者何以不言晦？春秋不书晦也。朔有事则书，晦虽有事不书。
  曷为先言六而后言鹢？六鹢退飞，记见也。视之则六，察之则鹢，徐而察之则退飞。
  五石六鹢何以书？记异也。
  外异不书，此何以书？为王者后记异也。

尽管《公羊传》是为解释《春秋经》而作，但于此不难看出，它作为一部史学著作，体现出严格的准确、凝练的文风。

仅上而言，可以说，简洁凝练是先秦历史学家普遍遵循的一条重要的修史原则，同时也是这一时期历史编纂学的重要组成部分。它强有力地指导着当时的历史学家为后人撰写出言辞简约而内容丰富的历史著作,尤其是对秦汉以降的中国历史编纂学产生了积极而深远的影响,历代众多的历史学家都在以叙事简约的手法从事历史著作的写作,而诸多史学评论家也每每以此为标尺衡量历史著作的优劣得失。陈寿撰《三国志》,不仅要求自己的描写简练,而且所选录的文章,也大都能择取重要的。唯其如此,一部仅有六十五卷的《三国志》,便全面反映了头绪纷繁的三国时代的历史面貌。当时人即高度评价其"善叙事,有良史之才"。清代李慈铭亦盛誉陈寿"意务简洁""裁制有余"。北魏郦道元所著《水经注》,不仅叙事生动、准确,而且简洁凝练。如《江水注》中"巫峡"一节,是自古传诵的名篇,作者用不到二百字的文章,便写出了巫峡两岸高峻的山势、夏天奔流的江水和峡中四季景色气氛的变化,而且写得极为隽永传神。

唐宋以来,叙事简约的写作方式,为更多的史家所身体力行。刘知几、司马光、欧阳修、章学诚等史界名流都是这方面的佼佼者。他们在不同的历史时期,写出了同样文约事丰的历史名著。这里无须一一举数,仅就有关章学诚的一个例子,亦足以使读者收到以管窥豹之效。章学诚曾想按自己的主张写作一部《宋史》,有一次,他的挚友、清代著名史学家邵晋涵询问他的写作方案,他回答说:"当取名数事实作比类长编,卷帙盈千可也。至撰集为书,不过五十万言,视始之百倍其书者,大义当更显也。"这种以约驭博的主张正是叙事简约精神的体现。

四、寓论于史的撰史手法

寓论于史是指寓论断于叙事之中亦即在史实的叙述中把自己的

论点体现出来的写作手法，作者不必发表任何议论，读者顺文一读，就会明白作者主观评价之所在，的确不失为一种修史良法。表面看来，寓论于史仅仅是个写作方法问题，而实际上更重要的还在于渊博的学识水平和高超的艺术才能。

在中国史学史上，寓论于史的撰史手法形成于先秦时期，确切地说，肇端于孔子修《春秋》。孔子修《春秋》时，采用不同笔法寓肯定判断与否定判断于记事之中，借以称赞好人好事和抨击坏人坏事。兹以弑父弑君为例，孔子的做法主要有三：一是当弑者为乱臣贼子，则直书其名以明其罪。如隐公四年（前719）"卫州吁弑其君"、文公十年（前617）"楚世子商臣弑其君頵"等。对那些虽非乱臣，但在弑君问题上负有重大责任的人，亦照样直书其名以明其过。二是当国君无道而被弑，则不书弑者之名，以示弑君尚可谅解。如成公十八年（前573）"晋弑其君州蒲"。杜预《春秋左传注》云："不称臣（不写出弑君之臣的名字），君无道。"又如襄公三十一年（前542），"莒人弑其君密州"。杜注云："不称弑主名，君无道也。"三是本国（鲁）之君在国内被杀，死后又未对杀害国君者予以讨伐，则书以公薨，且不书葬，以讳君之不得善终和指斥君臣之不讨贼。如记鲁隐公、闵公之死即是如此。作者不同的主观意念和感情色彩，不是通过作者本人之口道出，而是经由不同的笔法灵活自如地表现出来，这便是孔子的高明之处。

这种寓论于史的写作手法很好地发挥了"史以道义"的作用。司马迁在《史记·太史公自序》中所说："《春秋》以道义"；"拨乱世反之正，莫近于《春秋》"；《春秋》"上明三王之道，下辨人事之纪，别嫌疑，明是非，定犹豫，善善恶恶，贤贤贱不肖，存亡国,继绝世,补敝起废,王道之大者也";等等,即就这种写作手法而言。

自孔子以后,《左传》的作者也采用寓论于史的撰史手法。如《左传·隐公元年》记载郑国统治集团内部的纷争时,对郑庄公与其弟共叔段、其母姜氏之间的矛盾斗争做了深入细致的记述。共叔段在其母姜氏的纵容下,野心勃勃地从事扩张和篡权活动,郑庄公最后发兵于鄢地(今河南鄢陵)一举打败共叔段。《左传》对战后的记载着重写了这样一件事:"遂置姜氏于城颍,而誓之曰:'不及黄泉,无相见也。'既而悔之。颍考叔为颍谷封人,闻之,有献于公。公赐之食。食舍肉。公问之。对曰:'小人有母,皆尝小人之食矣,未尝君之羹。请以遗之。'公曰:'尔有母遗,繄我独无!'颍考叔曰:'敢问何谓也?'公语之故,且告之悔。对曰:'君何患焉?若阙地及泉,隧而相见,其谁曰不然?'公从之。公入而赋:'大隧之中,其乐也融融。'姜出而赋:'大隧之外,其乐也洩洩。'遂为母子如初。"郑庄公在盛怒之下把其母姜氏幽禁于城颍,并发誓"不及黄泉,无相见也",但立即又觉得自己失策,害怕蒙上不孝的罪名而极思解脱。当颍考叔"食舍肉",请求给母亲享用时,他装出一副很难过的样子,假惺惺地说:"尔有母遗,繄我独无!"颍考叔为他出谋划策:"阙地及泉,隧而相见",总算为他找到了下台的台阶,因为这样既可使郑庄公免除不孝之名而逃避世人指责,又不怕因违背誓言而惹人讥笑。当他走进隧道时,居然装模作样地赋诗说:"其乐也融融。"其无以复加的虚伪暴露无遗。显然,作者在这段文字中旨在说明郑庄公为人虚伪,但这种结论不是经由作者之口直接道出,而是通过对比衬托手法表达出来的。这正是寓论于史手法的运用。

《春秋》《左传》所采取的寓论于史的写作手法的重要意义，在于为中国史学开创了一种修史良法。司马迁撰《史记》即继承了这种手法。顾炎武曾深有体会地说："古人作史，有不待论断，而于序事之中即见其指者，惟太史公能之。《平准书》末载卜式语，《王翦传》末载客语，《荆轲传》末载鲁勾践语，《晁错传》末载邓公与景帝语，《武安侯田蚡传》末载武帝语，皆史家于序事中寓论断法也。"顾炎武在这里十分清楚地指出司马迁《史记》采用"寓论断于叙事"来表达自己史学观点的写作手法，不失为剀切之论。然而，需要指出的是，顾炎武所得"惟太史公能之"的结论，把寓论于史的写作手法说成是司马迁首创，则又是一种偏颇之见。令人遗憾的是，自顾炎武以降，直至今日，历代史界学人均不加厘正，一味承袭顾氏之说，众口一词地把寓论于史的写作手法说成是司马迁首创。现在应是我们还历史本来面目的时候了。

《史记》对寓论于史手法的运用，主要表现在三个方面：第一，借别人的评论或反应来表达自己的观点。例如，陈胜称王仅六个月的时间就以失败而告终，这位曾经以九百戍卒揭竿而起推翻秦王朝的农民领袖，为什么后来会造成众叛亲离的局面？司马迁在《陈涉世家》中这样写道：其故人尝与佣耕者"入宫，见殿屋帷帐，客曰：'夥颐，涉之为王沈沈者！'……故天下传之，'夥涉为王'由陈涉始"。虽然司马迁没有直接表明自己的观点，但人们读后自然会理解到骄佚忘本是造成众叛亲离的原因所在。第二，在叙述历史的过程中，把自己的观点表现出来。比如，《李斯列传》首起即云："李斯者，楚上蔡人也。年少时，为郡小吏，见吏舍厕中鼠食不洁,近人犬,数惊恐之。斯入仓,观仓中鼠,食积粟,居大庑之下,不见人犬之忧。于是李斯乃叹曰:'人之贤不肖譬如鼠矣,在所自处耳!'"李斯那种卑鄙的思想品质和丑恶的人生观通过清朗朴实的文体和风趣幽默的语言真实充分地跃然纸上。第三,运用对比衬托手法来表达作者的主观意图。例如,《李将军列传》通过把程不识和李广相对比,以显示李广的军事才能。

总之,《史记》对寓论于史手法的运用,远远超过《春秋》和《左传》,但是,作为一种很有价值的撰史手法,我们却不能否认《春秋》与《左传》的开创之功。

五、工求文笔的行文风格

这里所说的文笔,是指历史文笔,亦即历史著作中经过提炼的文学语言。一部史书,文字表达的优劣,直接关系着史书对历史事实表现的好坏和史书本身广泛、长远的传播与否。纵观我国古代史学发展史,不难发现,讲求历史文笔是古代历史编纂学中一个优良传统,同时也是古代史学名著的一大特色。我国古代著名史学评论家刘知几和章学诚都很重视这一点。"史之为务,必借于文。"作为一位历史学家,要尽据事直书之职,如实地再现历史的本来面目,语言的表达是至关重要的,如果"言之不文",势必"行之不远"。因此"良史莫不工文"。《史记》《汉书》《资治通鉴》之所以脍炙人口,流传不朽,一个很大的原因就在于它们文辞优美。追本溯源,这种工求文笔的优良传统来源于先秦。

先秦时期,史家撰史,多注重历史文笔。《左传》不仅是一部内容丰富,史料价值很高的历史著作,而且还是一部长于修辞的文学典范。其文学造诣之高,为后世所推崇。通观全书,用语精练形象,情节曲折动人,且富有故事性和戏剧性。特别是《左传》善于描写战争,这已为大家所公认。关于战争,作者不是单纯地叙述其过程,而是抓住战争的性质,通过对作战双方在政治、军事上的特点和力量的对比,以生动地勾勒出整个战争的全貌。春秋时期几次规模巨大的战争,如齐、鲁长勺之战,秦、晋韩原之战,晋、楚城濮之战,齐、晋鞍之战等,正是通过《左传》的记载而生动逼真地再现于读者面前。且看作者笔下的鞍之战:

癸酉,师陈于鞍。邴夏御齐侯,逢丑父为右。晋解张御郤克,郑丘缓为右。

齐侯曰:"余姑翦灭此而朝食。"不介马而驰之。

郤克伤于矢,流血及屦,未绝鼓音,曰:"余病矣!"张侯曰:"自始合,而矢贯余手及肘,余折以御,左轮朱殷,岂敢言病?吾子忍之!"缓曰:"自始合,苟有险,余必下推车,子岂识之?然子病矣!"张侯曰:"师之耳目,在吾旗鼓,进退从之。此车,一人殿之,可以集事。若之何以其病败君之大事也?擐甲执兵,固即死也。病未及死,吾子勉之!"左并辔,右援枹而鼓,马逸不能止,师从之。

齐师败绩。逐之,三周华不注。

虽则着墨不多,而当时战场上的紧张气氛、齐侯的骄傲轻敌、晋军内部的精诚团结及沉着冷静跃然纸上,使读者似身列战阵。另外,《左传》对外交辞令的表达,也是非常生动的,既委婉曲折、又铿锵有力。关于《左传》的文学造诣,唐代刘知几曾经给予高度评价:"《左氏》(指《左氏春秋》,《即左传》)之叙事也,述行师则簿领盈视,咙聒沸腾,论备火则区分在目,修饰峻整;言胜捷则收获都尽,记奔败则披靡横前;申盟誓则慷慨有余,称谲诈则欺诬可见;谈恩惠则煦如春日,纪严切则凛若秋霜;叙兴邦则滋味无量,陈亡国则凄凉可悯。或腴辞润简牍,或美句入咏歌,跌宕不群,纵横而自得。"近人梁启超亦认为《左传》文章优美,其记事文对于极复杂的事项能够纲领提挈得极谨严而分明,情节叙述得极委曲而简洁,可谓极技术之能事。《左传》叙事绘声绘色、生动逼真于此可领略一二。

《国语》尽管以记言为主,但有些对话、叙事或刻画人物还是相当生动风趣。如《晋语》记齐姜与子犯谋遣重耳一段,重耳与子犯的对话,写得幽默生动。再如《晋语》写骊姬,《吴语》写夫差,《越语》写勾践,人物刻画生动传神。

《战国策》作为记载战国时期说客辩士的权谋和军政大事的历史著作,在描写辩士的说辞时,能以生动的语言,酣畅淋漓地铺陈形势利害,每每是情理并茂,打动人主。在史事的叙述上,写得有声有色。如《齐策》记冯谖事、《赵策》记左师触龙说赵太后事等均能如此。特别是《秦策》记苏秦说秦不成及其相赵归家一事,给人留下极为深刻的印象。作者对苏秦游说秦王失败时的颓丧和回家后受到的冷落这样写道:

说秦王,书十上而说不行。黑貂之裘弊,黄金百斤尽。资用乏绝,弃秦而归。嬴縢履跻,负书担橐,形容枯槁,面目犁黑,状有愧色。归至家,妻不下纴,嫂不为炊,父母不与言。

后来苏秦说赵成功,奉命前去游说楚王:

路过洛阳。父母闻之,清宫除道,张乐设饮,郊迎三十里。妻侧目而视,倾耳而听。嫂蛇行匍伏,四拜,自跪而谢。苏秦曰:"嫂何前倨而后卑也?"嫂曰:"以季子之位尊而多金。"苏秦曰:"嗟乎!贫穷则父母不子,富贵则亲戚畏惧。人生世上,势位富贵盖可忽乎哉!"

在这里,作者通过对比的描写手法和巧妙的艺术加工,并运用了生动活泼的口语,使对话人的音容笑貌形象而逼真地表现出来。同时,通过这种描写手法,深刻地刻画出当时社会世态炎凉的丑恶现象。

《左传》《国语》《战国策》这三部史学名著足以说明,工求文笔、叙事生动是先秦历史编纂学的一大特点。值得指出的是,这一编纂特点为后世史家竞相仿效,并由此构成中国古代历史编纂学的重要内容之一。在我国古代,大凡史学名著,几乎无一例外地都以文笔优美、叙事生动而取胜。司马迁的《史记》、班固的《汉书》、范晔的《后汉书》、欧阳修的《新五代史》、司马光的《资治通鉴》等,无一不是语言自然流畅,文辞瑰丽多姿,叙事绘声绘色,议论迂徐有致,很少有凝重滞板、艰涩拗口之弊。正由于我国史著文字佳胜,叙事生动,因而对世界上一些国家特别是日本的史学产生了深远的影响。日本天武天皇十年（682）开始编纂的《日本书纪》即多用我国史书润色文字，诸如《史记》《汉书》《三国志》《梁书》《隋书》等，每每是他们凭借的对象。

六、余 论

第一，《尚书》《春秋》《左传》《公羊传》《穀梁传》《国语》《战国策》作为先秦时期重要的史学著作，代表和左右着这一时期史学发展的方向和主流。从这个意义上来说，它们所采用的编纂方法即为先秦历史编纂学的主体。这正是本文之所以要以这些史著为依托进行论证的原因所在。

第二，就某一位历史学家来说，其编纂史书的方法肯定会有与众不同的独特的一面，但作为一定时代的史家群体中的一员，其编纂方法又必然有着与众相同的一面，即一定时期社会上带有普遍性的修史倾向。本文所论证的主要是这一方面。因为，从中国史学发展的角度来看，正是这些相同的一面，经过历代史家的继承、积淀，发展成为中国历史编纂学的优良传统。

第三，毋庸置疑，作为史学重要组成部分的历史编纂学的出现，总是与当时社会政治、经济、文化等多种复杂因素息息相关，换言之，社会的变迁推动着历史编纂学的演变起伏。但需要说明的是，对有些历史编纂方法来说，它并不因为时代的改变而改变，因为在人类历史上，常常有这样一种现象，当一种做法或一种思潮被大多数人所认可或已被实践证明是行之有效的，特别是从某种程度上来说它已经具有一定传统因素的时候，它就会以一种不可改变或不可阻挡的趋势朝着既定目标或方向向前发展,而也正是在这个时候,特殊历史条件下的时代风潮并不对它产生多大的影响。本文所论述的先秦历史编纂学的五个方面,正好是中国几千年历史上为历代史家所奉行不悖的修史良法,有些方法甚至到今天依然为史界学人所采用。这正说明先秦历史编纂学的开创之功和它在中国史学史上所占有的重要的历史地位。

(原载《历史文献研究(北京新九辑)》,北京师范大学出版社1998年版)

下编 | 魏晋南北朝

下编　魏晋南北朝　◆

孙盛史学初探

孙盛是东晋时期著名的历史学家,论著丰硕,特别是他的《晋阳秋》一书,"词直而理正,咸称良史"①,在当时史坛上影响颇大。但由于孙氏所著大皆亡佚,现仅存清人辑本,以致长期以来,其史学成就湮没无闻,迄今尚无专文研究。本文钩沉古史,试图对此做一初步探讨。

一

孙盛(302—373),字安国,太原中都(今山西平遥县)人,世为名门。祖父楚,晋佐著作郎。父恂,颍川太守。盛初仕佐著作郎,尔后因家贫亲老,"求为小邑,出补浏阳令"②。庾亮代陶侃为参军时,引孙盛为征西主簿,后转参军。咸康六年(340),庾翼代亮,又"以盛为安西谘议参军"③,不久"转廷尉,著作如

---

① 《晋书·孙盛传》。
② 《晋书·孙盛传》。
③ 《晋书·孙盛传》。

故"①。永和二年(346),与桓温俱伐蜀,有功,"赐爵安怀县侯,累迁温从事中郎"②。永和十二年(356),又从桓温入关北平洛阳,以功晋封吴昌县侯,出补长沙太守。后"历散骑常侍、秘书监,常领著作"③,且加给事中。享年七十二岁。

孙盛自幼聪敏好学,"涉坟、索,而以史籍为怀"④,对史学颇感兴味。"及长,博学",又"善言名理"⑤。且性格耿介,为人正直,不媚事权贵,敢于揭露黑暗现实,极力痛诋玄虚放诞之风,能与当时擅名一时的玄学家殷浩"剧谈相抗者,惟盛而已"⑥。

孙盛一生"笃学不倦,自少至老,手不释卷"⑦,著有《魏氏春秋》二十卷、《晋阳秋》三十二卷,皆亡佚,前者有古今说部丛书本、说郛本、增定汉魏六朝别解·史部及严可均辑本,后者有严可均、汤球、黄奭及王仁俊辑本。其次是《与罗君章书》《易象妙于见形论》《老聃非大贤论》《老子疑问反讯》,分别保存在《弘明集》和《广弘明集》中。另外还有《异同评》《魏世谱》《蜀世谱》等,皆失传,现仅有后人的零星引文。

---

① 《初学记》十二引《晋中兴书》。
② 《晋书·孙盛传》。
③ 《太平御览》二百三十四引《晋中兴书》。
④ 《广弘明集》卷五。
⑤ 《晋书·孙盛传》。
⑥ 《世说新语·文学》注引《续晋阳秋》。
⑦ 《晋书·孙盛传》。

二

如上所言,孙盛所著佚失惨重,因此,不可能对作者在历史编纂学上的成就做全面、系统、深入的探讨,但仍能从后人的辑本和引文觅见其梗概。

(一)秉笔直书,反对褒贬

自孔子《春秋》开任情褒贬之例以来,在古代封建社会,"唯闻以直笔见诛,不闻以曲词获罪"①。史家要据事直书,是要冒风险的,其后果不是"身膏斧钺,取笑当时",便是"书填坑窖,无闻后代"②。尽管也有像南史、董狐、司马迁那样秉笔直书的史学家,但毕竟是少数。一般的史家则是慑于统治阶级的淫威,不惜颠倒是非,篡改史实,以获取功名利禄。特别是魏晋以来,"为尊者讳""为亲者讳"的恶劣作风更为普遍,作者往往"用舍由乎臆说,威福行乎笔端……事每凭虚,词多乌有;或假人之美,借为私惠;或诬人之恶,持报己仇"③。显然,在这种历史条件下,欲求实录,实非易事,"孙盛实录,取嫉权门"④。但孙盛宁为兰摧玉折,不为瓦砾长存,他不畏强暴,不贪个人名利,更不苟且偷生,敢于据事直书,揭露历史真相。特别是他的《晋阳秋》一书,起于

---

① 《史通·曲笔》。
② 《史通·直书》。
③ 《史通·曲笔》。
④ 《史通·忤时》。

宣帝,终于哀帝,一直写到当时事件。这是除司马迁外,以往其他史家视为禁区所不敢触及的。例如,太和四年(369),桓温率兵北伐,至坊头(河南浚县)为前燕和前秦军所败,桓温自陆路奔还,北伐以失败告终。孙盛在著《晋阳秋》时,不因为桓温在当时是掌握内外大权、左右朝政的皇朝显贵而对其枋头之败虚加讳饰,照样据实记载。桓温看了《晋阳秋》后,"怒谓盛子曰:'枋头诚为失利,何至乃如尊君所说?若此史遂行,自是关君门户事。'其子遽拜谢,谓请删改之。时盛年老还家,性方严有轨宪,虽子孙班白,而廷训愈峻。至此,诸子乃共号泣稽颡,请为百口切计。盛大怒。诸子遂尔改之。盛写两定本,寄于慕容俊。太元中,孝武帝博求异闻,始于辽东得之,以相考校,多有不同,书遂两存。"①这种不避强御,忠实地记载历史事实的精神,在古代历史上是少见的,特别是在魏晋南北朝时期更是超群绝伦,不同凡响。它对针砭当时泛滥史坛的褒贬之风,促进实录、直书思想的发展起了很大的作用。后世许多著名的历史学家如刘知几、司马光等都特别强调史家要据事直书。

(二)亲身调查,考订史料

魏晋南北朝时期,随着以人物为中心的纪传体史书的兴盛与发达,褒贬人物的"春秋笔法"在史学思想中占据了主导地位。有些史学家舞词弄札,文过饰非,不惜歪曲历史事实地阿意顺从,持谄媚以取私惠。因此,尽管这一时期史学范围扩大,史书体裁增

---

① 《晋书·孙盛传》。

加,史籍数量众多,"一代之史,至数十家"①,可向声背实,舍真存伪者却不在少数。特别是由于自魏晋开始,史家蜂起,私家修史之风甚盛,以致著述多门,诸如《语林》《笑林》之类皆纷然问世。而这些杂撰,"皆喜载调谑小辩,嗤鄙异闻"②。这样一来,"斯风一扇,国史多同"③。一些史家随波逐流,以流言俗语载荒诞不经之事于国史之中。孙盛就是在这种历史条件下撰写《魏氏春秋》《晋阳秋》及其他史著的。但他不为世风时俗所囿,更不随声应和,主张严肃地忠实于信实的史料。鉴于载笔有失,他就亲自游历各地,向年长有识者求教,搜罗材料,以亲身见闻补史料之不足,正载籍之乖违。可是,在等级森严、门第观念浓厚,正宗史学居于独尊的东晋,口头资料被视为"旁门左道"而不登大雅之堂。但孙盛却在搜剔文献资料的同时,在史书编撰中大胆地应用可靠的口头资料。如他撰《魏氏春秋》时,就是依靠实地采访所得的材料对魏明帝做评价的,"闻之长老,魏明帝天姿秀出,立发垂地,口吃少言,而沉毅好断"④。同样,《晋阳秋》于"梁、益旧事",亦"访诸故老"⑤。更值得一提的是,孙盛往往把自己的亲身经历写入史书中,如《晋阳秋》中记载:"盛以永和初从安西将军平蜀,见诸故老,及姜维既降之后密与刘禅表疏,说欲伪服事钟会,因杀之以复蜀土,会事不捷,遂至泯灭。"⑥由此可知,孙盛虽

---

① 《隋书·经籍志》。
② 《史通·书事》。
③ 《史通·书事》。
④ 《三国志·明帝纪》注引《魏氏春秋》。
⑤ 《史通·采撰》。
⑥ 《三国志·姜维传》注引。

然出身封建名门,但他能够摆脱正统思想的钳制,不持门第观念的狭隘偏见,注重民间的实地采访,把口头资料和有形的文字记载摆在同等地位,一样看作是人类文化的组成部分。就此而言,可与司马迁相媲美。对于一个史家来说,口头资料是很重要的,其价值有时还超过有形的文字记载。早在司马迁撰《史记》时,对此就躬行有得。尔后,历代史家,著述如林,而知此意者却是寥若晨星。孙盛却能够做到这一点,无怪乎整个魏晋南北朝时期,很少有史学家可以和他相比拟。就是唐代的刘知几比起他来,亦尚为逊色。和孙盛一样,刘知几也出身名门望族,但他拘囿于正统思想的窠臼,具有浓厚的门第观念,轻视劳动人民的作用,反映在史料学上,则是对口头资料的否定。他以"作者恶道听途说之违理,街谈巷议之损实"①来立论,指责孙盛"以刍荛鄙说,刊为竹帛正言,而辄欲与《五经》方驾,《三志》竞爽"②。相形之下,更可见孙盛在史料学上的进步性:他敢于把口头资料和儒家经典、皇朝正史等同视之,一样肯定它们的应有价值,表现出超越前人的胆略卓识。

孙盛在修史的过程中,还有一个很大的特点,即对史料的鉴别与取舍采取审慎的态度。他首先扩大史料的范围,广搜博采,然后汇集异同,考辨真伪。孙盛曾撰《异同评》,此书久佚,不得其详,但就《三国志注》所引来看,它无疑是一部考订史实的专门著作。因为该注共有六处述及孙氏《异同评》,引文皆为考辨之语。如关于魏将蒲忠、胡质和吴将朱然作战之年代,《三国志》记载在

---

① 《史通·采撰》。
② 《史通·采撰》。

赤乌五年（242）。孙盛对此持有异议，在《异同评》中考证说："《魏志》(《魏书》)及《江表传》云然以景初元年（237）、正始二年（241）再出为寇，所破胡质、蒲忠在景初元年。《魏志》承《魏书》，依违不说质等为然所破，而直云然退耳。《吴志》说赤乌五年，于魏为正始三年（242），魏将蒲忠与朱然战，忠不利，质等皆退。按《魏少帝纪》及《孙权传》，是岁并无事，当是陈寿误以吴嘉禾六年（237）为赤乌五年（242）耳。"[1]显而易见，孙盛的考史态度是十分谨慎的，他不凭单一的孤证否定成说，而是综合有关资料，详加考据订正。按《三国志注》，不在《异同评》之列，有关孙盛考史的例子也有一些，兹不赘述。在魏晋以来，时无良史，记述繁杂的情况下，孙盛继谯周《古史考》之后再度重视史实考订，其承前启后之功不可没。特别是孙盛在考订选择史料的过程中，态度详审、谨严，概不信口妄断，在是非难决之时，就按史料原貌将其并载。如对曹魏时隐者焦先的评价，《魏氏春秋》就把世人的两种看法同时载入："故梁州刺史耿黼以先为'仙人也'，北地傅玄谓之'性同禽兽'，并为之传，而莫能测之。"[2]这种实事求是、严肃中正的治学态度是十分可贵的。

（三）工于文笔，叙事简约

自《左传》始端，经《史记》发展，文史结合就成为古代历史编纂学中的一个优良传统，同时也是古代史书的一大特色。著名的史学评论家刘知几和章学诚都很重视这一点。"史之为务，必

---

[1] 《三国志·朱然传》注引。
[2] 《三国志·管宁传》注引。

借于文"①,一个史家,要尽据事直书之职,如实地再现历史的本来面目,就必须使语言的表达务求恰当与准确,如果"言之不文",势必"行之不远"②,因此,"良史莫不工文"③。孙盛就很注重历史文笔,能够把文学的特点运用到具体的史书编写中去。世人称"楚及盛、绰(盛之从父弟)并有文藻"④。《文心雕龙·才略》亦云:"孙盛、干宝,文胜为史。"览《魏氏春秋》和《晋阳秋》辑文,给人一种斥暴政则语气激烈,砭时弊则文辞尖刻,记暴行则残忍横前,陈败亡则凄凉可悯的感觉。但孙盛并非单纯地追求辞藻的花哨,不像那些才艺之士舞文弄墨,溺于文辞以为观美之具,而是把艺术加工和历史事实巧妙地结合与统一起来,使史文屈曲适如其人其事。如吴之末帝孙皓本是一个滥施淫刑、草菅人命的独夫民贼,晋武帝咸宁四年(278)却封其为归命侯。孙盛对此予以强烈谴责,指出:"皓罪为逋寇,虐过辛、癸,枭首素旗,犹不足以谢冤魂,洿室荐社,未足以纪暴迹,而乃优以显命,宠锡仍加,岂恭行天罚,伐罪吊民之义乎?"⑤寥寥数语,不仅文字洗练,文笔畅达,而且忠实地、尖锐而深刻地活现出一副暴酷骄恣的罪恶嘴脸,是对孙皓的一个真实刻画,没有丝毫的夸张与虚构。孙盛在工求文笔的同时,坚决反对魏晋以来那种"弥漫重沓,不知所裁"⑥之恶习,力求叙事简要。《魏氏春秋》和《晋阳秋》于此尤

---

① 《史通·叙事》。
② 《史通·言语》。
③ 《文史通义·史德》。
④ 《三国志·刘放传》注引《孙氏谱》。
⑤ 《三国志·三嗣主传》注引。
⑥ 《史通·叙事》。

为出色,"孙盛《阳秋》,以约举为能"①。他善于用简练的文字写出丰富的内容,且文直事核,辩而不华,质而不俚。这种言简意深,文约事丰的写作技巧对后世许多历史学家都起了良好的影响。

(四)承前启后,发展史论

史论是史家于叙述历史事实之后所抒发的自己的看法,其作用在于"辩疑惑,释凝滞"②,它往往从不同角度和不同程度上反映着史家的观点和思想倾向,提供给历史研究以直接的借鉴和参考。古代的史论,自"司马迁始,限于篇终,各书一论"③,而且大都是简单数语的对历史的直接评论。这些都反映了史论的原始性和不成熟性。孙盛撰《晋阳秋》时,在继承前代史论的基础上,又有新的发展,不限于篇末,可以随时在篇中一历史事件或历史人物之后着墨落笔,加以评论。如《晋阳秋》载:"泰始二年春帝正月,有司奏宜一用前代正朔服色,奏可。"孙盛论道:"孔子修《春秋》列三纪为后王法,今仍旧,非也。且晋为金行,而服色尚赤,考之古道,其乖违甚矣。"④综览清人汤球所辑之《晋阳秋》,是属之例,不胜枚举。这种夹长短史论于具体史实叙述之中的写法,比起那种限以篇终、以数语囊撮全篇旨意的史论形式,无疑是一种进步的表现,它更能给人一种直接、具体、深刻的感觉。正因如此,才被司马光撰《资治通鉴》时所吸收。

---

① 《文心雕龙·才略》。
② 《史通·论赞》。
③ 《史通·论赞》。
④ 《通典》五十五。

三

魏晋南北朝时期,除西晋的短暂统一外,我国处于长期分裂割据的混乱状态。在政治上,统治集团内部的矛盾、阶级矛盾和民族矛盾交织在一起,使政局显得特别动荡不安。在思想上,"主爱雕虫,家弃章句"①,长期以来占据统治地位的儒家思想退居次要地位,继之而起的是老庄哲学和佛、道两教的兴盛,玄虚放诞之风和宗教瘴气笼罩了整个思想界。孙盛生活在这种"蜜蜂以兼采为味"的纷繁杂沓的历史环境之中,错综复杂的历史情况致使其史学思想极其丰富,综核其要,析条如下:

(一)进化论的历史观

孙盛继承和发展了《左传》《史记》关于历史进化的思想,承认社会历史是不断发展变化的。他说:"洞鉴虽同,有无之教异,陈圣致虽一而称谓之名殊。自唐虞不希结绳,汤武不拟揖让,夫岂异哉?时运故也。"②在孙盛看来,唐尧、虞舜不仰慕、希求远古时代那种结绳记事的方法,商汤、周武王不模仿三皇五帝时期的禅让制,是历史发展的必然结果,随着时代的前进,一切社会制度都在继承中不断发展变化着。因此,他既反对那些脱离现实、墨守成规的削足适履之徒,又反对那些是今非古,否定古今相因的主观臆想之辈。他说:"伯阳以执古之道以御今之有;逸民欲执今之

---

① 《宋书·臧焘传论》。
② 《广弘明集》卷五。

有以绝古之风,吾故以为彼二子者不达圆化之道,各矜其一方者耳。"①这种要求人们既不能泥古不变,又不能以今摈古的朴素辩证的历史观,实在是难能可贵的。用我们今天的观点来看,"园化"与"一方"的关系,亦即全面、联系与片面、孤立的关系。不难看出,生活在一千五百多年前的孙盛,不仅是一个历史进化论者,而且具有唯物辩证思想的因素。

从进化论的历史观出发,孙盛进一步认为,随着时代的发展变化,人们的思想和各项社会制度也要随之做出适当的改变。他说:"道之为物,唯恍与惚,因应无方,唯变所适。"②为了达乎适变,他主张随时设教,"随时设教,所以道通百代;一其所尚,不得不滞于适变"③。这种反对保守教条,强调进行适合时宜的变革,以新制度代替早已过时的旧制度的思想,有利于社会政治、经济和文化的发展,具有积极意义。

尤为可贵的是,孙盛能够把上述历史进化的观点直接运用到史书编撰中去。首先,对一些重大的政治制度,能够从历史进化的观点给予比较合理的分析,如关于分封制这个历代史家和政论家聚讼纷纭的问题就是如此。他对曹魏实行分封制深表不然,他说:"异哉,魏氏之封也!不度先王之典,不思藩屏之术,违敦睦之风,背维城之义。汉初之封,或权侔人主,虽云不度,时势然也。"④在他看来,汉初实行分封制,虽然酿成了诸侯僭越、权侔人

---

① 《广弘明集》卷五。
② 《广弘明集》卷五。
③ 孙盛:《老子疑问反讯》。
④ 《三国志·陈思王植传》注引。

主的严重恶果,但这是历史发展的客观形势促成的,因此,魏氏王朝就要根据新的历史形势,以前朝为鉴,实行新的政治制度,而不能步人后尘,再行分封制。这是一种精辟独到之见,显然超过了那种对于封建制要么全盘肯定,要么全盘否定的不科学的观点,在当时具有现实意义。其次,对于历史上那些适时应变的人物,他都给予一定的赞扬和肯定。如曹魏时和洽曾论选用不宜过于崇尚俭节,孙盛对此评价说:"昔先王御世,观民设教,虽质文因时,损益代用,至于车服礼秩,贵贱等差,其归一揆。魏承汉乱,风俗侈泰,诚宜仰思古制,训以约简,使奢不陵肆,俭足中礼……如此则治道隆而颂声作矣。夫矫枉过正则巧伪滋生,以克训下则民志险隘,非圣王所以陶化民物,闲邪存诚之道。和洽之言,于是允矣。"①相反,对于那些"一其所尚",墨守成规的人物则予以批评与谴责。如孙盛对萧何在楚汉争雄,相互残戮,百姓生灵涂炭之际大兴土木,营建宫室之举就加以强烈的抨击,指出:"《周礼》,天子之宫,有斫砻之制。然质文之饰,与时推移。汉承周秦之弊,宜敦简约之化,而何崇饰宫室,示侈后嗣。……使百代之君,眩于奢俭之中,何之由矣。"②总之,孙盛能够把是否顺应时代潮流而变革古制旧俗作为评价历史人物的一个标尺,这确是进步的、正确的。

(二)朴素唯物论的因素

魏晋以来,宗教迷雾充斥整个社会,神灭论与神不灭论展开了

---

① 《三国志·和洽传》注引。
② 《三国志·陈群传》注引。

激烈的斗争，反映在史学领域内则是唯物主义历史观与唯心主义历史观的交锋。孙盛站在唯物主义立场上，和神不灭论者展开了针锋相对的论战，他指出："形既粉散，知（神）亦如之，纷错混淆，化为异物，他物各失其旧，非复往日。"①明确认为神（知）随形灭，即使人的形神消散之后变成另外一种物体，它也和原来的形体迥然有别。这就从根本上否定了原来的形神能够离而再合的观点。这是一种杰出的朴素的唯物主义观点，在封建神学、宗教迷信甚嚣尘上的东晋，可谓是难能可贵的真知灼见。在孙盛以前，无论是史学家，还是思想家，都未曾提出过这样闪耀着唯物主义火花的异常明确的无神论观点。孙盛不仅是中国古代史学史上，而且是思想史上反佛教思想的先驱。他的无神论思想虽未形成系统化的理论，但对中国古代史学史和思想史的发展产生了强大的推动作用。南朝范缜著名的《神灭论》无疑受到孙盛无神论思想的直接影响。

由于孙盛站在无神论的立场上，因之，在史学中就贯彻了一些唯物主义观点。他从形散神灭的思想出发，否定符瑞祯祥与报应论，反对人们求助于神，把设符弄鬼看成是将亡的征兆，他说："伪设符令，求福妖邪，将亡之兆，不亦显乎！"②他认为国家的兴亡盛衰不在于天命鬼神，是由人的行为所决定的。如他在论述汉王朝的灭亡时指出："风泽既微，六合未一，而雕剪枝干，委权异族，势同瘣木，危若巢幕，不嗣忽诸，非天丧也。"③在孙盛看来，

---

① 孙盛：《与罗君章书》，见《弘明集》卷五。
② 《三国志·吴主传》注引。
③ 《三国志·陈思王植传》注引。

由于汉王朝人为地造成了地方割据势力的强大和外戚、异族的专权,这样,国家危亡的惨局也就成为不可改变和无法挽救的了。既然如此,那么"魏之代汉",亦就"非积德之由"①,是历史的发展使然。这种从主观人谋和客观形势的结合上探寻国家兴亡的观点,在一定程度上冲破了唯心主义的藩篱,对宿命论和天命观是一个有力的批判。至于对历史人物的评价,孙盛也能够从朴素的唯物辩证的历史观出发,进行认真的分析,不做简单的肯定或否定。例如,曹操的父亲嵩为陶谦所害,后来曹操伐谦,拔襄贲,所过多所残戮。孙盛对此评价说:"夫伐罪吊民,古之令轨;罪谦之由,而残其属部,过矣。"②既肯定了曹操讨伐无道、安抚百姓的功绩,又指出其持报私仇、加害无辜之不足。这是比较科学的评价方法。

不过,任何一个历史学家,总要受时代的制约,他们的思想总会从不同方面和不同程度上或多或少地反映出该时代的特点和状况。孙盛毕竟是生活在佛教思想占统治地位的历史条件下,鬼神、符瑞、因果报应等封建迷信不能不使他受到丝毫的侵袭以致在其思想上有所体现。因之,孙盛虽然具有唯物主义思想因素,否定因果报应论,可是有时又用自然现象来附会社会现象,用一些自然之气的出没解释人世上历史的变化,如,《晋阳秋》载:"咸宁八年(282)八月丁酉,大风折大社树,有青气出焉。"孙盛据此认为:"中兴之表,晋室之乱,武帝子孙无孑遗,社树折之应,又常

---

① 《三国志·陈思王植传》注引。
② 《三国志·武帝纪》注引。

风之罚也。"①这说明孙盛的思想在有些方面是存在着矛盾的。但他的思想主流是反对神不灭和命定论观点的。

(三) 济世的"君臣之义"

上已述及,东晋时期,玄学和老庄哲学风靡思想界,儒家学说已不占统治地位。但孙盛却独树一帜,高唱"君臣之义",提倡儒家"忠义孝节"的伦理道德,并把它贯穿于著述之中,以是否礼贤崇德和忍辱从君命作为臧否国君和人臣的重要衡量尺度。在我国封建社会,君臣关系是一种重要的关系,只有处理、维护好这重关系,才能避免上陵下替的现象,国家方可长治久安。但我们知道,封建社会的"君臣之义",主要是强调人臣忠君,至于人君是否胡作非为,就不在此之列了。可孙盛却不然,他把"君"与"臣"置于一个统一体中,同时强调两个方面。他认为,如果"君使臣以礼,臣事君以忠",就能够"上下休嘉,道光化洽"②。因此,他坚决反对人君和臣下作威作福,"作威作福,则凶于而家,害于而国……人君且犹不可,况将相乎!"③在他看来,"世主若能远览先王闲邪之至道,近鉴狡肆徇利之凶心,胜之以解网之仁,致之以来苏之惠,耀之以雷霆之威,润之以时雨之施,则不恭可敛衽于一朝,咆哮可屈膝于象魏矣。"④因而,他大声疾呼,人君要礼贤崇德,施行仁义,"夫礼贤崇德,为邦之要道,封墓式闾,先王之令

---

① 孙盛撰,汤球辑:《晋阳秋》,广雅书局丛书本。
② 《三国志·何夔传》注引。
③ 《三国志·朱桓传》注引。
④ 《三国志·高柔传》注引。

轨,故必以体行英邈,高义盖世,然后可以延视四海,振服群黎"①。与此同时,他要求臣下秉直仗义,"夫仗道扶义,体存信顺,然后能匡主济功,终定大业"②。尤其强调臣下要奉持臣节,不能二三其德,要像古代的箕子、柳下、萧何、周勃等贤士忠良那样委身国事,忍辱从君命③。孙盛认为,孙权之所以"不能克昌厥后,卒见吞于大国",就在于他不持臣节,"向使权从群臣之议,终身称汉将,岂不义悲六合,仁感百世哉"。④ 故对于历史上那些既已"食人之禄",而不能"死人之事"的动摇变节之臣,他都予以无情的鞭笞⑤。孙盛这样强调儒家的"君臣之义",在当时来说,确是一种进步的表现。因为"在分析任何一个社会问题时,马克思主义理论的绝对要求,就是要把问题提到一定的历史范围之内"⑥。任何一种思想意识都必须和它并存的社会政治、经济诸因素放在一起来分析。在当时宰辅执政,僭越无常,东晋王朝面临分裂割据的风雨飘摇的紧要关头,巩固王权,就成为众望所归的事,它在一定程度上反映了劳动人民的利益和愿望。因为王权是国家统一的象征,而统一的王朝总是比分裂割据局面更有利于社会生产的发展。孙盛着眼于巩固王权,提倡儒家的"君臣之义",在当时历史条件下,不失为一种进步的思想。不过,孙盛在强调

---

① 《三国志·法正传》注引。
② 《三国志·赵俨传》注引。
③ 《三国志·何夔传》注引。
④ 《三国志·吴主传》注引。
⑤ 《三国志·苏则传》注引。
⑥ [苏联]列宁:《列宁选集》第4卷,人民出版社1972年版,第290页。

"君臣之义"的同时,极力主张"正本定名",恪守儒家的"忠义孝节",并严格地以此来是非历史人物,不免陷入儒家"君君臣臣"观念的泥潭之中。这也是时代和阶级的局限所致,我们不能也不应苛求古人。

(四)可贵的民本思想

自春秋开始,民本思想就成为古代史学的一个优良传统,统治集团中的一些有政治远见的人物,往往把人民的支持与否看成是决定国家盛衰的主要因素。到汉代,司马迁更强调人谋对历史发展所起的重要作用。孙盛在继承前辈史家民本思想的同时,又有进一步的发展。他说:"观古燕、齐、荆、越之败,或国覆主灭,或鱼悬鸟窜,终能建功立事,康复社稷,岂曰天助,抑亦人谋也。"[①]在孙盛看来,历史进程的逆转前行,是由人的主观能动作用所决定的,从而打击了天帝、鬼神决定人类命运的社会历史观点。更值得注意的是,孙盛在强调人谋的同时,把人民看成是国家的主体,认为国君必须"仰协乾坤,覆焘万物"[②],服从民意,听从民言,"若乃淫虐是纵,酷被群生",那么"天人殛之,剿绝其祚,夺其南面之尊,加其独夫之戮"[③]。这种极为珍贵的见解,不仅对自古以来君主独断独行,无视民众的统治制度是一个有力的批判,而且较之以前的历史学家仅仅肯定人谋的观点又前进了一大步。

综上所述,在史学界图谶、符瑞、术数、禁忌等封建迷信猖

---

① 《三国志·谯周传》注引。
② 孙盛撰,汤球辑:《晋阳秋》,广雅书局丛书本。
③ 孙盛撰,汤球辑:《晋阳秋》,广雅书局丛书本。

獗,任情褒贬、记载徒繁、弃实务虚之风盛行的东晋时期,孙盛能够摆脱世俗的羁绊,在艰难的历史条件下继承和发扬了古代史学的优良传统,并有其新的发展和不少独到的见解。正因为如此,其代表作《晋阳秋》一书不仅在当时十八家晋史中成绩显著,影响甚广,享有良史之誉,而且还在高丽国广为流传,为人所重,是儿童、青年的应读书籍,那些"衡门厮养之家,各于街衢造大屋,谓之局堂,子弟未婚之前,昼夜于此读书习射。其书有《五经》及《史记》、《汉书》、范晔《后汉书》、《三国志》、孙盛《晋春秋》(即《晋阳秋》,以避讳晋简文帝太后名阿春)……"①可见,当时高丽人是把《晋阳秋》和儒家经典及前四史一样看待的,其价值之高,成就之大亦不言自明。总之,孙盛是活跃在东晋史坛上的一位优秀的历史学家,他的一生对史学的贡献是很大的,在中国史学史上应给予他比较重要的地位。

(原载《西北大学学报(哲学社会科学版)》1984年第4期)

---

① 《旧唐书·高丽传》卷一九九。

下编　魏晋南北朝 ◆

干宝及其《晋纪》

干宝,字令升,河南新蔡人。东晋时期著名的历史学家,著述宏富,影响颇大,其编年体西晋史《晋纪》一书,在当时即信誉卓著,"咸称良史"①,备受学者推崇。关于干宝在历史编纂学和史学思想上的成就,笔者已有专文详论②。本文仅就干宝的生平履历及其著述略作胪述,并特就《晋纪》简做阐释。

一

干宝生于何年,史无明文,学者多以无从考证处之。其实,若就有关史料钩稽耙梳,亦不难觅其大概时间。据《晋书·华谭传》:"建兴初元帝令(谭)为镇东谘议祭酒……谭荐干宝、范珧于朝。"这是现存干宝入仕的最早记载。建兴初为公元313年。又据《晋书·干宝传》,干宝之祖仕吴,其父官丹阳丞,并非名门望族,且到干宝时,更"家贫"。而有晋一代,官吏的录用,职位

---

① 《晋书·干宝传》。
② 见拙文《干宝在历史编纂学上的贡献》(载《西北大学学报》1987年第3期)和《论干宝的史学思想》(载《史学史研究》1987年第3期。)

的确定，徒以凭借世资，不讲德才高低，酿成一种"下品无高门，上品无贱族"①的政治格局。因此，干宝不可能通过门荫而过早地步入仕途，当和一般人出仕的年龄大体相仿，也就是说公元313年他初入仕时年龄应在20岁以上。又《晋书》本传载："（宝）平杜弢有功，赐爵关内侯。"按《晋书·愍帝纪》，杜弢起义失败于建兴三年（315）。干宝既参加了镇压杜弢起义并立了"功"，则其当时年龄亦理应在20岁以上。若以公元313年干宝25岁计，则其当生于晋武帝太康十年（289）。据此推算，他大约活到50岁。这个推论当比较可靠，因为干宝与葛洪属同时代人，并且干宝曾荐洪"领大著作"②，则两人年龄不会相差太远，而葛洪生于晋武帝太康五年（284）。

干宝的祖父统，吴奋武将军、都亭侯。父莹，丹阳丞。兄庆，西安令。如上所言，建兴元年（313），干宝被华谭荐举而入仕，后"以才器召为（佐）著作郎"③。建兴三年（315），参加了镇压杜弢起义。建武元年（317），东晋政权始建，经中书监王导上疏，"初置史官，立太学，以干宝、王隐领国史"④。此后数年，干宝因"家贫，求补山阴令，迁始安太守"⑤。咸和元年（326），王导"受遗诏辅政，解扬州（刺史），迁司徒"⑥。王导

---

① 《宋书·恩幸传论》。
② 《晋书·葛洪传》。
③ 《宋书·恩幸传论》。
④ 《中宗元皇帝》，见《建康实录》卷五。
⑤ 《宋书·恩幸传论》。
⑥ 《宋书·恩幸传论》。

请（宝）为司徒右长史，迁散骑常侍。① 直至咸康二年（336）卒。

干宝自"少勤学，博览书记"②。经、史、子、集广为涉猎，而尤为潜心史学，论著丰硕，且颇多见地。正如前人所云："宝著特多，诚魏晋间所谓通人之学也。"③可惜的是，干氏所著，全然散佚，兹据《隋书·经籍志》《旧唐书·经籍志》《新唐书·艺文志》《宋史·艺文志》《七录》《中兴书目》《遂初堂书目》等书考之，列表如下：

书　名	卷数	存亡	辑　本	附　考
周　易　注（《隋志》、两《唐志》、《宋志》《释文叙录》《中兴书目》《遂初堂书目》）	十	亡	《玉函山房辑佚书》《黄氏遗书考》《汉魏二十一家易注》	《宋志》作《周易传》
周　易　宗　涂（《隋志》《七录》）	四	亡		
周　易　爻　义（《隋志》、两《唐书》、《中兴书目》《遂初堂书目》）	一	亡		"爻义"，《旧唐志》作"文义"，盖形近之讹。
周　易　问　难（《七录》《册府元龟》）	二	亡		
周　易　玄　品（《隋志》《册府元龟》）	二	亡		

---

① 《宋书·恩幸传论》。
② 《晋书·王导传》。
③ 郭维新：《干宝著述考》，见《国立北平图书馆馆刊》第十卷第六号。

续上表

书　名	卷数	存亡	辑　本	附　考
周官礼注 （《隋志》、两《唐志》、《释文叙录》）	十二	亡	《汉学堂丛书》《玉函山房辑佚书》《汉魏遗书钞》	《释文叙录》作十三卷
周官驳难 （《隋志》、两《唐志》、《通志·艺文略》）	三	亡		两《唐志》、《通志·艺文略》均作五卷
周官音注 （《隋书·经籍志补》）	一	亡		
后养议 （《隋志》《七录》）	五	亡	《玉函山房辑佚书》	
春秋左氏函传义 （《隋志》）	十五	亡	《玉函山房辑佚书》	
毛诗音隐 （《隋志》《七录》《释文叙录》）	一	亡		
春秋序论 （《隋志》、两《唐志》）	二	亡		两《唐志》并作一卷
七庙议 （《隋志》）	一	亡		
司徒议 （《隋志》、两《唐志》、《七录》）	一	亡		两《唐志》作《司徒议注》五卷
晋纪 （《晋书》《隋志》、两《唐志》）	二十三	亡	《汉学堂丛书》《广雅书局丛书》《辑佚丛刊》	《晋书》作二十卷、两《唐志》均作二十二卷

续上表

书　名	卷数	存亡	辑　本	附　考
杂　议 （两《唐志》）	五	亡		
干　子 （《隋志》《七录》）	十八	亡	《玉函山房辑佚书》《玉函山房辑佚书续编》	
搜　神　记 （《晋书》《隋志》、两《唐志》）	二十	亡	《津逮秘书》《学津讨原》	《隋志》、两《唐志》均作三十卷
正　言 （两《唐志》、《通志·艺文略》）	十	亡		
立　言 （两《唐志》、《通志·艺文略》）	十	亡		
驳招魂议 （《通典》引）		亡		
变　化　论 （《荆楚岁时记》《御览》引）				
干　宝　集 （《隋志》、两《唐志》、《七录》）	四	亡		
百　志　诗 （《隋志》）	九	亡		

上计二十四种，均散佚，有辑本者七。宝著宏富，除去异名同书者，史志及其他书所载，约尽于是。

二

就现存史书而言,《晋纪》最早见于南朝宋何法盛《晋中兴书》,但未著卷数。《隋书·经籍志》史部古史类著录《晋纪》23卷,《晋书·干宝传》《建康实录》作20卷,《史通·古今正史》《旧唐书·经籍志》史部编年类、《新唐书·艺文志》史部正史编年类均作22卷,清代丁国钧《补晋书·艺文志》作30卷。宋以后,《晋纪》不见著录,因此,大约在宋、元之际散佚。剩下来除一篇完整的《总论》保存在《文选·史论》和《晋书·愍帝纪》中以外,余为散见于《三国志注》《世说新语注》《文选注》《太平御览》《艺文类聚》《初学记》《北堂书钞》《群书治要》等书中的残简断片。清代汤球、黄奭,近人陶栋曾据以辑录,分别收入《广雅书局丛书·史学》《汉学堂丛书·子史钩沉史部别史类》和《辑佚丛刊》。汤本按宣、景、文、武、惠、怀、愍分为七帝纪,通比其事,例系其年,最后为《总论》。黄本的分类比较复杂,无帝纪,而是按人物编排,且无一定规则。同时《总论》不在末尾,置于中间。总之,就编排体例而言,不符合《晋纪》作为编年体史书的要求。陶本分卷上、卷下,卷上按七帝纪分类,末了附有诸臣传略;卷下为《总论》。陶本辑文不注出处,殊无可取。

由于干宝能够秉笔直书,其《晋纪》如实地再现了西晋一朝53年的历史面貌,因而在当时18家晋史中成绩显著,影响甚广。《晋中兴书》《晋书》《史通》《建康实录》《群书考索》皆誉其直而能婉,世称良史。

《晋纪》虽然亡佚了，但它在古代史学史上的成就是不容抹杀的。

第一，《晋纪》在为唐修《晋书》提供切实可靠的资料方面做出了一定贡献。唐太宗贞观十八年（644）诏修《晋书》时，除采《语林》《世说新语》《幽明录》《搜神记》等野史稗文外，多据18家晋史，《晋纪》正是其每每凭借的对象，仅就《晋纪》佚文而言，其为《晋书》转抄之处便不胜枚举。如《晋纪·宣帝纪》云："正始二年，吴将全琮寇芍陂，朱然、孙伦五万人围樊城，诸葛瑾、步骘寇柤中；琮已破走而樊围急。宣王曰：'柤中民吏十万，隔在水南，流离无主，樊城被围，历月不解，此危事也。请自讨之。'议者咸言：'贼远围樊城不可卒拔，挫于坚城之下，有自破之势，宜长策以御之。'宣王曰：'军志有之：将能而御之，此为縻军；不能而御之，此为覆军。今疆场骚动，民心疑惑，是社稷之大忧也。'六月，乃督诸军南征，车驾送出津阳城门外。宣王以南方暑湿，不宜持久，使轻骑挑之，然不敢动。于是乃令诸军休息洗浣，简精锐，募先登，申号令，示必改之势，吴军夜遁走，追至三卅口，软获万余人。"两相对照，别无二致。

第二，《晋纪》为校勘《晋书》之误提供了佐证。如《晋书·羊祜传》载，泰始初，武帝以羊祜为尚书右仆射。而《太平御览》卷二百十一引《晋纪》云以羊祜为尚书左仆射，《北堂书钞》卷九引《晋纪》亦作"左"。孰是孰非？按《晋书·琅邪王伷传》："武帝践祚，封（伷）东莞郡王，邑万六百户。始置二卿，特诏诸王自选令长。伷表让，不许，入为尚书右仆射、抚军将军。……改封琅邪王。"则泰始初东莞王伷为尚书右仆射，非羊祜也，《晋纪》所言甚是。又如《晋书·贾充传》："高贵乡公之攻相府也，充率众拒战于南阙。军将败，骑督成倅弟太子舍人济谓充曰：'今日之事如何？'充曰：'公等养汝，正擬今日，复何疑！'""公等养汝"当作"公养汝等"，《三国志·高贵乡公纪》注引干宝《晋纪》作"公畜养汝等"，习凿齿《汉晋春秋》亦同。《晋书》所记不当。

总之，《晋纪》对我们研究西晋历史具有不可忽视的史料价值。

（原载《碑林集刊（七）》，陕西人民美术出版社2001年版）

下编　魏晋南北朝　◆

干宝在历史编纂学上的贡献

干宝,字令升,河南新蔡人,东晋著名的历史学家。著述宏富,达24种之多,其编年体的西晋史《晋纪》,在当时即信誉卓著,"咸称良史",备受学者推崇。但由于干氏所著,荡然无存,以致长期以来,其史学成就言之者甚少,知之者甚微,迄今在古代史学史上尚无其一席之地。拙文钩稽佚文,拟就干宝在历史编纂学上的贡献略作探讨,力图对其在我国史学史上的成就与地位做一恰如其分的估价。

一、力诋纪传,盛誉编年

晋元帝建武元年(317),干宝领国史,始撰前朝史《晋纪》。当时,在史书体裁的选择上争议颇大。史家们各抒己见。干宝"议撰《晋史》,以为宜准丘明"①,他"盛誉丘明而深抑子长"②,极力主张修史采编年体。最后终于以干宝"重立凡例,勒

---

① 《史通·载言》。
② 《史通·二体》。

成《晋纪》"①。纪传与编年作为两种不同的史书体裁，各具短长，互有得失，"殆未易以优劣论"②。像干宝这样单纯地誉编年而抑纪传的言辞未免给人以偏激之感，刘知几即对此愤懑不平："异夫令升之言，唯守一家而已。"③其实，这只是一种表面的直观，若置其于当时历史条件下加以考察，则不尽然。人所共知，东晋王朝自建立起就承受着地方豪强相对独立的沉重压力，特别是江东世家大族的武装势力对中央皇权造成严重威胁。同时，作为历史学本身，发展到这一时期，以人物传记为中心的纪传体史书特别发达，而纪传体广为立传，突出个人，似有喧宾夺主之嫌，不利于皇朝的专制集权。相反，编年体以皇帝一人为主，以一家正朔，既能申明正统之意，又可正君臣上下之分，贵贱主次，礼秩差等，彪炳可观。同时，"编年所载，于一国治乱之事为详"④。总之，较之纪传体，编年体具有巩固王权和易睹王朝兴衰治乱之迹的特点。东晋初关于史书体裁的争论，就包含巩固王权和削弱王权的新含义。由此可见，干宝并非无的放矢地强调编年体。他立足于巩固王权的基本点，把史书体裁和政治斗争紧密结合起来，在史书编写过程中，刻意模拟《春秋》，吸收其"大一统"的思想。我们知道，春秋末年，我国由奴隶制向封建制过渡。孔子从维护奴隶制的保守立场出发，哀叹当时那种群雄割据、逐鹿中原、周王室名存实亡的社会现状，其修《春秋》，就是要通过对鲁国历史的记述，

---

① 《史通·申左》。
② 《郡斋读书志》卷二。
③ 《史通·二体》。
④ 《郡斋读书志》卷二。

达到维护周王朝一统天下的最终目的,因而在书法上体现出"据鲁""亲周"的一面,"当春秋之世,列国甚多,每书他邦,皆显其号,至于鲁国,直云我而已"①。干宝《晋纪》仿效《春秋》书法,称晋室为"我",诸如"至天子之葬,必云'葬我某皇帝'"②"王经正直,不忠于我"③之类,皆其例证。也许会有人指出,这种巩固封建王权的思想是消极落后的,无可称道。我们的回答是否定的。因为"在分析任何一个社会问题时,马克思主义理论的绝对要求,就是要把问题提到一定的历史范围之内"④。任何一种思想意识都必须和它并存的社会政治、经济诸因素放在一起来分析。干宝撰《晋纪》之时,适值地方割据政权拥兵自重、觊觎神器之秋,任何一场小小的政治风暴,都可能导致江左偏安王朝的四分五裂。在这种风雨飘摇的紧要关头,巩固王权就成为众望所归的事情,它在一定程度上反映了广大劳动人民的利益和愿望。因为王权是国家统一的象征,而统一的王朝总会比分裂割据局面更有利于社会生产的发展。干宝从维护国家统一的立场出发,通过编纂史书来体现巩固王权的精神,在当时的历史条件下,不失为一种积极、进步的思想。

干宝力诋纪传、盛誉编年的史学理论,不仅在主观上具有巩固王权,维护国家统一的积极意义,而且在客观上推动了东晋以后编年史的巨大发展。编年体本是我国最古老的一种史书体裁,春秋

---

① 《史通·模拟》。
② 《史通·模拟》。
③ 《世说新语·贤媛》注引《晋纪》。
④ [苏联]列宁:《列宁选集》第4卷,人民出版社1972年版,第290页。

时期之晋《乘》、郑《志》、鲁《春秋》，都是编年体史书。后孔子对鲁《春秋》约其辞文，去其烦冗，修成《春秋》。不过，这些编年史还带有很大的原始性，记事简单，有纲无目。《左传》是在《春秋》基础上完成的一部记事详细、内容丰富的编年史，它使编年体达到基本成熟的程度。但是，自《左传》以后，至司马迁《史记》以前，编年史却是寥若晨星，今天所能见到的亦不过《竹书纪年》和秦简《编年记》等数种而已。特别是自《史记》问世到荀悦《汉纪》三百年间，编年史竟绝而无传。直至荀悦著《汉纪》，才把编年体重新恢复，从而推动了编年史的发展。不过，纵观我国史学发展史，不难看出，编年史的蓬勃发展，乃在东晋时期，并不始于荀悦。为说明问题起见，兹据《隋志》和两《唐志》将东汉至隋这一时期编年与纪传两类史著列表如下：

时代	东汉	魏	蜀	吴	西晋	东晋	宋	齐	梁	陈	北魏	北齐	北周	隋
编年体	3	无	无	无	4	12	7	2	13	2	1	1	1	4
纪传体	2	1	2	2	8	5	5	3	10	4	无	1	无	4

很清楚，虽然荀悦恢复了编年体，但由于他只是对《汉书》删繁存要，改变体裁，并没有在理论上对编年体加以强调，因而在当时尚未产生较大影响，亦未能引起史家的普遍重视，以致踵之者寥寥无几，仅侯瑾和刘艾分别撰成《汉皇德纪》和《汉灵献二帝纪》。尔后，历魏、蜀、吴三朝，竟无一部编年史。延宕至西晋，也只有四部编年之作，仅及纪传史之半。可是，自东晋开始，情况发生了巨大变化，编年史骤增至12部，为纪传史两倍余。经宋迄梁，依然遥遥领先，就是到隋，也是与纪传史并驾齐驱。唐初，私家撰史，更喜用编年，如张太素、吴兢、韦述等人皆有编年之作。至唐中

期,甚至有人认为"纪传烦漫,不如编年",反指责司马迁更编年为纪传是"率私意,荡古法"①。编年史的兴盛,于此可见一斑。编年史何以能在东晋得到空前发展,并一直至中唐时期始终保持其迅猛发展的势头? 当然,原因是多方面的,但有一点无可否认,即与干宝诋纪传、誉编年的史学理论是分不开的。因为史学理论是用来指导史学实践的,它一经产生,就会直接作用于史学实践,以推动史学的发展。干宝当时强调编年体时,"于时议者,莫不宗之"②。其号召力和产生的强大影响不言自明。这正说明干宝对促进我国编年史的发展的巨大贡献。

二、首创凡例,以启后学

所谓史书凡例,是指史家自立,而后借以笔削的一种著述例则,在古代又名义例、叙例或条例。它是作者行文之初的总方针,亦是统驭全书记言记事的法则。刘知几曾强调指出:"夫史之有例,犹国之有法。国无法,则上下靡定;史无例,则是非莫准。"③宋吴缜亦云:"夫史之义例,犹网之有纲而匠之绳墨也。"④我国史书,究竟从何时起始有凡例,迄今一直聚讼纷纭。最早论及史书凡例创始者,当推晋杜预,他认为孔子以前史已有例,《春秋》之"发凡以言例,皆经国之常制,周公之垂法,史书

---

① 王鸣盛:《十七史商榷》卷九九。
② 《史通·序例》。
③ 《史通·序例》。
④ 吴缜:《新唐书纠谬序》。

之旧章"①。由于杜氏所言之"垂法""旧章"在今已无由详考,其是否确当,姑且不论。继杜预之后,梁代刘勰认为《春秋》首创凡例,"按《春秋》经传,举例发凡"②。刘知几亦趋其说:"昔夫子修经,始发凡例。"③而宋代朱熹对此却深为訾议,他说:"孔子当时只是要备二三百年之事,故取史文写在这里,何尝云,某事用某法,某事用某例。"又云:"《春秋传》例,多不可信。圣人记事,安有许多义例。"④今人刘节指出:"两位刘氏,都说孔子作《春秋》,先有条例,这是一种错觉。"⑤实际上,这两种截然对立的观点皆难以令人信服。我们知道,属辞比事是《春秋》在编纂方法上的一大特点,作者为了表达自己的政治意图,在遣词用字上有一些义例和原则。如,同是描写战争,就有侵、伐、战等用字的不同;同是记杀人,又有杀、诛、弑的区别。诚如清代徐经所云:"《春秋》因鲁史旧文,史家之法当有一定之例。"⑥那种绝对否定《春秋》有凡例的说法未能称是。不过,《春秋》的凡例并非孔子本人事先所立,而后借以纂述,只是在具体的编写过程中因事而发,随时而立。何以见得?若孔子在行文之前已作有凡例,则于同类事项,《春秋》前后将一定遵用同一体例,不会出现书法靡漫,此彼抵牾的现象。但事实并非如此。且以讳书而言,《春秋》尚无一定规则,在记同类事时,有时讳,有时不讳;有的前面

---

① 杜预:《春秋左传序》。
② 《文心雕龙·史传》。
③ 《史通·序例》。
④ 《朱子语类》卷八三。
⑤ 刘节:《中国史学史稿》,中州书画社1982年版,第126页。
⑥ 《春秋礼经》,见《雅歌堂全集·雅歌堂外集》卷三。

讳，后面不讳，很不统一。即以"为中国讳"（指中原诸国）为例，便可清楚地看出这一点。如《春秋》在记中原诸国与所谓夷狄之国的关系时，有时讳去中原诸国被夷狄之国打败，诸侯、大夫被执这一类败亡受辱的史实。但有时却据实以书，如僖公二十二年（前638）："冬十有一月己巳朔，宋公及楚人战于泓，宋师败绩。"再举一例，由于孔子不承认吴、楚等所谓南蛮之国诸侯国的地位，因而在写法上对这些国家就有所贬低，如不称吴、楚等国国君为"吴子""楚子"等。《春秋》中此类例证比比皆是。但细检该书，便可发现，僖公五年（前655）以前不称"楚子"，而以后却称，襄公二十五年（前548）以前不称"吴子"，以后也称。显然，关于讳书，《春秋》在前后写法上是有变化的，并无一成不变的例则。杜预早就指出："掩恶扬善，义存君亲，故通有讳例，皆当时臣子率意而隐，故无深浅常准。圣人从之以通人理，有时而听之可也。"①可见，《春秋》并不存在像刘勰、刘知几所说的那种孔子本人事先所立的凡例，正如张舜徽先生所说："大抵古之作《春秋》者，但记大事，何尝先立若干条例，然后从事笔削。"②至于公羊、穀梁、左氏三家相继探赜阐发的所谓《春秋》凡例，悉由钩稽比合而得，其中不乏主观臆测、妄加古人之成分。试举一例，《左传》曰："凡师，有钟鼓曰伐，无曰侵。"征之《春秋》，则成公三年（前588）郑伐许、七年（前584）吴伐郯当为有钟鼓之师。但是，定公四年（前506）："三月，公会刘子、晋侯、宋公、蔡侯、陈子、郑伯、许男、曹伯、莒子、邾子、顿子、胡子、滕子、薛

---

① 杜预：《春秋左传集解》。
② 张舜徽：《史学三书评议》，中华书局1983年版，第45页。

伯、杞伯、小邾子、齐国夏于召陵侵楚。"以一国之兵讨伐别国尚具钟鼓，安有举十七国之师而不备钟鼓之理？显而易见，《左传》的解释难以圆通。

在我国，史家自定凡例，究竟始于何时？《史通·序例》云：自孔子发凡起例，"降及战国，迄于有晋，年逾五百，史不乏才，虽其体屡变，而斯文终绝。唯令升先觉，远述丘明，重立凡例，勒成《晋纪》。"若上述结论不错，则干宝为我国历史上第一位自立凡例的史学家。可是，刘勰《文心雕龙·史传》云："按《春秋》经传，举例发凡；自史汉以下，莫有准的。至邓粲《晋纪》，始立条例。"则史例之作，始于邓粲。实则不然。邓粲，东晋史学家。按《晋书》本传，其《晋纪》名《元明纪》，记东晋元、明两帝时事。而据唐许嵩《建康实录》，干宝《晋纪》始作于晋元帝建武元年（317），较邓粲《晋纪》为早，当属定论。干宝以前的史书，举其荦荦大者，诸如《史记》《汉书》《汉纪》《三国志》，俱无凡例。有人认为《史记》和《汉书》所作的各篇序赞就是凡例①。笔者不敢苟同，因为无论从形式还是从内容而言，它们皆与凡例风马牛不相及。另外，又有人主张"唐以前无先定义例而后从事纂述者"②，这一结论则同样难以使人信服。

干宝《晋纪》已佚，据《史通》知其凡例名曰《叙例》，"体国经野之言则书之，用兵征伐之权则书之，忠臣、烈士、孝子、贞妇之节则书之，文诰专对之辞则书之，才力技艺殊异则书之"，为其《叙例》之仅存者。虽则据此片鳞只爪，莫由窥其全貌，考其得

---

① 刘节：《中国史学史稿》，中州书画社1982年版，第126页。
② 张舜徽：《史学三书评议》，中华书局1983年版，第45页。

失,但仍可推知一二。 在《春秋》《左传》中,遣词用字之例俯拾即是,干宝《叙例》是否如此,不可率尔评议,但有一点值得注意,即干宝在《叙例》中,第一次从政治、经济、军事、外交诸方面对史书的记事范围做出明确规定,诚如刘知几所说:"盖记言之所网罗,书事之所总括,粗得于兹矣。"①干宝以前,不曾有人这样具体而全面地论述过这一问题。 虽然荀悦在《汉纪·高祖纪序》中已提出立典有五志:"达道义、彰法式、通古今、著功勋、表贤能",但其前三点只是说明史书编纂的态度和方针,只有后两方面才是关乎史书内容的。② 因此,尽管干宝《晋纪·叙例》已佚,但其在我国史学史上"理切而多功"③的成就是不可否定的。

继干宝《晋纪·叙例》之后,历代史家多仿此而为,范晔《后汉书》、沈约《宋书》、魏收《魏书》、唐修《晋书》皆自定其例。书前立一凡例,已相沿成习,至今依然如故。 干宝发凡起例,以启后学之功实不可没。

三、承前启后,发展史论

史论是史家于叙述历史事实之后所抒发的自己的看法,是记人记事的点睛之笔,其作用在于"辩疑惑,释凝滞"④。 古代的史论,自司马迁始,限于篇终,各书一论,而且都是简单数语地对历

---

① 《史通·书事》。
② [日]尾崎康:《干宝晋纪考》,载《斯道文库论集》8,1970 - 12。
③ 《史通·序例》。
④ 《史通·论赞》。

史的直接评论。这些都反映了史论的原始性和不成熟性。自荀悦《汉纪》开始,史论不再限于篇终,而是因事随时而立,这就避免了像《史记》《汉书》那样因各书一论而造成的"理有非要,则强生其文"①的冗词赘句的不良现象。这是史论成熟与发展的表现。但就内容而言,《汉纪》的史论失之繁芜。史书是用来记载历史事实的,其根本作用在于如实地反映历史面貌,理所当然应以记事为主,也应以记事取胜。但间或于叙夹议,表明作者对某人某事的态度,一则有裨于后人的研究工作,二来亦便于读者吸取经验教训。不过,史论冗长,势必冲淡史事记述,导致不良后果。《汉纪》共有38则"荀悦曰",一般都在数百字以上,有的竟长达一千多字,使人难以卒读。无怪乎刘知几责其"失在繁富"。就史论形式而言,一方面,干宝继承了荀悦进步的一面,随时在篇中一历史事件或历史人物之后着墨落笔,阐发议论。如《晋纪·文帝纪》载:"蜀诸葛瞻与邓艾战,败,及其子尚死之。"干宝论曰:"瞻虽智不足以扶危,勇不足以拒敌,而能外不负国,内不改父之志,忠孝存焉。"②综览《晋纪》佚文,是属之例,不胜枚举。这种夹长短史论于具体史实叙述之中的写法,比起那种限于篇终,"结言于四字之句,盘桓乎数韵之辞""促而不广"③的史论形式,无疑是一种进步的表现,它更能给人一种直接、具体、深刻的感觉。正因如此,司马光撰《资治通鉴》时便采取了这种史论形式。另一方面,干宝在继承前贤的基础上,又有所创新。《晋纪》末立有《总

---

① 《史通·论赞》。
② 《三国志·诸葛亮传》注引。
③ 《文心雕龙·颂赞》。

论》,为干宝首创。就现有史书而言,在干宝以前的各类史体中,尚无一部史书作有总论。单以写作而论,总论要比那种限于篇末或置乎篇中的一般史论难写得多。一部史书,有无总论,正从一个侧面反映出史家史才之高下。《晋纪》有总论,这与干宝"有良史之才"①是密不可分的。这种总论的史论形式对后世史家深有影响,明代李贽《藏书》即作有《世纪总论》《大臣总论》等,明末清初查继佐《罪惟录》的帝纪和各志、传也有总论。

就史论内容而言,干宝《晋纪》的史论简要、切中。首先,它既不像《史记》《汉书》那样"本无疑事,辄设论以裁之"②;又不同于《汉纪》"荀悦曰"的冗长拖沓、繁杂无谓。而是发所当发,论所宜论,且持论简洁。史论宜从简洁,这是古代史家特别强调的一点,刘知几、郑樵、章学诚即分别在其《史通·论赞》《通志总序》和《答甄秀才论修志第二书》中大畅此说,特别是刘知几对那些"私徇笔端,苟衒文彩",以虚文敷论寄诸史册的史家多所非议,谴责他们不知"史书之大体,载削之指归"。与此同时,他甚为推崇干宝,指出:"必择其善者,则干宝、范晔、裴子野是其最也,沈约、臧荣绪、萧子显抑其次也,孙安国都无足采,习凿齿时有可观。"诚如斯言,就《晋纪》佚文来看,除《总论》和《论晋武帝革命》外,共有28条史论,基本上都是数十字的短论,《论晋武帝革命》,只有140余字,就是全书的《总论》也不过2700余字。这在史家论史,好驾空凌虚、题外生枝的魏晋南北朝时期堪为异军突起,在当时史学界反响甚大。

---

① 《晋书》卷五二。
② 《史通·论赞》。

其次,《晋纪》的史论,深刻、剀切。《左传》的"君子曰"虽有100多则,但都是有关人物言行和历史事件合"礼"与否的评论,显得空洞、迂腐。同样,《史记》的"太史公曰"、《汉书》的"赞"和《三国志》的"评",亦囿于人物,多为品藻言行之论。而干宝论史,则紧密结合史实,主要讨论为政得失。《晋纪总论》于此表现得尤为突出,它上起宣帝,下迄愍帝,从"得""失"两个方面对西晋一朝53年的历史做了全面而深刻的论述,总结了晋室何以短祚的原因,指出了封建统治者为政的"根本"和封建王朝兴亡盛衰的"关键",其中颇有不少精彩之论。因此,后人对它的评价很高,何法盛《晋中兴书》云:"宝撰《晋纪》,起宣帝迄愍,五十三年。评论切中,咸称善之。"特别是唐、宋时期的书籍还每每收录《晋纪总论》,《文选》卷49《史论》上即全文载录。《晋书》卷5《晋愍帝纪》卷末的"史臣曰"依然把它作为西晋史的总论。司马光在《资治通鉴》卷89《晋愍帝纪》建兴四年(316)十一月条终非议世风时政,论述西晋亡国之因时也采用的是《晋纪总论》的观点。据此可知《总论》见切之精,影响之大。

总之,无论从史论形式,还是就史论内容而言,干宝《晋纪》的史论都有其显著的特点,它既远迈前代,又导启后世,可谓是古代史论发展史上的一个里程碑。

四、工求文笔,叙事简约

一部史书,文字表达的优劣,直接关系着史书对历史事实表现的好坏和史书本身广泛、长远的传播与否。在我国,自《左传》始端,经《史记》发展,史家撰史,讲求历史文笔,就成为古代历史编纂学中的一个优良传统,同时也是古代史学名著的一大特色。我国古代著名的史学评论家刘知几和章学诚都很重视这一点,"史之为务,必借于文"①。如果"言之不文",势必"行之不远"②,因此,"良史莫不工文"③。《左传》《史记》《资治通鉴》之所以脍炙人口,流传不朽,一个很大的原因就在于它们文辞优美。干宝撰史,很注重历史文笔,《文心雕龙·才略》云:"孙盛、干宝,文胜为史。"这充分说明干宝富有创作才能。他很注重语言文字的雕琢,能够把文学的特点运用到具体的史书编写中去,览《晋纪》佚文,就给人一种斥暴政则语气激烈,砭时弊则文辞尖刻,记暴行则残忍横前,陈败亡则凄凉可悯的感觉,不仅修饰峻整,叙述生动,而且跌宕不群,纵横自得。但是,干宝并非单纯地追求辞藻的花哨,不像那些才艺之士,一味地舞文弄墨,溺于文辞以为观美之具,而是把艺术加工和历史事实巧妙地结合与统一起来,使史文屈曲适如其人其事。如干宝在痛斥西晋朝政时指出:"朝廷宽宏,豪右放恣,郡县从容,寇贼充斥,交相请托,朝野溷浊。"④寥寥数语,不仅文字洗练,文笔畅达,而且恰中时弊,尖锐而深刻地活现出一副朝政腐败、政治混乱的社会图案,是对西晋社会黑暗面的真实刻画。干宝在工求文笔的同时,还力求叙事简约。史书编撰,宜从简要,刘知几曾强调指出:"夫国史之美者,以叙事为

---

① 《史通·叙事》。
② 《史通·言语》。
③ 《文史通义·史德》。
④ 《北堂书钞》引《晋纪》。

工,而叙事之工者,以简要为主。简之时义大矣哉!"①他认为"文约而事丰,此述作之尤美者也"②。《四库全书总目》亦云:"史之为道,撰述欲其简。"的确,一部好的历史著作,总是以精练的语言,表达出丰富的内容。干宝撰《晋纪》,一方面,取材审慎,不铺陈堆砌。同是西晋史,王隐《晋书》93卷,而干宝《晋纪》只有23卷,这除编年体本身具有记事简约的特点外,当与干宝对材料的取舍有一定关系。另一方面,讲求叙述技巧,用词简洁,引语精练,凡引用当时人物的语言,既简练而又能客观、全面地表达出事情的原貌。如《晋纪·武帝纪》:"咸宁四年,何曾卒,下礼官议谥,博士秦秀议曰:'曾资性骄奢,不修轨则,奕世以来,宰臣辅相未有受诟辱之声,被有司之劾,父子尘累而蒙恩贷,若曾者也。谨按谥法,名与实爽曰缪,怙威肆行曰丑。曾宜谥为缪丑。'"③仅此数语,便把何曾那种骄奢淫逸、放荡不羁的卑劣本性暴露得淋漓尽致。总之,《晋纪》通体简约爽洁,无烦冗芜杂之弊。可是,长期以来,一提起史书叙事简洁,人们往往交口称赞《三国志》,而干宝《晋纪》却不为人所知。其实,就叙事简约而言,《晋纪》是可以和《三国志》相媲美的,刘知几早就指出:"陈寿、干宝,颇从简约。"④此论深中肯綮。干文简练,向来有口皆碑,《晋书》《建康实录》《群书考索》皆盛赞《晋纪》"辞简理要""世称良史"。鉴于《三国志》过于简略,裴松之为之作

---

① 《史通·叙事》。
② 《史通·叙事》。
③ 《太平御览》卷五六二引《晋纪》。
④ 《史通·载文》。

注。无独有偶，南朝宋刘彤亦"集众家《晋书》，注干宝《晋纪》为四十卷"①。马克思主义认为，"任何一个人在文学上的价值都不是由他自己决定的，而只是同整体的比较当中决定的"②。评论一个史学家亦然。干宝在史书撰述方面的成就，也只有把他放在东晋史家群中加以比较，才能得出正确的结论。众所周知，魏晋以来，时无良史，记述繁杂，国史之文，日伤繁复，"作者芜音累句，云蒸泉涌。其为文也，大抵编字不只，捶句皆双，修短取均，奇偶相配。故应以一言蔽之者，辄足为二言；应以三句成文者，必分为四句。弥漫重沓，不知所裁"③。若寻其冗句，摘其繁词，则"一行之间，必谬增数字；尺纸之内，恒虚费数行"④。在这种历史条件下，《晋纪》的出现，宛如奇葩独放，以其鲜明的色彩和独特的风格，猛烈地冲击着史学界那种彩丽竞繁、板涩藻饰之恶习，为史坛注入了新的血液，有力地推动着史学的健康发展。

综上所论，干宝在历史编纂学上做出了重要的贡献，远远超过与他同时或相距不远的很多史家，把我国封建时代的史学推进到了一个新的更高阶段，在中国史学史上占有相当重要的地位，应当引起史学界的足够重视。

（原载《西北大学学报（哲学社会科学版）》1987年第3期）

---

① 《南史·文学传》。
② ［德］恩格斯：《评亚历山大·荣克的〈德国现代文学讲义〉》，见《马克思恩格斯全集》第1卷，人民文学出版社1965年版，第524页。
③ 《史通·叙事》。
④ 《史通·叙事》。

论干宝的史学思想

干宝,作为东晋著名的历史学家,"少勤学,博览书记"①,著述达二十四种之多②。编年体的西晋史《晋纪》为其史著的代表作,在当时"咸称良史"③,备受学者推崇。但由于干氏所著全然散佚,以致长期以来其史学成就湮没无闻。拙文钩稽佚文,拟就干宝的史学思想略陈管见。

在我国封建社会史上,两晋是社会矛盾重重、危机四伏、战争频仍的动荡时代。在政治上,统治集团内部矛盾、阶级矛盾和民族矛盾相互交错,政局动荡不安;在经济上,士族地主椎埋攻剽,多畜奴婢,田宅无限,而广大劳动人民啼饥号寒,濒于死亡绝境;

---

① 《晋书·干宝传》。
② 据《隋书·经籍志》《旧唐书·经籍志》《新唐书·艺文志》《七录》《中兴书目》《遂初堂书目》等书,考得干宝所著有《晋纪》《搜神记》《周易注》《周易宗涂》《周易爻义》《周易问难》《周易玄品》《周官礼注》《周官驳难》《周官音注》《后养议》《春秋左氏函传义》《毛诗音隐》《春秋序论》《七庙议》《司徒议》《杂议》《干子》《正言》《立言》《驳招魂议》《变化论》《百诗志》《干宝集》,共计二十四种,皆散失。今本《搜神记》乃明胡元瑞从《法苑珠林》及诸类书中辑录而成。
③ 《晋书·干宝传》。

在思想上,"主爱雕虫,家弃章句"①,长期以来占据统治地位的儒家思想退居次要地位,继之而起的是老庄哲学和佛、道两教的兴盛,玄虚放诞之风和宗教瘴气笼罩了整个思想界。干宝生活在这种纷繁杂沓的社会环境之中,错综复杂的历史情况使其史学思想极其丰富,综核其要,条析如次。

一、进步的社会历史观

一个人的社会历史观总是与其自然观相联系的,因此,在探讨干宝的社会历史观之前,有必要对其自然观稍加阐释。在自然观方面,干宝继承并发展了古代唯物主义思想,认为天地不是万物的本源,"物有先天地而生者矣"②,万物才是世界的本源,"天有五气,万物化成"③。这就打破了那种"天生万物"的传统观念。与此同时,干宝进而认为,自然界在不断地发展变化着,"天有四时,日月相推,寒暑迭代,其转运也。和而为雨,怒而为风,散而为露,乱而为雾,凝而为霜雪,立而为蚳蝝,此天之常数也"④。固然,由于自然科学发展水平的限制,在一千五百多年前,关于雨、风、露、雾、霜、雪等自然现象的形成,干宝没有也不可能做出科学的解释,但他毕竟意识到它们都是大自然自身运动的结果,皆由一种不以人的主观意志为转移的自然力量所决定。因此,他

---

① 《宋书·臧焘传论》。
② 李鼎祚:《周易集解》引干宝《易注》。
③ 《荆楚岁时记》引干宝《变化论》。
④ 《全晋文》卷一二七引干宝《山亡论》。

强调指出:"万物之变,皆有由也","非通神之思,虽求诸己,恶识所自来"。① 在他看来,万事万物是顺着自然造化之力发展变化的,不是由人的主观意志所决定的。相反,"应变而动,是为顺常"②,"变则通,通则久"③。人们只有随着自然界的变化而变化,才能行乎其所当行,止乎其所当止,无往而不适。否则,"苟错其方,则为妖眚"④,如果硬要逆着它而轻举妄动,那么一切所作所为都终将失败。干宝这种唯物主义自然观,对魏晋玄学中的"玄冥""独化"学说是一个有力的抨击,在反对宗教唯心主义的斗争中做出了重要的贡献。

干宝从朴素唯物主义自然观出发,认为人类社会如同自然界一样,也是发展变化的,"道非常道,事非常事,化而裁之,存乎变"⑤。在他看来,随着历史条件的变化,人们的思想和各项法令政策也要随之做出适当的改变,没有一成不变、经久适用的社会制度,后世之于前代,总是有所因革,"夏政尚忠,忠之弊野,故殷自野以教敬;敬之弊鬼,故周自鬼以教文;文之弊薄,故春秋阅诸三代而损益之"⑥。需要指出的是,以往的历史进化论者,多注重后世对前朝"变革"的一面,而轻视或忽视其"相因"的另一面。干宝却不然,他既承认前者,同时也强调后者,如他指出:周"改殷纣比屋之乱俗,而不易成汤昭假之法度","二代之制,各因时

---

① 《荆楚岁时记》引干宝《变化论》。
② 《荆楚岁时记》引干宝《变化论》。
③ 李鼎祚:《周易集解》引干宝《易注》。
④ 《荆楚岁时记》引干宝《变化论》。
⑤ 李鼎祚:《周易集解》引干宝《易注》。
⑥ 李鼎祚:《周易集解》引干宝《易注》。

宜,损益虽异,括囊则同"。① 这种不偏不废的态度比起那种片面强调一点的思想显然要客观和进步。 干宝不仅能够用历史进化论观点看待人类社会的发展变化,而且还具有一定的朴素辩证法思想,如他认为在人类历史的长河中,兵革刑狱作为施行暴力的工具是必不可少的,凭借它们可以戮凶治民,"五刑之用,斩刺肌体,六军之锋,残破城邑,皆所荼毒奸凶之人,使服王法者也"。"以此毒天下而民从之,毒以治民。"②但同时他又指出:"刑狱之用,必当于理",如果不顾客观实际,任情所施,则会"枉滥无辜",使得"法失其道"③。 同样的,"武功既成,义在止戈,盈而不反,必陷于悔"④。 显而易见,干宝已经直观地看到事物发展到一定程度时就会向其相反的方面转化这一规律,这是其朴素辩证法思想的光辉点。 除此之外,更值得一提的是干宝的朴素唯物主义思想。

魏晋以来,特别是东晋时,由于时代的大动乱,统治阶级内部的自相残杀,人民生活得极度痛苦,导致佛教迅速传播。 统治阶级以佛教作为麻醉人民的思想工具,以达到维护统治的目的;而劳苦大众由于生活困苦不堪,亦往往在佛教中寻求精神寄托。 因之,上自帝室,下至平民百姓,皆信奉浮屠之学,"事佛者十室而九"⑤,遁世超俗、出家为僧现象非常普遍,宗教迷雾充斥整个社会,神不灭的唯心主义思潮甚嚣尘上。 当时盛行一种招魂葬,认

---

① 李鼎祚:《周易集解》引干宝《易注》。
② 李鼎祚:《周易集解》引干宝《易注》。
③ 李鼎祚:《周易集解》引干宝《易注》。
④ 李鼎祚:《周易集解》引干宝《易注》。
⑤ 《晋书·姚兴载记》。

为人死形沉归地,神浮归天,招其魂而葬之。诸多名士皆以为然,且盛陈其议。在这宗教唯心主义弥漫之际,干宝毅然奋笔撰《驳招魂议》,和神不灭论展开了针锋相对的论战,指出:"今失形于彼,穿冢于此,知亡者不可以假存,而无者独可以伪有哉?冢圹之间,有馈席本施骸骨,未有为魂神也,若乃钉魂于棺,闭神于椁,居浮精于沉魄之域,匿游气于壅塞之室,岂顺鬼神之性,而合圣人之意乎,则葬魂之名,亦几于逆矣。"①这种说法,从根本上否定了人死魂灵犹在的宗教唯心主义,对那些有神论者无疑是一当头棒喝。

由于干宝具有无神论思想,因而,在他的史学理论中就贯彻了一些唯物主义观点。我们知道,班固是一位典型的历史唯心主义者,天意直接支配王朝兴亡盛衰的思想散见于《汉书》各篇。荀悦《汉纪》借西汉史事竭力宣扬"天人感应"之说,并且把统治者的道德作为社会治乱的决定因素。陈寿《三国志》通过对三国历史的叙述,运用阴阳五行学说大肆宣扬天人感应的天命思想和皇权神授的神学史观,为巩固封建统治制造理论。范晔《后汉书》每每表现出对图谶、符瑞、术数、禁忌等封建迷信的肯定。沈约更是一个有神论者,不仅整个《宋书》充满了神秘主义的色彩,而且还以《天文》《符瑞》《五行》三志十二卷的篇幅,集中宣扬天命思想,并通过对符命、望气、灾异、星占、谶书、巫卜、隐语的记载,来证明天命有数和皇权神授之应验。萧子显《南齐书》也大力宣扬因果报应和天命思想,认为王朝的更替完全是天意的安排,人只能顺

---

① 《通典》卷一百三引干宝《驳招魂议》。

从天意,而不能违背天意。因此,尽管自魏晋以来,史学范围扩大,史书体裁增加,史籍数量众多,"一代之史,至数十家"①,在编纂学上取得了空前的成就,但是,在史学思想的主旋律上跳动的却是唯心主义那僵滞、虚妄而迂腐的音符。然而,干宝却独树一帜,与这种史学思潮相对立,在国家兴亡问题的探讨上,表现出一种难能可贵的唯物主义历史观。当时,面对西晋王朝迅速倾覆的现实,很多史家凭着阶级的本能,都在寻找它的根源,有的蹈袭女人是祸水的传统偏见,把贾后当作"亡国"之因;有的囿于一端,仅仅从直接体验中视玄虚放诞之风为"亡国"之由。与此相反,干宝则强调指出:"天下,大器也;群生,重畜也。爱恶相攻,利害相夺,其势常也。"②在他看来,人与人之间,为了他们各自的利益而相互攻杀、争夺,是历史发展的必然,但也正是由于这种"相攻"与"相夺",使得天下"积水于防,燎火于原,未尝暂静也"③。由此出发,他上溯西晋开国之初,下及愍帝之末,历数昏君无能,朝臣植党营私所造成的社会弊端,通过正确地分析西晋五十多年的历史,总结出"其所由来者渐矣,岂特系一妇人之恶哉"④。他认识到晋室迅速崩溃的一个很重要的原因在于"树立失权,托付非才,四维不张,而苟且之政多也"⑤。这就批判了那种把贾南风当作亡国之因的唯心史观。更为重要的是,干宝坚决反

---

① 《隋书·经籍志》。
② 干宝:《晋纪总论》,见《文选》。
③ 干宝:《晋纪总论》,见《文选》。
④ 干宝:《晋纪总论》,见《文选》。
⑤ 干宝:《晋纪总论》,见《文选》。

对谶纬、征祥之说，他认为国家的兴亡盛衰，不在于天命鬼神，是由人的行为所决定的。如刘向之谶云："灭亡之后，有少如水名者得之，起事者据秦川，西南乃得其朋。"①干宝说："按愍帝，盖秦王之子也，得位于长安。长安，固秦地也。而西以南阳王为右丞相，东以琅琊王为左丞相。上讳业，故改邺为临漳。漳，水名也。由此推之，亦有征祥，而皇极不建，祸辱及身，岂上帝临我而贰其心？将由人能弘道，非道弘人者乎。"②总之，干宝能够从客观形势和主观人谋的结合上探寻国家兴亡治乱之迹，这在一定程度上冲破了唯心主义的藩篱，对天命观是一个有力的批判，特别是在唯心主义泛滥史坛的魏晋南北朝时期，更有其不可低估的意义和影响。但是，由于历史的和阶级的局限，封建史学是不可能排除"天"的因素的，封建史家的思想也不可能完全跳出传统的窠臼，在社会历史观方面都不可避免地渗透着一些唯心主义的思想成分。因此，在同一史家身上，往往体现着进步与落后、正确与谬误、精华与糟粕两个对立的方面。干宝亦然，他虽然能够从"人事"上考察人类社会的发展变化，表现出一种注重"人事"的历史治乱观，但有时又摇摆于"天""人"之际，流露出一些"天命"思想。如他认为，"汤武革命，应天人也"③，"帝王受命而用其终，岂人事乎，其天意乎？"④不过，干宝能够更多地避开"天命""神意"而大加阐释人在客观历史发展中的作用，并能把批判的矛头指向封

---

① 干宝：《晋纪总论》，见《文选》。
② 干宝：《晋纪总论》，见《文选》。
③ 干宝：《论晋武帝革命》，见《文选》。
④ 《史通·曲笔》。

建统治者,特别是封建帝王,在当时已是极少有的进步了。

二、秉笔直书的治史态度

秉笔直书与褒贬义例是我国封建史学亘古已有的两种对立的传统,同时也是封建史学最根本的矛盾之一。由于前者在于把真实的历史传之后世,真正发挥史书的教诫作用,当然要善恶必书,这就难免暴露统治者的丑恶行为,以违忤他们的意志而使得祸戮及身。春秋时齐太史即因书"崔杼弑其君",便为杼所杀。相反,后者是要秉承统治者的旨意,明知真相,偏作伪辞,把历史作为实用的伦理教科书,自然获得当局者的赞扬和捧场,"是以隐侯(沈约)《宋书》多妄,萧武(梁武帝)知而勿尤;伯起(魏收)《魏书》不平,齐宣览而无谴"。因此,在古代封建社会,"唯闻以直笔见诛,不闻以曲词获罪"①。随着封建史学的发展,褒贬义例这一方面日益占据了主导地位,史家据事直书,是要冒风险的,其后果不是"身膏斧钺,取笑当时",便是"书填坑窖,无闻后代"。②诚如韩愈所云:"夫为史者,不有人祸,则有天刑,岂可不畏惧而轻为之哉?"③尽管也有像南史、董狐、司马迁那样申其强颈之风的史学家,但毕竟是少数。一般的史家则是慑于统治阶级的淫威,看风使舵,出卖灵魂,不惜颠倒是非,篡改史实,以获取功名利禄。特别是魏晋以来,"为尊者讳""为亲者讳"的恶劣作风更为普

---

① 《史通·曲笔》。
② 《史通·直书》。
③ 韩愈:《答刘秀才论史书》。

遍,作者往往"用舍由乎臆说,威福行乎笔端……事每凭虚,词多乌有:或假人之美,借为私惠;或诬人之恶,持报己仇。"①显然,在这种历史条件下,欲求实录,殊非易事。"干宝直言,受讥朝士。"②但干宝宁为兰摧玉折,不为瓦砾长存,他不畏强暴,更不像那些鼠凭社贵、狐藉虎威之徒那样追逐个人名利,而是彰善嫉恶,敢于据事直书,揭露历史真相。他十分强调史学的严肃性与客观性。《晋纪》之所以"直而能婉",成为一部严谨征实的著作,给后人提供了认识西晋五十多年历史面貌的可靠资料,是和干宝摒弃主观的曲笔,据实以录的写史态度分不开的。众所周知,陈寿撰史,曲笔颇多,回护过甚,每每替魏晋统治者隐恶溢美。高贵乡公曹髦本为司马昭之党羽成济所杀,但《三国志·高贵乡公纪》只云:"高贵乡公卒,年二十。"且载一司马昭之奏议。这样,在陈寿笔下,司马昭这一弑君的罪魁祸首俨然成为一讨贼之功臣。相反,干宝于此却能据事直书:"高贵乡公之杀,司马文王召朝臣谋其故……"又"成济问贾充曰:'事急矣,若之何?'充曰:'公畜养汝等,为今日之事也。夫何疑!'济曰:'然。'乃抽戈犯跸。"③历史真相昭然若揭。对此,刘知几曾盛加赞誉:"按金行(晋)在历,史氏尤多。当宣(懿)、景(师)开基之初,曹马构纷之际,或列营渭曲,见屈武侯,或发仗云台,取伤成济。陈寿、王隐咸杜口而无言,陆机、虞预各栖毫而靡述。至习凿齿,乃申以死葛走达之说,干令升亦斥以抽戈犯跸之言。历代厚诬,一朝如雪。

---

① 《史通·曲笔》。
② 王应麟:《考史》,见《困学纪闻》卷十四。
③ 《三国志·高贵乡公纪注》引干宝《晋纪》。

考斯人之书事,盖近古之遗直与?"①干宝这种忠实地记载历史事实的精神,震动了当时的整个史坛,强烈冲击着褒贬义例这一消极的史学传统,加强了直笔记实的比重,在当时具有很大的现实意义。

由于干宝能够秉笔直书,打破魏晋以来曲笔回护之习,因而敢于大胆地揭露现实,极力痛斥玄虚放诞之风。他直言不讳地弹劾西晋"朝寡纯德之士,乡乏不二之老,风俗淫僻,耻尚失所,学者以庄老为宗而黜六经,谈者以虚薄为辩而贱名俭,行身者以放浊为通而狭节信,进仕者以苟得为贵而鄙居正,当官者以望空为高而笑勤恪。"②尖锐地指出活跃在当时政治舞台上的都是一群寡廉鲜耻的市侩小人:"毁誉乱于善恶之实,情愿奔于货欲之途,选者为人择官,官者为身择利。而秉钧当轴之士,身兼官以十数,大极其尊,小录其要,机事之失,十恒八九。而世族贵戚之子弟,陵迈超越,不拘资次。悠悠风尘,皆奔竞之士"③,"民风国势如此,虽以中庸之才,守文之主治之,辛有必见之于祭祀,季札必得之于声乐,范燮必为之请死,贾谊必为之痛哭,又况我惠帝以放荡之德临之哉!"④更有甚者,他还借刘毅之口,痛斥晋武帝不及汉桓、灵帝,"桓、灵卖官,钱入于官,陛下卖官,钱入私门"⑤。这在仍是司马氏为政的东晋,是要有很大勇气和一定责任感的。我们知

---

① 《史通·直书》。
② 干宝:《晋纪总论》,见《文选》。
③ 干宝:《晋纪总论》,见《文选》。
④ 干宝:《晋纪总论》,见《文选》。
⑤ 《文选·晋纪总论注》引干宝《晋纪》。

道,魏晋之世,战争频仍,变故迭起,加之曹氏、司马氏忍戾嗜杀,不仅广大劳动人民惨遭荼毒,文人学士亦多不能幸免,诚所谓"天下多故,名士少有全者"。仅有晋一代的文人,因政治上的牵连,死于非命者便不可胜计,陆机、陆云、张华、潘岳、郭璞、刘琨、欧阳建等人,即为统治者残杀。现实政治斗争的血雨腥风反映到意识形态领域则是逃避现实、全身避祸的隐逸思想的流行,诸多文人学士为了躲避操戈攘臂的乱世法网的加害而屏息结舌,步入隐逸之途,以达到与世隔绝,忽忽无事的自私目的,充分显示出地主阶级知识分子的软弱性。干宝置身于这种历史条件下,却不与世浮沉,他采取正面揭露和大声疾呼的手段对现实社会进行锋芒毕露的批判,表现出超人的胆略卓识。

三、匡时救世的儒家学说

魏晋时期,伴随着民族矛盾、阶级矛盾和统治集团内部矛盾的日益激化,思想界也经历着一场前所未有的剧烈变动,儒学、玄学、佛教、道教竞相驳难,展开了激烈的斗争,其结果是"儒术不振,玄风犹章"①。长期以来作为中国封建思想体系基础和大纲的儒家思想失去了它至高无上的统治地位而迅速衰微,学者"竟以儒家为迂阔"②,"以儒术清俭为群俗"③,公开痛斥"六经为芜

---

① 刘汝霖:《东晋南北朝学术编年·自序》,中华书局1987年版。
② 《三国志·杜畿附子恕传》。
③ 《文选·晋纪总论注》引刘谦之《晋纪》。

秽"①,"自黄初至晋末……儒教尽矣"②。崇尚"自然""无为"的老庄思想和佛、道两教垄断了当时的精神世界,虚无放诞之论盈于朝野。王应麟曾谓:"老庄之学,盛于魏晋,以召五胡之乱,而道释之徒,皆自胡人崇尚,遂盛于中国。……人心泛然无所底止,而后西方异说,乘其虚而诱惑之。"③钱大昕亦云:"释道俱盛于东晋。"④当时的大官僚何充、王导等也都不"谄于道"即"佞于佛"。那些玄学家们,表面主张"无为",效法"自然",实际上是要达到君主无为,门阀专政,百姓无知无欲,听凭宰割的政治目的。也正是在这种旗帜的遮护下,那些豪门士族一方面放浪形骸,纵情淫乐,过着"熏衣剃面,傅粉施朱"⑤的腐朽糜烂的寄生生活;另一方面,恣意肆虐,毒焰漫天,使得"庶政陵迟,风俗大坏"⑥,茫茫禹域,几无宁日。晋主只不过是大乱中的傀儡,"虽有南面之尊,无总御之实,宰辅执政,政出多门,权去公家,遂成习俗"⑦。面对这种内祸滋漫、生灵涂炭,极易造成外敌入侵的悲惨局面,那些清谈名士只是发表一些无关国计民生的空洞言论,这样的例证在《世说新语》中屡见不鲜。这充分反映了当时士大夫腐朽堕落的生活情趣和空虚无聊的精神状态。而干宝不同,他虽然生活在如此污浊腐败的社会环境里,却有着强烈的政治抱负,他

---

① 嵇康:《难自然为学论》。
② 《宋书·臧焘传论》。
③ 王应麟:《杂识》,见《困学纪闻》卷二十。
④ 钱大昕:《十驾斋养新录》卷十八。
⑤ 《颜氏家训·劝学》。
⑥ 吕东莱:《晋论》。
⑦ 《晋书·姚兴载记》。

立足现实,提倡儒家学说中"仁政""民本"的进步思想,希冀圣贤再世,以挽救"仁义幽沦,儒雅蒙尘,礼崩乐坏,中原倾覆"①的社会颓势,实现天下一统、朝政清明、人乐其生的理想社会。

"君君、臣臣、父父、子子"的儒家学说,既要求人们尽忠尽孝,恪守"忠孝节义"的伦理道德;但同时又要求统治者实行"仁政",以民为本,以"仁爱"之心对待人民。鉴于当时由于门阀专政造成的僭越无常,上下无章,王权统治岌岌可危的社会弊端,干宝遵循儒家忠孝信义的道德准则,要求人们"言必忠信,行必笃敬",他认为这样便"可以取信于神明,无尤于四海"。②他极力反对西晋那种上下失次、尊卑无序的社会现象,愤然抨击道:"先时而婚,任情而动,故皆不耻淫逸之过,不拘妒忌之恶,有逆于舅姑,有反易刚柔,有杀戮妾媵,有黩乱上下,父兄弗之罪也。天下莫之非也。又况责之闻四教于古,修贞顺于今,以辅佐君子者哉?礼法刑政,于此大坏。"③他要求各级官吏严谨守法,各尽其职,"从事中郎之职,各掌其所治之曹,而纪纲之事体,参辅谋议。左长史掌职,检其法宪,明其分宪、椽属之职,敦明教义,肃励清风,非礼不言,非法不行,以训群吏,以贵朝望,各掌其所治之曹"④。但是,干宝并不像正统儒家那样单纯地强调人臣忠君,而是把"君"与"臣"置于一个统一体中,同时强调两个方面,不偏废任何一方。他首先要求君主实行"仁政",他说:"体仁正己,

---

① 《晋书·范宁传》。
② 李鼎祚:《周易集解》引干宝《易注》。
③ 干宝:《晋纪总论》,见《文选》。
④ 干宝:《晋纪总论》,见《文选》。

所以化物。"①他盛赞"周家世积忠厚，仁及草木"②，在《晋纪总论》中以大量篇幅讲周代的"仁政"。他认为，西晋之所以"受遗辅政，屡遇废置"，就在于"宣、景遭多难之时，务伐英雄，诛庶桀以便事，不及修公刘太王之仁也。"③其次，要求君主讲求"德治"，他说："君子之行，动静可观，进退可度，动以成德，无所苟行也。"④并且必须是"位弥高，德弥广"⑤。只有这样，"百姓皆知上德之生己，而不谓浚己以生也。是以感而应之，悦而归之，如晨风之郁北林，龙鱼之趣渊泽也"⑥。干宝在强调君主实行"仁政""德治"的同时，还充分肯定"法治"的社会作用，他说："昔之有天下者，所以长久也，夫岂无僻主，赖道德典刑，以维持之也。"⑦主张君主治世，要威德相济，"设礼文以治之，断刑罚以威之"⑧。更值得强调的，是干宝那可贵的民本思想。自春秋开始，民本思想就成为古代史学园地里的一个优良传统，统治集团中一些有政治远见的人物，往往把人民的支持与否看成是决定国家盛衰的主要因素。干宝在继承前辈史家民本思想的同时，又有进一步的发展，他说："爰及上代，虽文质异时，功业不同，及其安民

---

① 《太平御览》卷二九引干宝《司徒议》。
② 马国翰：《玉函山房辑佚书·经编周官礼类·干氏周易注》。
③ 干宝：《晋纪总论》，见《文选》。
④ 干宝：《晋纪总论》，见《文选》。
⑤ 干宝：《晋纪总论》，见《文选》。
⑥ 干宝：《晋纪总论》，见《文选》。
⑦ 马国翰：《玉函山房辑佚书·经编周官礼类·干氏周易注》。
⑧ 李鼎祚：《周易集解》引干宝《易注》。

立政者,其揆一也。"①在干宝看来,虽然时代前进了,社会发展了,统治阶级的治国措施也改变了,但在"安民立政"这一点上却是一致的,因为"民情风教",乃"国家安危之本也"②。他把国家比作"城"与"木",视人民为"基"与"根",强调指出:"基广则难倾,根深则难拔。"③他充分认识到人心的向背是统治阶级能否实现其统治的决定因素。一个国家,一旦失去了人民的拥护,也就失去了存在的可能。因此,他告诫统治者:"圣王先成其民,而后致力于神。"④大声疾呼:"省民之情,以制作也。"⑤这种旗帜鲜明地把人民看作国家主体的观点是极珍贵的,对自古以来君主独断独行,轻视民众的统治制度是一个有力的批判。

"仁政""民本"思想是儒家学说中民主性精华所在。纵观我国封建社会的发展史不难发现,每当统治政权岌岌可危之时,一些进步的政治家、思想家、史学家总是打起儒家"仁政""民本"思想的旗帜,要求改良政治,以拯国济民,因而也都在不同程度上为社会政治、经济的发展做出了贡献。而干宝正是晋代这种进步史家中的先行者。

四、参得失的鉴戒史观

通过撰写史书记载历史上统治者为政的成败得失,而为当朝统

---

① 干宝:《晋纪总论》,见《文选》。
② 干宝:《晋纪总论》,见《文选》。
③ 干宝:《晋纪总论》,见《文选》。
④ 李鼎祚:《周易集解》引干宝《易注》。
⑤ 李鼎祚:《周易集解》引干宝《易注》。

治者提供借鉴,服务于现实政治,本是我国史学的一个古老传统,早在孔子修《春秋》时,即躬行有得,"《春秋》者,所以记成败也。"①司马迁《史记》亦"原始察终,见盛观衰"②。荀悦《汉纪》于此亦用力非浅,其《目录》云:缀叙旧书,"以述汉纪……中兴以前,一时之事,明主贤臣,规模法则,得失之轨,亦足以监矣。"公开表明史书的鉴戒作用。晋代司马彪以为:"先王立史官,以书时事,载善恶以为沮劝,撮教世之要也。"③干宝继承了前辈史家的这一优良传统,他面对当时朝政腐败,纪纲大弛,社会混乱的严酷现实,深为羽翼未丰的东晋政权而担忧,痛感历史的经验教训对当朝社会的直接资治作用,他力图把历史特别是前朝的西晋史作为医治世病的一剂良方。于是,他寄诸史籍,形诸笔墨,在著名的《晋纪总论》中从"得""失"两个方面对西晋一朝治乱成败的经验教训做了全面而深刻的总结。上曾述及,两晋时期,朝政腐败,社会矛盾重重。但这只是置其于中国古代历史之长河而言。如果仅仅就两晋的历史来看,则在西晋宣、景、文、武帝创建时期,尚能不同程度地改良吏治,显擢贤能。而到惠、怀、愍乃至东晋诸帝,大都昏庸无能,他们置国家内忧外患、风雨飘摇于不顾,而专事游荡,纵情淫乐。干宝首先从"得"的方面对宣、景、文、武四帝的治绩发表评论,指出:"昔高祖宣皇帝以雄才硕量,应运而仕,值魏太祖创基之初,筹画军国,嘉谋屡中,遂服舆軫,驱驰三世。性深阻有如城府,而能宽绰以容纳,行任数以御物,而

---

① 《管子》。
② 《史记·太史公自序》。
③ 《晋书·司马彪传》。

知人善采拔，故贤愚咸怀，小大必力。尔乃取邓艾于农隙，引州泰于行役，委以文武，各善其事，故能西擒孟达，东举公孙渊，内夷曹爽，外袭王陵。……世宗承基，太祖继业，军旅屡动，边鄙无亏，于是百姓与能，大象始构矣。玄丰乱内，钦诞寇外，潜谋虽密，而在几必兆，淮浦再扰，而许洛不震，咸黜异国，用融前烈。……至于世祖，遂享皇极，正位居体，重言慎法，仁以厚下，俭以足用，和而不弛，宽而能断，故民咏惟新，四海悦劝矣。"在这里，干宝煞费苦心地告诫东晋统治者：宣帝知人善任，景、文咸黜不端、克笃前烈，武帝重言慎法、仁俭并施、和而不弛、宽而能断，是他们各自"成功"的"秘诀"所在，恳切期望当政者能够从中受到启迪以刷新政治。接着，干宝从"失"的方面对惠帝一朝的政治进行了猛烈抨击："武皇既崩，山陵未干，杨骏被诛，母后废黜，朝士旧臣夷灭者数十族。寻以二公楚王之变，宗子无维城之助，而阏伯实沈之却岁构，师尹无具瞻之贵，而颠坠戮辱之祸日有。……民不见德，唯乱是闻，朝为伊周，夕为桀跖，善恶陷于成败，毁誉胁于势利。"他尖刻地指斥："二十余年，而河洛为墟，戎羯称制，二帝失尊，何哉？树立失权，托付非才，四维不张，而苟且之政多也。"面对当时"风俗淫僻""耻尚失所""陵迈超越""不拘资次"的民风国势，惠帝非但不改弦易辙，矫厉振饬，以挽国祚于危难之中，反而"以放荡之德临之哉"，难怪乎"怀帝承乱之后得位，羁于强臣；愍帝奔播之后，徒厕其虚名。天下之政，既已去矣"。通过对惠、怀、愍三帝二十多年历史的分析，干宝得出仁义不施、德治未兴、弃贤用佞、清谈玄言是西晋亡国之因的结论。这也是从反面向东晋统治者提出的拯救危亡的几味药方,企图以历史教训使东晋统治者清醒,以免重蹈覆辙。

据上所述,可以清楚地看出,干宝"参得失"的鉴戒史观有两个显著的特点。第一,它以直接汲取历史经验教训的形式出现,表现为对历史上治世的具体措施的探索,不同于那种通过褒贬以封建伦理纲常来整顿封建等级秩序及思想意识的鉴戒史观,这无疑对于当时"彰善瘅恶,树之风声"①的"裁量人物"的史学风气是记一迎头痛击。第二,就内容而言,干宝在赞其"得"的同时,亦不遗余力地揭露其"失",不像《汉书》《汉纪》那样溢美扬善。这也是由干宝秉笔直书,揭露现实的史学思想所决定的。

干宝"参得失"的鉴戒史观,在我国古代史学史上有着深远的影响。南朝宋范晔说其《后汉书》"欲因事就卷内发论,以正一代得失"②。南朝陈的何之元以为梁朝的"兴亡之运,盛衰之迹,足以垂鉴戒,定褒贬",遂"究其始终",作《梁典》三十卷。③ 宋代司马光明确指出其《资治通鉴》旨在"穿探治乱之迹,上助圣明之鉴"④,因而"专取关国家盛衰,系生民休戚,善可为法,恶可为戒者"⑤而书之。史书的鉴戒作用愈来愈受到人们的重视。

综上所论,在两晋那种社会动乱、民生凋敝、思想空虚、学风日偷的年代,干宝不像隐逸之士那样不屑世事,也不像佛门弟子那样无虑无营,更不像清谈玄学家那样狂诞悖戾,而是在史学思想上

---

① 《文心雕龙·史传》。
② 范晔:《狱中与诸甥侄书》。
③ 《陈书·文学传》。
④ 司马光:《谢赐〈资治通鉴序〉表》。
⑤ 胡三省:《新注〈资治通鉴〉序》。

另辟蹊径，走了自己独特的道路，超过了与他同时或相距不远的一些史家，对推动我国古代史学的发展做出了一定贡献。不过，任何一个历史学家，总要受时代的制约，他们的思想总会从不同方面和不同程度上或多或少地反映出该时代的特点和状况。干宝毕竟是生活在佛教思想占统治地位的历史条件下，鬼神、符瑞、因果报应等封建迷信不能不使他受到侵袭而在其思想上有所体现，想完全摆脱是不可能的。因而，干宝虽然具有朴素唯物主义历史观，可有时又在心灵深处潜移默化地接受着佛门"三世轮回"、因果报应一套神学说教的影响。例如，《搜神记》虽则讴歌了许多反抗压迫、为民除害的英雄事迹，形象而逼真地再现了古代劳动人民勤劳勇敢、真挚相爱的高尚品质，但更多的笔墨则是对鬼神迷信和封建道德的宣扬，其中反映着干宝的轮回报应思想。鲁迅曾经指出："其书于神祇、灵异、人物变化之外，颇言神仙五行，又偶有释氏说。"[①]同样，在《晋纪》里也可以看到干宝的因果报应思想，其表现方式是用一些自然现象来附会社会现象。不过，值得强调的是，干宝的因果报应思想有一个很大的特点，即愤世嫉俗、憎恨暴恶，往往把一些自然现象和社会现象看作是坏人当道、顽凶肆虐的结果。毋庸讳言，这是一种既无一定逻辑思维形式又未形成一定理论体系的低级庸俗的报应思想，但也应该承认，它在当时对于抑制统治者的残酷无情和奸贼佞臣的为非作歹具有一定积极意义。

（原载《史学史研究》1987年第3期）

[①] 鲁迅：《中国小说史略》，见《鲁迅全集》第8卷，人民文学出版社1957年版。

下编　魏晋南北朝　◆

论裴松之的史学思想

裴松之(372—451),字世期,南朝宋河东闻喜(今山西闻喜县)人,我国古代杰出的史学家之一。其所撰《三国志注》,内容宏富,独具特色,具有十分重要的史学价值。长期以来,人们相继围绕该注从史籍注释、史学考证、史学评论等方面对裴松之的史学成就做了深入的研究,并已发表了诸多论著。然而关于裴松之的史学思想,迄今尚无人探讨,这直接影响到对裴松之这位史学大家的史学成就的全面总结与评价。本文钩沉古史,试图对裴松之的史学思想略作胪论,以为引玉之砖。

裴松之一生的著作,除《三国志注》外,尚有《晋纪》《宋元嘉起居注》《裴氏家传》《集注丧服经传》《裴松之集》五种。但这五种著作均早已亡佚。故此,本文的论述主要依靠《三国志注》。就这部著名史注来看,裴松之具有比较丰富的史学思想,综核其要,条析如下。

一、进步的社会历史观

裴松之继承和发展了《左传》《史记》关于历史进化的思想,

承认社会历史是不断发展变化的。他说:"淳薄异时,质文殊用,或当时则荣,没则已焉,是以遗风所被,实有深浅。"①而且他认为任何事物的发展变化总是后来居上。他很赞同孔子的学生宰我所作的"以予观夫子,贤于尧舜远矣""生民以来,未有盛于孔子者也"的评论。他说:"周监二代,斯文为盛。然于六经之道,未能及其精致。加以圣贤不兴,旷年五百,道化陵夷,宪章殆灭,若使时无孔门,则周典几乎息矣。夫能光明先王之道,以成万世之功,齐天地之无穷,等日月之久照,岂不有逾于群圣哉?"②在裴松之看来,尽管唐尧、虞舜是中国上古之世的圣贤之君,但孔子还是远远地超过了他们。

基于上述发展变化的思想,对一些重大的政治制度,裴松之能够从历史进化的观点给予比较合理的分析。如关于分封制这个历代史家和政论家聚讼纷纭的问题就是如此。他对曹魏实行分封制深表不然,他借孙盛之口指出:"异哉魏氏之封建也!不度先王之典,不思藩屏之术,违敦睦之风,背维城之义。汉初之封,或权侔人主,虽云不度,时势然也。"③在他看来,汉初实行分封制,虽然酿成了诸侯僭越、权侔人主的严重后果,但这是历史发展的客观形势促成的。因此,魏氏王朝就要根据新的历史形势,以前朝为鉴,实行新的政治制度,而不能步人后尘,再行分封制。这种精辟独到之见,显然超过了那种对于分封制要么全盘肯定,要么全盘否定的不科学的观点,在当时具有现实意义。

---

① 《三国志·崔林传》。
② 《三国志·崔林传》。
③ 《三国志·陈思王植传》注引。

由于裴松之具有一定的历史进化的思想,因而在他的史学中就贯彻了一些唯物主义观点。我们知道,魏晋以来,由于时代的大动乱、统治阶级内部的自相残杀和人民生活的极度痛苦,导致佛教迅速传播。统治阶级以佛教作为麻醉人民的思想工具,以达到维护其统治的目的,而劳苦大众由于生活的困苦不堪,亦往往在佛教中寻求精神寄托。因之,上自帝室,下至平民百姓,皆信奉浮屠之学,"事佛者十室而九"①,遁世超俗、出家为僧的现象非常普遍,宗教迷雾充斥整个社会,神不灭的唯心主义思潮甚嚣尘上。史学作为社会意识形态的组成部分,深受这种社会思潮的影响。许多著名的史学家都在其论著中或多或少地表露出一些唯心主义的倾向,在不同程度上充当着神学史观和天命思想的渲染者。比如,陈寿《三国志》通过对三国历史的叙述,运用阴阳五行学说大肆宣扬"天人感应"的天命思想和皇权神授的神学史观。范晔《后汉书》每每表现出对图谶、符瑞、术数、禁忌等封建迷信的肯定。然而,裴松之却独树一帜,与这种史学思潮相对立,在事物成败和国家兴亡问题的探讨上表现出一种难能可贵的唯物主义历史观。例如,他坚决反对神仙方术之学,认为它迷惑人心,不足为信。他说:"神仙之术,讵可测量,臣之臆断,以为惑众,所谓夏虫不知冷冰耳。"②由此出发,裴松之否定符瑞祯祥与报应论,反对人们求助于神,把设符弄鬼看成是将亡的征兆,他引用孙盛之语指出:"国将兴,听于民;国将亡,听于神。……伪设符令,求福妖邪,

---

① 《晋书·姚兴载记》。
② 《三国志·吴范刘惇赵达传评》注。

将亡之兆,不亦显乎!"①裴松之认为,客观形势和人为的作用是事情成败、国家兴亡的主要根由。例如,他在论述曹操在赤壁之战中惨败的原因时指出:"赤壁之败,盖有运数。实由疾疫大兴,以损凌厉之锋,凯风自南,用成焚如之势。"②这就是说,疾疫大兴、南风助燃是曹操惨败的重要原因。再比如,对吴国败亡之因的探讨,裴松之说:"孙权横废无罪之子,虽为兆乱,然国之倾覆,自由暴皓。若权不废和,皓为世适,终至灭亡,有何异哉?此则丧国由于昏虐,不在于废黜也。设使亮保国祚,休不早死,则皓不得立。皓不得立,则吴不亡矣。"③固然裴松之把吴国的灭亡完全归咎于吴之末帝孙皓的暴虐无道,并进而得出"皓不得立,则吴不亡矣"的结论,未免有把问题绝对化的痕迹,但他完全抛弃"天命""鬼神"一类荒诞不经的说教而着重从"人事"方面来分析吴国灭亡的原因,却是十分正确而有价值的做法。尤其需要指出的是,裴松之非常注重人的才能对社会发展、王朝兴衰的影响。他认为,在统治阶层中,品行端正、才华出众的人将对人类社会的逆转前行产生直接的影响。相反,那些才能低下的统治者将不会发挥多大的作用。例如,他评价刘禅、费祎对蜀国的兴衰所起的作用时指出:"刘禅凡下之主,费祎中才之相,二人存亡,固无关于兴丧。"④所有这些,都说明裴松之具有一种进步的社会历史观。

---

① 《三国志·吴主传》注引。
② 《三国志·贾诩传》注。
③ 《三国志·吴主传评》注。
④ 《三国志·三少帝纪》注。

二、反对空谈浮虚,主张求实致用

魏晋南北朝时期,伴随着民族矛盾、阶级矛盾和统治集团内部矛盾的日益激化,思想界也经历着一场前所未有的剧烈变动,儒学、玄学、佛教、道教竞相驳难,展开了激烈的斗争,其结果是"儒术不振,玄风犹章"①。长期以来作为中国封建思想体系的基础和大纲的儒家思想失去了它至高无上的统治地位而迅速衰微,学者"竟以儒家为迂阔"②,"以儒术清俭为群俗"③,公开痛斥"六经为芜秽"④,"自黄初至晋末……儒教尽矣"⑤。崇尚"自然""无为"的老庄思想和佛、道两教垄断了当时的精神世界,虚无放诞之论盈于朝野。那些玄学家们,表面上主张"无为",效法"自然",实际上是要达到君主无为,门阀专政,百姓无知无欲、听凭宰割的政治目的。也正是在这种旗帜的遮护下,那些豪门士族一方面放浪形骸,纵情淫乐,过着"熏衣剃面,傅粉施朱"⑥的腐朽糜烂的寄生生活;另一方面,恣意肆虐,毒焰漫天,有的割据一方,拥兵自重;有的挟朋树党,致以贿成;有的凌辱朝廷,幽摈宰辅。致使"庶政陵迟,风俗大坏"⑦,茫茫禹域,几无宁日。面对

---

① 刘汝霖:《东晋南北朝学术编年·自序》,中华书局1987年版。
② 《三国志·杜畿附子恕传》。
③ 《文选·晋纪总论》注引刘谦之《晋纪》。
④ 嵇康:《难自然为学论》。
⑤ 《宋书·臧焘传论》。
⑥ 《颜氏家训·劝学》。
⑦ 吕东莱:《晋论》。

这种内祸滋漫、生灵涂炭，极易造成外敌入侵的悲惨局面，那些清谈名士只是发表一些无关国计民生的空洞言论，这样的例证在《世说新语》中屡见不鲜。这充分反映了当时士大夫腐朽堕落的生活情趣和空虚无聊的精神状态。而裴松之不同，他虽然生活在如此污浊腐败的社会环境里，却有着强烈的政治抱负，他立足现实，坚决反对那种清谈玄虚、不务实学的社会风气，极力提倡经世致用之学。他说："辨章事理，贵得当时之宜，无为虚唱大言而终归无用。浮诞之论，不切于实，犹若画魑魅之象，而瞋于犬马之形也。……空论刑措之美，无闻当不之实哉？其为迂阔，亦已甚矣。"①为此，他借孙盛之口，再次强调指出："若乃浮虚是崇，偷薄斯荣，则秉直仗义之士，将何以礼之？"②

尤为可贵的是，裴松之能够把这种摒弃浮虚、力求致用的思想直接运用到对于历史人物的评价上。凡是那些反对浮诞，崇尚实学的历史人物，他都给予一定的赞扬和肯定。如西晋裴頠平时深患时俗放荡，不尊儒术，遂著《崇有论》，批评何晏、阮籍"口谈浮虚，不遵礼法"，并谴责王衍等人"不以物务自婴"。裴松之对此大加赞赏，他盛誉裴頠"理具渊博，赡于论难，著《崇有》《贵无》二论，以矫虚诞之弊，文辞精当，为世名论"③。

毫无疑问，裴松之反对浮虚、讲求务实致用的史学思想既不像唐代杜佑、宋代郑樵那样完整深刻，又不如清代顾炎武、章学诚那样形成系统的理论体系，但在当时那种空谈浮虚、不务实学的社会

---

① 《三国志·高柔传》注。
② 《三国志·法正传》注引。
③ 《三国志·裴潜传》注。

风气占据主导地位的时代环境里,堪称异军突起,给学界以振聋发聩的影响,对于扭转不良的治学倾向和医治社会弊端起到了很大的积极作用。

三、反对暴虐无道,提倡忠孝节义

在我国古代社会发展史上,魏晋南北朝是社会矛盾重重、危机四伏、战争频仍的动荡年代。在政治上,统治集团内部矛盾、阶级矛盾和民族矛盾相互交错,政局显得特别动荡不安;在经济上,士族地主椎埋攻剽,多畜奴婢,田宅无限,而广大劳动人民啼饥号寒,濒于死亡之绝境。在这种历史条件下自然形成"宰辅执政,政出多门"的门阀专政的政治格局,僭越无常、上下无章、暴酷骄恣、昏虐无道成为一种普遍的社会现象。这直接影响到国家的统一与社会的安定。素以"立身简素""勤恤百姓"①著称的裴松之慨然有感于此。他切齿痛恨统治阶级暴虐无道的治国之道,他采用纵向回溯的手法愤然指出:"桀、纣无道,秦、莽纵虐,皆多历年所,然后众恶力著。董卓自窃权柄,至于陨毙,计其日月,未盈三周,而祸崇山岳,毒流四海。其残贼之性,实豺狼不若。……袁术无毫芒之功,纤介之善,而猖狂于时,妄自尊立,固义夫之所扼腕,人鬼之所同疾。"②尤其是他还借孙盛之口大声疾呼:"古之立君,所以司牧群黎,覆焘万物;若乃淫虐是纵,酷被群生,则

---

① 《宋书·裴松之传》。
② 《三国志·董卓传评》注。

天殛之,剿绝其祚,夺其南面之尊,加其独夫之戮。"①凡是昏虐无道之人,无论其权势大小,也无论其政治地位高低与否,都受到裴松之的大力挞伐,如他谴责曹魏于禁"肆其好杀之心,以戾众人之议"②,痛斥孙权"不爱其民,昏虐之甚"③。

历史学作为一门以阐明人类社会发展过程,研究社会现象及其规律为对象的科学,具有"通古启今""鉴往知来"这一为其他学科所不具备的特殊社会功能。而立足现实,通过对历史的剖析、反思与评论,便是一种很好的以史为鉴的治学途径,因为它直接为规切时弊、刷新政治提供了强有力的历史依据。裴松之借为《三国志》作注之机,对以往昏虐无道之人进行无情的揭露与批判,目的在于给当时的统治者敲响警钟,以免重蹈前人覆辙。

出于同样的目的,在反对昏虐无道的同时,裴松之高唱"君臣之义",提倡儒家"忠孝节义"的伦理道德。他一方面分别借孙盛、干宝之论指出:"夫士虽百行,操业万殊,至于忠孝义节,百行之冠冕也"④,"古之烈士,见危授命,投节如归,非不爱死也,固知命之不长而惧不得其所也"⑤。另一方面,直接表白自己的看法:"古之舍生取义者,必有理存焉,或感恩怀德,投命无悔;或利害有机,奋发以应会。"⑥并且以"忠"为例做具体说明:"忠至

---

① 《三国志·三嗣主传评》注引。
② 《三国志·于禁传》注。
③ 《三国志·吴主传》注。
④ 《三国志·姜维传》注引。
⑤ 《三国志·姜维传评》注引。
⑥ 《三国志·三少帝纪》注。

之道,以亡己为理。是以匡救其恶,不为身计。"①在裴松之看来,作为臣子,为了效忠君主,可以献出自己的身家性命,而决不能做因"食人之禄"而不能"死人之事"的动摇变节之臣。他之所以对曹魏郭修颇多微词,就在于"郭修在魏,西州之男子耳,始获于蜀,既不能抗节不辱,于魏又无食禄之责,不为时主所使,而无故规规然靡身于非所,义无所加,功无所立"②。

也许会有人指出,这种"忠孝节义"的思想是消极落后的,无可称道。我们的回答是否定的。因为"在分析任何一个社会问题时,马克思主义理论的绝对要求,就是要把问题提到一定的历史范围之内"③。任何一种思想意识都必须和它并存的社会政治、经济诸因素放在一起来分析。在当时宰辅执政,僭越无常,国家处于分裂割据的风雨飘摇的紧要关头,裴松之以国计民生为怀,宣扬儒家"忠孝节义"的伦理道德,企图通过对作古之人的褒扬或批评,来纠正士人风气,缓和社会矛盾,改变那种上下失次、纪纲大弛的历史现状,以求封建统治的长治久安。因此,我们说,在当时历史条件下,裴松之提倡儒家"忠孝节义",相对于发表空洞言论的士大夫阶层,就其主观愿望来说要高出一筹,而且在客观上也起到了一定的积极作用。

---

① 《三国志·杨阜传》注。
② 《三国志·三少帝纪》注。
③ [苏联]列宁:《列宁选集》第4卷,人民出版社1972年版,第290页。

四、反对任情褒贬,力主据事直书

如果说直书与曲笔是我国古代社会普遍存在的一种史学现象,那么这一现象在魏晋南北朝时期就显得更为突出。因为这一时期"朝代更迭频繁,政治斗争激烈,写史是一件在政治上相当尖锐的工作"①。这对每个史家都是严峻的考验,要么直书受讥,要么曲笔求全,直书与曲笔的斗争表现得甚为激烈。而任情褒贬的曲笔之风一时尤盛。这又是由于自曹魏以来,各朝相继实行"九品中正制"的选举制度,该制度的重点在于品评人物。既然对所选拔的士人都要进行一番评论,那么相应地也就离不开褒贬,由此促使褒贬人物的史学思想进一步发展,"为尊者讳""为亲者讳"的恶劣作风比较普遍。一些史家在关系到自己切身利害关系的问题上很难据事直书,往往是"用舍由乎臆说,威福行乎笔端……事每凭虚,词多乌有:或假人之美,借为私惠;或诬人之恶,持报己仇。"②王沈《魏书》,"多为时讳,殊非实录"③。陈寿《三国志》,曲笔颇多,回护过甚,每每替魏晋统治者隐恶溢美。沈约撰《宋书》,"舞词弄札,饰非文过"④,使许多历史事实乖违颠倒,混淆不清。魏收修《魏书》,更不乏恣意曲笔、褒贬不当之处。

---

① 白寿彝:《中国史学史》第一册,上海人民出版社1986年版,第61页。
② 《史通·曲笔》。
③ 《史通·古今正史》。
④ 《史通·曲笔》。

他"性憎胜己,喜念旧恶,甲门盛德与之有怨者,莫不被以丑言,没其善事。迁怒所至,毁及高曾……由是世薄其书,号为'秽史'"①。

不过,仍有一些中正不倚的史家敢于与那种任情褒贬的史学思潮相对立,坚持秉笔直书的原则。裴松之就是其中之一。他曾因鉴于官僚地主之家"世立私碑,有乖事实",上表朝廷,建议严加限制。他说:"碑铭之作,以明示后昆,自非殊功异德,无以允应兹典,大者道动光远,世所宗推;其次节行高妙,遗烈可纪。若乃亮采登庸,绩用显著,敷化所莅,惠训融远,述咏所寄,有赖镌勒。非斯族也,则几乎僭黩矣。俗敝伪兴,华烦已久。是以孔悝之铭,行是人非;蔡邕制文,每有愧色。而自时厥后,其流弥多。预有臣吏,必为建立。勒铭寡取信之实,刊石成虚伪之常,真假相蒙,殆使合美者不贵。但论其功费,又不可称,不加禁裁,其敝无已。以为诸欲立碑者,宜悉令言上,为朝议所许,然后听之。庶可以防遏无征,显彰茂实,使百世之下知其不虚,则义信于仰上,道孚于来叶。"②这充分说明,裴松之尽管出身世代官僚家庭,但却能识破自东汉以来官僚地主虚自标榜的恶习,并大胆地予以揭露,表现出一位历史学家坚定正直、峻节凛然的精神风貌。

在史官修史方面,他认为:"史之记言,既多润色,故前载所述有非实者矣,后之作者又生意改之,于失实也,不亦弥远乎!"③所以,他尖刻地指斥那些"未能识别然否,而轻弄翰墨,妄生异

---

① 《史通·古今正史》。
② 《宋书·裴松之传》。
③ 《三国志·武帝纪》注。

端"之人,"实史籍之罪人"①。 正因为裴松之反对任情褒贬,力求秉笔直书,所以在《三国志注》中,对陈寿和其他所引史家任情褒贬、文过饰非之处多加考辨订正。 比如,高贵乡公曹髦本为司马昭之党羽成济所杀,但陈寿慑于司马氏的赫赫权势,在《三国志·高贵乡公纪》中只云:"高贵乡公卒,年二十。"不见被杀之迹,反载太后之令,言高贵乡公悖逆不道,自陷大祸。 历史事实遭到严重歪曲。 裴松之在为《高贵乡公纪》作注时,引习凿齿《汉晋春秋》、干宝《晋纪》、孙盛《魏氏春秋》等文献典籍,比较详细地写出高贵乡公被杀的前后经过,使历史真相昭然若揭。

综上所论,在魏晋南北朝那种社会动乱、民生凋敝、思想空虚、学风日偷的年代,裴松之不像隐逸之士那样不屑世事,也不像佛门弟子那样无虑无营,更不像清谈玄学家那样狂诞悖戾,在史学思想上另辟蹊径,走着自己独特的道路,取得了多方面的成就,从而对丰富我国古代史学思想体系做出了一定的贡献。

(原载《人文杂志》1996 年第 1 期)

---

① 《三国志·袁绍传》注。

下编 魏晋南北朝 ◆

试论《世说新语注》

南朝宋刘义庆撰《世说新语》，南朝梁刘孝标为之作注，用力甚勤，征引繁博，保存了大量已佚之史料，于辑佚和校勘旧籍颇多贡献。特别是精于纠谬补阙，考订史实，较之原著，更具有史料价值，"故与裴松之《三国志注》、郦道元《水经注》、李善《文选注》同为考证家所引据焉"[①]。但令人遗憾的是，该注历来不为学术界所重视，目下所见已出版的古代史学史、史料学以及史籍举要之类的专著，有的对其只字不提，有的寥寥数语，至于专文研究，迄今不曾问世，究其因，概由《世说新语》是一部文学作品所致。实际上这是很不公允的。本文试就《世说新语注》的特点略作探讨，力图给予恰如其分的评价。

一

《世说新语注》完成于史学发达、史注之风盛行的魏晋南北朝时期，因之颇具特点。现条其荦荦大端，论列如下。

---

① 《四库全书总目》卷一四〇子部小说家类一。

(一)征引繁博

征引繁博是《世说新语注》优于魏晋南北朝时期其他史注的一大特点。检"一家名学"的《国语韦注》,虽则引文三百余条,但引书仅十八种。就是搜罗甚富、备受学者推崇的《三国志注》,所引书目也只有二百余种。而《世说新语注》征引之书,经部三十五家、史部二百八十八家、子部三十九家、集部四十二家、释氏十家,共四百十四家①。广征博引虽不为《世说新语注》开其端,但其引书之多、掘发之广,却是前人难以望其项背的,后人亦很少可以与之相比拟(著名的《水经注》引书三百七十五种)。它一方面反映了注者功力之深,泛览之勤;另一方面亦为学术研究保存了丰富的资料。这一点是应予以肯定的。

(二)条列异同

同记一事,若情节有别,或文字相异,不管是迥别,还是微异,在无确凿证据可以定其是非的情况下,刘孝标则条其异说,并皆抄内,以备异闻。如《世说新语·文学》载袁宏始作《东征赋》,全不言陶范之事,陶以武力相威胁。注引《续晋阳秋》曰:"宏为大司马记室参军,后为《东征赋》,悉称过江诸名望。时桓温在南州,宏语众云:'我决不及桓宣城(桓温)。'"于此孰是孰非,疑不能判之处,刘注只言"二说不同,故详载焉"。又如《世说新语·言语》中说,桓玄篡位后,将改置直馆,以问左右,有一

---

① 沈家本:《世说注所引书目序》。

无名氏引潘岳《秋兴赋叙》以对,玄咨嗟称善。而刘谦之《晋纪》云:"玄欲复虎贲、中郎将,疑应直与不,访之僚佐,咸莫能定。参军刘简之对曰:'昔潘岳《秋兴赋叙》云,余兼虎贲中郎将,寓直于散骑之省。以此言之,是应直也。'玄欢然从之。"与《世说新语》所言有别。对此,刘氏引之并注明:"此语微异,又答者未知姓名,故详载之。"是属之例,不胜枚举。由此可见,有关歧异史载,在未弄清疑窦时,刘氏并存其说,概不轻下论断。这种实事求是的注书方法对当时和后世都有深刻影响,对于抨击那种主观武断的不良学风,产生了一定的积极作用。就是对于今天的史学工作者来说,仍然具有直接的指导意义。同时,由于刘注所引古书大皆亡佚,通过条列异同所保存的各类资料就显得特别珍贵,它为后人再加考核,以正订讹谬,澄清某些历史事实提供了充分条件,为历史研究做出了贡献。

(三)纠纰攻缪

《世说新语注》擅长纠纰攻缪,前人早已指出,唐刘知几说:"孝标善于攻缪,博而且精。"[1]《四库全书总目》亦云:"孝标所注,特为典赡……其纠正义庆之纰缪,尤为精核。"凡义庆原文纰缪显然者,刘氏则引援事实随违矫正,以惩其妄。如《世说新语·文学》:"殷中军(殷浩)为庾公(庾亮)长史"条下,注曰:"按《庾亮僚属名》及《中兴书》,浩为亮司马,非为长史也。"又如《世说新语·捷悟》载王敦率军将至大桁,晋明帝命温峤断桁以截

---

[1] 《史通》卷五。

击,峤未断桁,以致明帝大怒。注曰:"按《晋阳秋》、邓《纪》(邓粲《晋纪》)皆云,敦将至,峤烧朱雀桥以阻其兵,而云未断大桁,致帝怒,大为讹谬。一本云帝自劝峤入,一本作噉饮,帝怒,此则近也。"对于诸如此类的谬误现象,刘氏基本上都以两种以上记载相同的史料用以考辨,富有说服力。另外,对于那些讹舛不甚明了的记载,刘氏更是细心考究,一一辨明正误。如《世说新语·方正》载梅颐曾有惠于陶侃云云。而邓粲《晋纪》云,王敦曾陈兵欲加害陶侃,经其咨议参军梅陶劝谏,乃止。王隐《晋书》所记亦同。刘孝标以此两条资料为主,又据《晋诸公赞》和《永嘉流人名》,知梅陶为梅颐之弟,颐字仲真,陶字叔真,"叔真""仲真",一字之差,二人相误,实有可能。从而得出论断:"按二书(《晋纪》《晋书》)所叙,则有惠于陶,是梅陶,非颐也。"令人信服。尤为值得一提的是,刘氏于祛谬取信的过程中,能够把考据和明理统一起来,既详考其事,又注重据事理辨析,以推论历史事件的真实性。如《世说新语·贤媛》载孙秀欲立威权,逼李重自裁。注曰:"按诸书皆云,重知赵王伦作乱,有疾不治,遂以致卒,而此书乃言自裁,甚乖谬。且伦、秀凶虐,动加诛夷,欲立威权,自当显戮,何为逼令自裁?"使人心服口服。总之,刘孝标注《世说新语》,对其错谬之处,详加考据订正,据笔者粗略统计,达五十七处之多。这在很大程度上提高了《世说新语》的史料价值,其贡献之大,"不第为临川之功臣,并足以规《晋书》矣"①。

---

① 唐修《晋书》,多采《世说》。

(四)增补事实

《世说新语》文字精练,词义隽永,但叙事简单,致使有些重要历史人物的主要生平事迹每每阙如,一些历史事件发生的原因、经过亦多有不明。鉴于此,刘孝标作注,重视增补事实。凡《世说新语》原文过于粗疏、简略之处,则引举事实,详加补充。如《世说新语·政事》:"陶公(陶侃)性检厉,勤于事。"注引《晋阳秋》予以补充:"侃练核庶事,勤务稼穑,虽戎陈武士,皆劝厉之。有奉馈者,皆问其所由。若力役所致,欢喜慰赐,若他所得,则呵辱还之。是以军民勤于农稼,家给人足。性纤密好问,颇类赵广汉。……侃勤而整,自强不息,又好督劝于人,常云:'民生在勤,大禹圣人,犹惜寸阴,至于凡俗,当惜分阴,岂可游逸,生无益于时,死无闻于后,是自弃也。'"陶侃是东晋时期重要历史人物之一,王鸣盛赞誉其为"东晋第一纯臣",他扶正济危,屡建功勋,对巩固中央王权,稳定东晋统治起了重要作用。据刘注所引《晋阳秋》一段,可见其德才之卓尔不群,尤其是在黑暗腐败的东晋一代,更为难得。这是总论陶侃之为人的重要史料。特别是《晋阳秋》已佚,更显得可贵。又如《世说新语·仇隙》:"孙秀既恨石崇不与绿珠。"事情的来龙去脉不明,令人费解。注引干宝《晋纪》曰:"石崇有妓人绿珠,美而工笛,孙秀使人求之……崇竟不许。"着墨不多,而整个事件显得清晰、完整。刘注在增事实的同时,还补其阙漏。如《世说新语·文学》:"袁彦伯(袁宏)作《名士传》,成。"注曰:"宏以夏侯太初(夏侯玄)、何平叔(何晏)、王辅嗣(王弼)为正始名士;阮嗣宗(阮籍)、嵇叔夜

(嵇康)、山巨源(山涛)、向子期(向秀)、刘伯伦(刘伶)、阮仲容(阮咸)、王濬仲(王戎)为竹林名士；裴叔则(裴楷)、乐彦辅(乐广)、王夷甫(王衍)、庾子嵩(庾敳)、王安期(王承)、阮千里(阮瞻)、卫叔宝(卫玠)、谢幼舆(谢鲲)为中朝名士。"《名士传》久佚，不得其详，但据此注，一方面能够了解此书内容编排之大概，《中国历史大辞典·史学史》、刘节先生《中国史学史稿》等史学史专著所言《名士传》，皆以此注为本；另一方面，亦可看出袁宏对于历史人物的评价非常重视，表明当时月旦人物的社会风气十分兴隆，这也从一个侧面反映出魏晋时期的史家，很重视个人对于历史的发展所起的作用。

总之，刘注于《世说新语》缺略之处，着力增补，不啻使之记述更为完整，而且为后世保存了大量难得的史料，颇有裨于史学研究，其功绩不能抹杀。

(五)态度谨严

刘孝标治学详审，态度谨严，遍阅其注，未有主观臆测之感。凡是《世说新语》所记之人或事，查其他诸书而无以资证者，皆注"未详"二字。如《世说新语·言语》："董仲舒放孝子符起"条下，即注"未详"。又如《世说新语·政事》："陈元方年十一时，侯袁公。……袁公曰：'孤往者曾为邺令，正行此事。不知卿家君法孤？孤法卿父？'"刘氏为了搞清哪位袁氏在汉代做过邺令，不辞艰辛，"检众《汉书》"，对有关文献资料钩稽爬梳，认真考察，而结果是"袁氏诸公，未知谁为邺令"。即便如此，他也不否定原著所载，而注曰："故缺其文，以待通识者。"反归责自己浅识寡闻。谦虚、谨慎之至。更值得注意的是,对于那些确有纰漏,但又持之有故,不易推翻的论断,刘氏采取一方面提供线索,一方面疑以传疑的态度。如《世说新语·任诞》:"张骥酒后,挽歌甚凄苦。桓车骑(桓冲)曰:'卿非田横门人,何乃顿尔至致。'"为说明问题,无妨原注照录。注曰:"谯子《法训》云:'有丧而歌者,或曰彼为乐丧也,有不可乎?'谯子曰:'《书》云:四海遏密八音,何乐丧之有?'曰:'今丧有挽歌者,何以哉?'谯子曰:'周闻之:盖高帝召齐田横至千户乡亭,自刎奉首,从者挽至于宫,不敢哭,而不胜哀,故为歌以寄哀音。彼则一时之为矣。邻有丧,春不相引,挽人衔枚,孰乐丧者邪?'按《庄子》曰:'绋讴所生,必于斥苦。'司马彪注曰:'绋,引索也。斥,疏缓也。苦,用力也。引绋所以有讴歌者,为人有用力不齐,故促急之也。'《春秋左氏传》曰:'鲁哀公会吴伐齐,其将公孙夏命歌虞殡。'杜预曰:'虞殡,送葬歌,示必死也。'《史记·绛侯世家》曰:'周勃以吹箫乐丧。'然则挽歌之来久矣,非始起于田横也。然谯氏引礼之文,颇有明据,非固陋者所能详闻。疑以传疑,以俟通博。"这种尊重史实,严肃中正的治学态度是难能可贵的,对后世甚至今天从事古书注释工作者都很有裨益和启发,值得称道和发扬。

二

与魏晋南北朝时期其他史注一样,《世说新语注》不仅有其特点,而且具有重要的价值。

（一）对辑佚古史的贡献

如上所述，《世说新语注》搜罗宏富，补充了大量史料，所用之书达四百余种。虽则所引诸书，十佚其九，但由于刘孝标作注时引以各家原文，且一一注明出处，使后人得以窥其一斑。因而，该注在辑佚古史方面具有很高资料价值。例如，据有史可查的晋史著作有二十三家，虽然诸书全书已亡，但王隐《晋书》、虞预《晋书》、朱凤《晋书》、何法盛《晋中兴书》、沈约《晋书》、干宝《晋纪》、傅畅《晋诸公赞》、孙盛《晋阳秋》、习凿齿《汉晋春秋》、邓粲《晋纪》、徐广《晋纪》、曹嘉之《晋纪》、刘谦之《晋纪》、王诏之《晋安帝纪》、荀绰《晋后略》、桓道鸾《续晋阳秋》等皆在《世说新语注》中有部分引文，这就为后人辑佚诸家晋史提供了方便。清人汤球所辑之二十三家晋史①，采《世说新语注》者甚多。以《晋阳秋》为例，辑本中就有九十余处引自该注。又如陈溶运所辑之邓粲《晋纪》，取材于《世说新语注》《太平御览》《北堂书钞》和《初学记》，共收录四十五条，其中二十四条引录于《世说新语注》，占辑本二分之一还多。至于王仁俊《玉函山房辑佚书补编》、黄奭《汉学堂丛书》等清人辑佚丛书中所辑之晋史，也都依据了《世说新语注》，兹不赘述。《世说新语注》不只是对前人辑佚古史有巨大的贡献，并且对我们今天钩稽佚文，恢复古籍的本来面目，进一步搞好古籍整理工作，亦有着一定的作用。试举一例，《世说新语注》引录有很多汉至梁朝的不同种类的人物

---

① 收入《广雅书局丛书》。

传记,如历代人物传(如魏明帝《海内先贤传》)、地方人物传(如周斐《汝南先贤传》)、时代人物传(如袁宏《正始名士传》)、妇女人物传(如刘向《列女传》)、隐逸人物传(如皇甫谧《高士传》)、僧道人物传(如释慧皎《高僧传》)、氏族家传(如裴松之《裴氏家传》)等。特别是别传甚多(如《桓温别传》),共六十九部。这些人物传记,都从不同角度反映了当时的社会现实,有其史料上的价值和作用,它既可正正史、别史之乖违,又能补正史、别史之不足,诚如欧阳修所云:"古者史官其书有法,大事书于策,小事载之简牍。至于风俗之旧,耆老所传,遗言逸行,更不及书,则传记之说,或有取焉。然六经之文,诸家异学,说或不同;况于幽人处士,闻见各异,或详一时之所得,或发史官之所讳,参求考质,可以备多闻焉。"[①]可惜的是,上举各传很多都已散佚,现又很少有辑本。更令人遗憾的是,《隋书·经籍志》于杂传之列未载别传,《新唐书·艺文志》仅录二十部。如果我们依靠《世说新语注》和《三国志注》《续汉志补注》《文选注》《艺文类聚》《太平御览》《初学记》《北堂书钞》等书(诸书皆引录有传记之作),将各类人物传记汇为一辑,这样,既可以使散失湮没了的古代史籍史实恢复旧观,汉魏古籍得以更趋完整系统,又能在更为广泛的程度上为我们研究当时的社会政治、经济乃至思想、文化诸方面提供丰富的史料。同时亦能促使魏晋南北朝史学研究的深入发展。因为人物传记的发达是这一时期史学发展的一个特点,又是史学兴盛的一种表现。

---

① 欧阳修:《崇文总目》。

(二) 对校勘旧籍的功用

《世说新语注》除引录原文,注明出处外,尚具有"引援详确""记载特详"①、剪裁得当等特点,于重要史事,往往首尾完具,史实连贯。这就为后人校勘旧籍提供了佐证。如《世说新语·方正》:"高贵乡公薨,内外喧哗。"注引《汉晋春秋》和《魏氏春秋》皆云高贵乡公曹髦因司马昭专权独断而率兵予以讨伐,反为太子舍人成济(司马昭之党羽)所杀。在详叙事情原委之后,又引干宝《晋纪》曰:"高贵乡公之杀,司马文王召朝臣谋其故"云云。征此三说,高贵乡公为成济所杀实属信史。这不仅说明《世说新语》所记有误,更重要的是纠正了《三国志》中一大载笔之失。众所周知,陈寿撰史,曲笔颇多,回护过甚,每每替魏晋统治者隐恶溢美。关于高贵乡公之死,《三国志·高贵乡公纪》只云:"高贵乡公卒,年二十。"且载一司马昭之奏议。这样,在陈寿笔下,司马昭这一弑君之罪魁祸首俨然成为一讨贼之功臣。依据刘注,则可以辨明真伪,恢复这一历史事实的真相。又如,晋张勃撰《吴录》,三十卷。已佚。《通志·艺文略》列其为编年类。但《世说新语·赏誉》曰:"吴四姓旧目云:'张文、朱武、陆忠、顾厚。'"注引《吴录·士林》曰:"吴郡有顾、陆、朱、张为四姓,三国之间,四姓盛焉。"可知其书有传。又《初学记》《太平寰宇记》诸书所引称《吴录·地理志》,则其书有志,当属纪传体,殆无疑义。据此可校正《通志·艺文略》之误。除利用《世说新语

---

① 高似孙:《纬略》。

注》纠正正史或其他史书记载上的错谬以外,还可以把该注和别的史注及类书相参照,以校勘所引史籍本身。如《世说新语·文学》"殷中军见佛经,云理亦应阿堵上"条下,注引《魏略·西戎传》一段,记载了汉哀帝元寿元年(前2),博士弟子景卢受大月氏使者口授《浮屠经》一事,是研究佛教开始流传我国的重要史料,在《三国志注》中亦有引录,但两者文字有异,个别人名亦有出入,如同一人物,刘注云"复豆",《三国志注》云"复立"。《魏略》已佚,若就两者进行校勘、考证,方可辨订是非,以纠正谬戾、乖杂之处。

(三)对《世说》《晋书》的贡献

(1)《世说新语注》于纠谬补阙两项所下功夫甚深,这就从不同角度和不同程度上为后人研究汉至东晋时期的历史提供了更为翔实、可靠的资料,相应地,就进一步提高了《世说新语》的史料价值。这一点,上文已约略述及,无须再赘。除此之外,更为重要的是,刘注于《世说新语》所记之正确者,皆引其他史籍以资佐证。这又从另一方面增强了《世说新语》的史料性,足以为治史者之一助。如《世说新语·方正》:"王含作庐江郡,贪浊狼藉。王敦护其兄,故于众坐称:'家兄在郡定佳,庐江人士咸称之。'时何充为敦主簿,在坐,正色曰:'充即庐江人,所闻异于此!'敦默然。旁人为之反侧,充晏然,神意自若。"此语充分反映了何充不避强御、无所阿容的精神,是研究何充的一条重要材料。但其可靠性如何,是否能够作为信实的史料,参考刘注,问题便不难解决。注引《中兴书》曰:"王敦以震主之威,收罗贤俊,辟充为主簿。充知敦有异志,逡巡疏外。及敦称含有惠政,一坐畏敦,击节而已,充独抗之。其时众人为之失色。由是忤敦,出为东海王文学。"与《世说新语》所载一致。综览全注,是属之例,比比皆是。

(2)唐初修《晋书》,除依据其他诸史外,亦大量采用《世说新语》和《世说新语注》,《四库全书总目》说:《晋书》"取刘义庆《世说新语》与刘孝标所注,一一互勘,几乎全部收入。"例如:《世说新语·排调》:"干宝向刘真长"条下,注曰:"《中兴书》曰:'宝字令升,新蔡人。祖正,吴奋武将军。父莹,丹阳丞。宝少以博学才器著称,历散骑常侍。'""叙其《搜神记》"条下,注曰:"《孔氏志怪》曰:'宝父有嬖人,宝母至妒,葬宝父时,因推著藏中。经十年而母丧,开墓,其婢伏棺上,就视犹暖,渐有气息。与还家,终日而苏。说宝父常致饮食,与之接寝,恩情如生。家中吉凶,辄语之,校之悉验。平复数年后方卒。宝因作《搜神记》,中云'有所感起'是也。"刘曰:"卿可谓鬼之董狐"条下,注引"《春秋传》曰"云云。且看《晋书·干宝传》中的两段记载:"干宝字令升,新蔡人。祖统,吴奋武将军、都亭侯。父莹,丹阳丞。宝少勤学,博览书记,以才器召为著作郎。"又"宝父先有所宠侍婢,母甚妒忌,及父亡,母乃生推婢于墓中。宝兄弟年少,不之审也。后十余年,母丧,开墓,而婢伏棺如生,载还,经日乃苏。言其父常取饮食与之,恩情如生。在家中吉凶辄语之,考校悉验。……宝以此遂撰集古今神祇灵异人物变化,名为《搜神记》,凡三十卷。以示刘惔,惔曰:'卿可谓鬼之董狐。'"。两相对照,另无二致。诸如此类的例证,不一而足,由此可见,《世说新语注》对于丰富和充实《晋书》的史料具有不可忽视的作用。

总之,刘注在增强史料价值和提供资料方面分别对《世说新语》和《晋书》做出了一定贡献,其价值不应低估。

(四)对史注研究的作用

史注作为史学的组成部分,与史学的发展互为表里。魏晋南北朝时期,史学发达,史注之风亦随之盛行。以《汉书》为例,据颜师古《汉书叙例》可知,自汉末至陈,为之作注的就有二十三家。但是,这一时期的史注,大都是对于字音字义、名物制度等的解释。如延笃的《史记音义》、应劭《汉书集解》、韦昭《国语注》、晋灼《汉书集注》、徐广《史记音义》、裴骃《史记集解》等即是。到南朝宋裴松之注《三国志》,虽则主要是补充史实,但对字音、字义、名物、地理、典故等方面的注释,亦有相当多的数量[①]。《四库全书总目》云:裴氏"初意似亦欲如应劭之注《汉书》,考究训诂,引证故实"。可见,裴注尚未彻底摆脱史汉旧注所恪遵、沿袭的音韵训诂的传统习俗。而《世说新语注》则不然,它条列异同,对原著进行大量补阙、拾遗,并根据所引资料考辨真伪,指明是非。对字音的解释,通注仅有两处,有关名物、典故的注释,也是寥寥无几。更为重要的是,《世说新语注》对于历史事件和历史人物的注释特为精详。这一点也是裴注所不可及的。如《世说新语·德行》:"邓攸始避难于道中,弃己子,全弟子。"首

[①] 杨翼骧:《裴松之与〈三国志注〉》,《历史教学》,1963年第2期。

先，注引《晋阳秋》介绍了邓攸"清慎平简"的性格，与事件相吻合。然后，引邓粲《晋纪》、王隐《晋书》《晋中兴书》说明了事件发生的原因、发展进程和最后结果，线条清晰，脉络分明。关于历史人物，凡《世说新语》原文中所出现的，都引各家原文以注释。如《世说新语·言语》："王中郎令伏玄度、习凿齿"条下，注引《王中郎传》和《中兴书》分别对此三人的性格、为人及仕历等方面做了概括介绍。同一人物，前面已注释过，后面又出现时，便注"已见"二字；若在后面注释，前面即注以"别见"。由此不难看出，《世说新语注》不仅与史汉旧注迥然有别，不可同日语，而且较之裴注，亦有优长之处。因此，《世说新语注》对于我们探求汉魏六朝史注的源流、演变及发展趋势，有着很重要的作用。若把史汉旧注、《三国志注》和《世说新语注》连缀起来做一纵观，无疑，将会使史注的研究更加深入一步。

三

究竟怎样评价《世说新语注》，笔者认为，应该把《世说新语》的史学价值和《世说新语注》的特点、价值结合起来做一客观的考察。

第一，诚然，《世说新语》是一部文学作品，在古代文学史上占有一定地位。但我们知道，它是一部笔记小说集，而古代的笔记小说和近、现代所谓之小说有着本质的区别，如众所知，汉魏六朝时期，人们称杂记为小说，其内容主要是记述所闻所见，相当于唐宋人的笔记，其中保存有大量十分珍贵的史料。《世说新语》正是如此,全书记载了汉至东晋年间士族阶层人物的言谈轶事,反映了魏晋期间士族地主阶级放荡不羁的生活方式和颓废空虚的精神面貌,如实地再现了当时的学风和社会风尚。因此,从反映社会现实来说,它不失为一部研究当时社会历史,特别是文化学术史的有价值的史学著作,并且随着历史研究的不断深入,这一点已为越来越多的学者所重视。我们不能因为《世说新语》是一部艺术成就很高的文学作品,而忽视或不重视其史学价值,更不应因此而有所"株连",以致对其注的史学成就亦不屑一顾。

第二,刘孝标为《世说新语》作注,是把它当成一部史学著作来看待的,整个注释工作始终根基于其史学价值之上,对于那些"诸书无闻,唯见《世说》"的记载,皆以"自未可信"[①]的态度给予否定。刘知几《史通·杂说》云:刘义庆著《世说新语》,"刘峻(孝标名)注释,摘其瑕疵,伪迹昭然,理难文饰。而皇家撰《晋史》,多取此书。遂采康王之妄言,违孝标之正说"。固然,唐修《晋书》并未全然从义庆之非,弃孝标之是,刘知几所言,实欠确当,但其视刘注为"正说",却是颇有见地的。就刘注的特点而言,无论是网罗群籍、罗列异同,还是纠谬补阙,都是深得史家注书之法。即以近人甚至今天的注书标准来衡量,仍不失为史注中之精选佳作。尤其是刘氏那详审、谨严的治学态度,更值得赞许和效法。就刘注的价值来说,不管是对辑佚古史或校勘旧籍的功用,还是对《世说》《晋书》和史注研究的作用,归根到底,都是对史学研究的贡献。

① 《世说新语·纰漏》。

基于上述理由，可以得出结论：《世说新语注》是一部地道的史注。宋高似孙《纬略》曾经指出：刘孝标注《世说新语》"引援详确，有不言之妙，如引汉魏吴诸史及子传地理之书，皆不必言，只如晋氏一朝史及晋诸公别传谱录文章凡一百六十六家，皆出于正史之外，记载特详，闻见未接，实为注书之法"。胡应麟亦称《世说新语注》"综核精严，缴驳平允，允哉史之忠臣、古之益友也"①。这些评价是比较公允的。当然，任何事物都不是至善至美的，《世说新语注》亦有其不足之处，如有些地方繁芜无谓等，但这毕竟是少数，瑕不掩瑜。

综上所论，《世说新语注》是魏晋南北朝时期很具特点、富有价值的著名史注，在古代史学史上占有比较重要的地位，应当引起史学界，特别是史学史研究工作者的足够重视。

（原载《史学史研究》1985 年第 4 期）

---

① 胡应麟：《少室山房笔丛》卷十三。

下编　魏晋南北朝　◆

论魏晋南北朝时期的人物传记

　　这里所说的人物传记,是指专记人物生平而独立成书的传,不包括纪传体史书中的传,更不包括记事、立论而解经之传。人物传记究竟创始于何时何书? 唐刘知几谓:"夫纪传之兴,肇于《史》《汉》。"① 清赵翼云:"本纪、世家非迁所创,列传则创自迁。"② 上述两家都把人物传记的创始归功于司马迁《史记》。揆诸实际,未必尽当。晋武帝咸宁五年(279)十月,在汲郡(今河南汲县)战国魏襄王墓中与《竹书纪年》等书同出土的有《穆天子传》。关于此书的成书年代,史学界虽有争议,但学者普遍主张为战国时作品。仅就出自战国魏襄王墓而言,当不晚于战国中期。关于该书的性质,历来看法不一。晋郭璞为之作注,以其编次年月,谓体例与起居注同。尔后,《隋书·经籍志》《旧唐书·经籍志》《新唐书·艺文志》《通志·艺文略》《直斋书录解题》皆踵郭氏之说,列于史部"起居注"类。《宋史·艺文志》列入"别史类"。清修《四库全书》,说此书"所记周穆王西行之事为经典所不载,而与《周穆王篇》互相出入,知当时委巷流传,有此杂记。

---

① 《史通·列传》。
② 赵翼:《陔余丛考》卷五。

旧史以其编次年月,皆列起居注中,今改隶小说,以从其实"①。故又列入"小说家类"。《文史通义》同此。固然,《穆天子传》有日月可寻,与起居注编次年月这一点相似,但若据此就将其与起居注等同视之,未免有片面之嫌。《穆天子传》按月日记载了周穆王从宗周出发,越漳水,经由河宗、群玉山等地,西至西王母之邦的故事,可谓是一部游行性的人物传记。况且起居注是在西汉武帝时才出现的,以后起的史书名目去规模前于此的史书,于理难通。至于以《穆天子传》所记为"经典所不载"为由,把其与小说并列,则更难以令人折服。凡是对《穆天子传》稍有涉猎的人,就会发现,该书所记有关周穆王的许多事情在《左传》《国语》《竹书纪年》《史记》等书中均有记载。我们认为,无论是从《穆天子传》的体例,还是内容而言,都说明它是我国现存最早独立成书的人物传记。宋晁公武《郡斋读书志》及王应麟《玉海·艺文》即列其为"传记类"。那种主张"到刘向校书,编辑《列女传》《列士传》《高士传》",人物传记"才独立成书"②的说法是不能成立的。两汉时期,独立成书的人物传记有了进一步的发展,自"刘向典校经籍,始作《列仙》《列士》《列女》之传"以后,"后汉光武,始诏南阳撰作《风俗》。故沛、三辅有耆旧节士之序,鲁庐江有名德先贤之赞。郡国之书,由是而作"③。据姚振宗补《续汉书·艺文志》,汉代人物传记有六门五十八部,如刘向《列女

---

① 《四库全书简明目录》。
② 李宗邺:《中国历史要籍介绍》,上海古籍出版社1982年版,第207页。
③ 《隋书·经籍志》。

传》、赵岐《三辅决录》等。其中别传一类达四十一部,各地耆旧传十二部。进入魏晋以后,人物传记更是大量涌现,据《隋书·经籍志》所载,魏晋南北朝时期的人物传记有二百一十九种,一千五百〇三卷。清章宗源据各书所记,补出别传一百九十四种,家传一十九种,其他人物传记二十九种,姚振宗又补出三十五种,总凡四百九十六种。若以年代、地区及人物性质划分,这些人物传记可分为如下十一类:

(1)历代人物传,如魏明帝《海内先贤传》、韦氏《四海耆旧传》等。

(2)时代人物传,如袁宏《正始名士传》、戴逵《竹林七贤论》等。

(3)地方人物传,如周斐《汝南先贤传》、苏林《陈留耆旧传》等。

(4)隐逸人物传,如皇甫谧《高士传》、阮孝绪《高隐传》等。

(5)忠孝人物传,如萧广济《孝子传》、梁元帝《忠臣传》等。

(6)烈士人物传,如徐整《豫章烈士传》、华隔《广陵烈士传》等。

(7)列女人物传,如皇甫谧《列女传》、项原《列女后传》等。

(8)释氏人物传,如慧皎《高僧传》、裴子野《众僧传》等。

(9)列仙人物传,如葛洪《神仙传》、朱思祖《说仙传》等。

(10)家传,如裴松之《裴氏家传》、江祚《江氏家传》等。

(11)别传,如谢鲲《乐广传》、无名氏《李固别传》等。

不难看出,魏晋南北朝时期,人物传记数量宏富,种类繁多,远为两汉所不及,同时也是隋唐以降各朝所无法比拟的。遍阅隋唐以后各朝史书之艺文志,所记载的人物传记屈指可数。因此,可以说,在我国古代史学史上,魏晋南北朝时期人物传记的发达是不同于其他各朝的一种独特的史学现象。

任何一种史学现象的产生,都不是偶然的,都有一定的原因。人物传记何以在魏晋南北朝时期得到蓬勃发展,原因有三:

第一,选举制度的变化促使人物传记大量涌现。

继两汉"察举""征辟"的选举制度以后,曹魏以来各朝相继实行"九品中正制"。该制度的主要内容是在政府官员中选择所谓"贤有识鉴"的人物,按其籍贯兼任本州郡的大小中正,负责评定散处在各地的本州郡人物,依德行、才能分为九等,亦即九品,作为吏部选官的依据。这种选举制度有一个很大的特点,即对被选拔的士人要进行一番评论。要评论,势必要对人物进行褒贬。因此,这种政治上评论人物的要求,反映在史学领域里则是褒贬人物的史学思想风靡史坛。而这一史学思想直接促成了编写人物传记之风的盛行。当时社会上评价史家长短得失,也大都立足于人物传记。特别是政府还以撰述人物传记来测试史官之才识,"著作郎始到职,必撰名臣传一人"①。因此,人物传记在魏晋南北朝时期得到空前发展,许多史家一意致力于人物传记的写作。如魏苏林撰《陈留耆旧传》,吴陆凯撰《吴先贤传》,晋张方撰《楚国先贤传》,宋郑缉之撰《孝子传》,齐崔蔚祖撰《海岱志》,梁阮孝绪撰《高隐传》,北齐刘昼撰《高才不遇传》。值得指出的是,这一时期,一些帝王也非常重视编写人物传记,如魏文帝撰《列异

---

① 《晋书·职官志》。

传》,魏明帝撰《海内先贤传》,特别是梁元帝撰《孝德传》《忠臣传》《显忠录》《丹阳尹传》《怀旧志》《全德志》《同姓名录》,达七部之多。在九品中正制推行的初期,吏部除授官职还比较重视德行和才能,基本上能够按人才优劣以定品第。可是,随着世家豪族势力的迅速发展和门第制的形成,各州郡的中正官便逐渐为一些豪族大姓所掌握。家庭出身和本阶级的切身利益决定了他们品定士人等第的标准只能是家世门第的高低,因而酿成一种"下品无高门,正品无贱族"①的政治格局。这种社会客观条件反映在史学上则是家传和别传的大量涌现。上已述及,两汉时期的别传只有四十一部。而据章宗源《隋书经籍志考证》,魏晋南北朝时期的别传,见于《新唐书·艺文志》者二十部、《三国志注》二十五部、《续汉志补注》二部、《世说新语注》六十九部(实为八十一部)、《文选注》二部、《艺文类聚》三十三部、《初学记》八部、《北堂书钞》十三部、《太平御览》三十二部,总凡二百〇四部。至于家传也远远超过两汉时期。

由上所述,可以清楚地看出,九品中正制的选举制度的实行直接促使了魏晋南北朝时期人物传记的大量涌现。

第二,社会思潮的变革丰富了人物传记的种类。

战国以来学术思想界的"百家争鸣"到汉武帝采纳董仲舒的建议,罢黜百家,独尊儒术,从此,儒家思想定于一尊,成为两汉时期封建地主阶级巩固其统治地位的主要思想武器。可是,进入魏晋以后,伴随着民族矛盾、阶级矛盾和统治集团内部矛盾的日益激

---

① 《宋书·恩幸传论》。

化,思想界也经历着一场前所未有的剧烈变动,出现了继战国之后的第二次"百家争鸣",儒学、玄学、佛教、道教竞相驳难,展开了激烈的斗争。史学作为研究和阐述人类社会历史发展过程,并探讨其规律的一门科学,它的兴盛与发展不仅同社会经济和社会政治息息相关,而且是要受社会思潮的变革和发展所影响和制约的。魏晋南北朝时期思想界这种纷繁复杂的现象在史学领域中最直接的反映,就是人物传记种类的繁多。如上所言,两汉时期,人物传记仅有六门,而魏晋南北朝时期则多达十一类。由于玄学的盛行,出现了《高士传》《逸士传》《逸民传》等反映清谈玄言的人物传记;道家思想的流行,导致了《神仙传》《说仙传》《养性传》《集仙传》《洞仙传》等反映神仙方术、鬼怪变化的人物传记的纷纷问世;佛教的兴盛,产生了《名僧传》《高僧传》《众僧传》等一大批释氏传记。

第三,地方经济的开发直接刺激了地方人物传记的发展。

魏晋南北朝以前,以荆扬二州为代表的南方地区尚处于"民户凋耗"的经济不发达时期。可是,进入魏晋以后,由于北方人口的大量南迁,不仅带来了中原地区进步的农业生产工具和先进的生产技能,而且扩大了南方地区的耕地面积,从而为南方经济的开发和发展提供了强大的动力。同时,当时南方蛮族和山越族等少数民族的社会进步了,他们与汉族的融合,也促进了南方经济的发展。随着南方经济的开发,涌现了大批记载某一地区的人物传记,如魏苏林撰《陈留耆旧传》一卷,吴谢承著《会稽先贤传》七卷,晋陈寿作《益部耆旧传》十篇等。这种以地域为中心的人物传记在魏晋南北朝时期的人物传记中占有相当的比重,不计章宗源、姚振宗所补,仅《隋书·经籍志》所载,就达四十多部,远超两汉。由此可见,地方经济的开发是促使地方人物传记发展的主要原因。

魏晋南北朝时期出现的各类人物传记,对后人研究当时的社会历史具有极其重要的史料价值。

一、补充正史记载之不足

正史是人们研究当时社会历史每每凭借的重要史料,但由于受社会客观条件和作者主观政治意图的影响,历朝官修或私撰的正史对人类社会历史的记述都不可能是全面的,都不同程度地存在着语焉不详或挂一漏万的不足之处。而不同种类的人物传记正可以在一定程度上补充正史记载之不足。例如,许多重要的历史人物,正史竟没有为他们立传,司马迁作《史记》,班固撰《汉书》,"股肱辅弼之臣,扶义俶傥之士,皆有记录。而操行高洁,不涉于世者,《史记》独传夷齐;《汉书》但述杨王孙之俦,其余皆略而不记"[①]。同样,陈寿《三国志》、范晔《后汉书》、沈约《宋书》等魏晋南北朝时期的纪传体正史,都是如此。众所周知,马均是曹魏时期的科学发明家,而《三国志》却没有为他立传。有的历史人物在正史中虽然有传,但记述相当简单。而各类人物传记正好能不同程度地弥补纪传体正史的这一缺陷。试举一例,据《三国志·刘放传》注引《孙资别传》,公元227年春天,诸葛亮驻兵汉中,准备北伐曹魏。魏明帝曹叡召集朝臣以议对策,散骑常侍孙

---

① 《隋书·经籍志》。

资认为对吴、蜀应采取战略防御的方针,他说:"武皇帝(曹操)圣于用兵,察蜀贼栖于山岩,视吴虏窜于江湖,皆挠而避之。不责将士之力,不争一朝之忿,诚所谓见胜而战,知难而退也。今若进军就南郑讨亮,道既险阻,计用精兵及转运,镇守南方四川,遏御水贼,凡用十五、六万人。……天下骚动,费力广大,此诚陛下所宜深虑。夫守战之力,力役参倍。但以今日见兵,分命大将据诸要险,威足以震摄强寇,镇静疆场。将士虎睡,百姓无事。数年之间,中国日盛,吴、蜀二虏必自罢弊。"于是,曹叡派遣曹真、司马懿都督关中诸军西御诸葛亮。尔后,诸葛亮每次出兵,曹真、司马懿都采取战略防御的方针,使得诸葛亮每每因粮尽而不得不退兵以还。对孙资提出的这一重要的战略防御方针,《三国志》竟缺而无述,《孙资别传》为后人的研究工作提供了方便。不过,长期以来,人们往往不甚重视家传、别传,认为它们大多是些隐恶扬善、歌功颂德之作,颇多溢美之词,没有什么史料价值。这实属偏颇之见。毋庸讳言,家传、别传不无过誉之词,但任何事物都不是至善至美的,在我国封建社会,不只是家传、别传,就是正史、别史或其他史书,都在不同程度上存在着歪曲历史事实的现象,关键在于我们要以审慎的态度加以鉴别,去其虚妄,取其真实。又如,魏晋时期的清谈,是当时代表寒门庶族地主阶级利益的知识分子在门阀士族的巨大压力下而表示的一种软弱的抗议,它是统治阶级内部寒门庶族与门阀士族的斗争在思想领域的反映。而对于这一反映魏晋时代精神的社会思潮,正史记载不多,《高士传》《逸士传》《逸民传》《高隐传》等正好为研究这一社会现象提供了史料。再如,魏晋南北朝时期,由于时代的大动乱,统治阶级内部自相残杀,人民生活得极度痛苦,佛教迅速传播。统治阶级以其作为麻醉人民的思想工具,以达到维护统治地位的目的;而劳苦大众,由于生活的困苦不堪,亦往往在宗教中寻求精神寄托。因之,上自帝室,下至普通名士、平民百姓,皆信奉浮屠之学,"事佛者十室而九"①,遁世超俗、出家为僧的现象非常普遍,在当时社会上涌现出众多有名望的僧人,他们中许多人甚至还出现在政治斗争中。而正史对此却很少记载。因而,《名僧传》《高僧传》《众僧传》等释氏传记正好可以补充正史记载之不足。

二、校勘正史记载之谬误

各类人物传记为校勘正史之误提供了佐证。如,《晋书·刘伶传》:伶惟酒是务,"尝渴甚,求酒于其妻,妻捐酒毁器,涕泣谏曰:'君酒太过,非摄生之道,必宜断之。'……伶曰:'天生刘伶,以酒为名,一饮一斛,五斗解酲。妇儿之言,慎不可听。'"此处上言其妻,下云妇儿,语不可通。按《太平御览》卷四八〇。引《竹林七贤论》"妇儿"作"妇人",可知《晋书》误。又如,魏郎中令袁涣之"涣"字,《晋书》各本均作"焕",按《世说新语·任诞》注引《袁氏家传》,"焕"作"涣",又《三国志》本传、《隶释》卷二七引《袁涣碑》《元和姓纂》《资治通鉴》卷九五及胡三省注亦并作"涣",《晋书》误字,殆无疑义。再如,《宋书·礼志》:"何桢《许都赋》曰"云云,各本"桢"均作"祯"。《三

---

① 《晋书·姚兴载记》。

国志·管宁传》注引《文士传》:"何桢字元幹,庐江人。有文学器干,容貌甚伟。历幽州刺史、廷尉,入晋为尚书、光禄大夫。"又《太平御览》卷五八七引《文士传》云:"青龙元年,天子特诏曰:'扬州别驾何桢,有文章才,试使作《许都赋》。成,封上,不得令人见。'桢遂造赋,上甚异之。"当即其人。我们知道,古人名与字相应,互为表里,名以正体,字以表德,先命名,取字时应据名而定。循此,"祯"与"元幹"毫无联系。而"桢"与"元幹"取"国之桢干"义,字顺理通。《文士传》所言为是。

总之,魏晋南北朝时期的人物传记,有其史料上的价值和作用。它既能补正史之不足,又可正正史之乖违,诚如欧阳修所云:"古者史官其书有法,大事书于策,小事载之简牍。至于风俗之旧,耆老所传,遗言逸行,更不及书,则传记之说,或有取焉。然六经之文,诸家异学,说或不同;况于幽人处士,闻见各异,或详一时之所得,或发史官之所讳,参求考质,可以备多闻焉。"①

从上可知,魏晋南北朝时期,由于选举制度的变化、社会思潮的变革和地方经济的开发,人物传记得到空前发展。这些人物传记不仅为史学的发展充实了丰富的内容,而且为研究当时的社会历史提供了宝贵的资料,殊堪珍视。可是,长期以来,人们只注重纪传体史书中的列传,而忽视或不重视叙述人物始末的独立成书的人物传记这一宝贵的史学遗产。无可否认,这在一定程度上直接影响着魏晋南北朝史学,尤其是政治、经济、思想、文化诸方面的深入研究。

(1991年7月)

---

① 欧阳修:《崇文总目》。

下编　魏晋南北朝◆

论魏晋南北朝时期的历史考据

何谓考据学,顾颉刚先生曾说过:"'考据学'是一门中国土生土长的学问,它的工作范围有广、狭二义:广义的包括音韵、文字、训诂、版本、校勘诸学;狭义的是专指考订历史事实的然否和书籍记载的真伪和时代。"①长期以来,学术界对宋、清两代的考据学颇多论列,而魏晋南北朝时期的考据学却无人问津。台湾学者李宗侗主张:"唐以前,史学多注意书法而疏于考证,至刘知几《史通》始讨论及此。"②顾颉刚指出:自唐疑古者刘知几、啖助至宋欧阳修、程颐、朱熹、程大昌、王应麟等人,随着"每一问题因讨论之多而理由日益充足,考据学就渐渐地成立了起来"③。李宗邺认为,明朝李时珍、宋应星等"开考据风气于先",到清初"考据学才正式成立"④。来新夏亦云:"直到清代,考据成为一种专

---

① 顾颉刚:《古籍考辨丛刊序》,中华书局1955年版。
② 李宗侗:《中国史学史》,中国友谊出版社公司1984年版,第133页。
③ 顾颉刚:《古籍考辨丛刊序》,中华书局1955年版。
④ 李宗邺:《中国历史要籍介绍》,上海古籍出版社1982年版,第463页。

门之学。"①凡此种种，都值得切磋。我认为，魏晋南北朝时期，随着史学的兴盛与发达，考据学经历了一个由产生到成立的过程。它既开古代史考专著之先河，又奠后世考据学之基，在古代史学发展史上占有重要的地位。探讨它，对于促进魏晋南北朝史学乃至后世考据学的纵深研究大有裨益。拙文拟就这一时期的考史著作、考据方法和内容诸方面略陈管见，质之高明。

一、考史著作

在我国，考据学的渊源可以追溯到两千年以前。早在春秋时期，子贡曾就人们贬斥殷纣王的历史记载指出："纣之不善不如是之甚也，是以君子恶居下流，天下之恶皆归焉。"②战国时期的孟子亦云："尽信《书》不如无《书》，吾于《武成》取二三策而已矣！"③西汉司马迁撰《史记·五帝本纪》，亦博考古文，择其言尤雅者。④东汉张衡曾上疏欲求补缀《汉纪》，"条上司马迁、班固所叙与典籍不合者十余事"⑤。由此不难看出，自春秋至两汉，人们已经意识到古书记载有失实的问题，但子贡、孟子所言"只是考据学尚未成立时的一种直觉，并没有经过深刻的查考"⑥。司马迁、张衡虽则对某些历史事实做过订正，但由于历史条件的限制，

---

① 来新夏：《清代考据学述论》，《南开学报》，1983年3期。
② 《论语·子张》。
③ 《孟子·尽心下》。
④ 《史记·五帝本纪》。
⑤ 《后汉书·张衡传》。
⑥ 顾颉刚：《古籍考辨丛刊序》，中华书局1955年版。

他们没有也不可能运用一套比较严密的考据方法来从事这一工作。因此,这一时期,既无考据史实的专门著作,又不曾真正具备魏晋南北朝时期的五种考据方法(详下),考据学作为一门完整的学科,尚处于萌芽阶段。进入魏晋以后,情况发生了巨大的变化。首先,三国蜀史学家谯周以司马迁《史记》所记周秦以前史事,多有错谬,"周于是作《古史考》二十五篇,皆凭旧典,以纠迁之谬误"①。《古史考》二十五卷,于《史记》一百三十篇皆有考证,并仿效孔子《春秋》笔法,对历史事件、人物多阐己见。唐初尚"与《史记》并行于代焉"②。原书在宋、元之际散佚。清黄奭、章宗源各辑一卷,分别收入《黄氏遗书考》和《平津馆丛书》。虽则原书久佚,不可详知,但顾名思义,应是一部考订史实的专门著作。征之黄、章辑本亦然,黄、章两本所辑完全一致,皆为九十一条,订正内容涉及文字、氏族姓氏、人物、史事等。就历代文献资料和近年来考古发现之典籍而言,在谯周以前,不曾有考据史实的专门著作。因此,可以说,谯周《古史考》开我国史考专著之先河。特别是其稽弹《史记》这样的宏富巨著,更显示出作者的胆略卓识。

实际上,《古史考》已兼及后汉史事,并非全纠《史记》之失,对后人研究秦汉和秦以前的社会历史有一定帮助。但其考证也有疏略失误之处。因此,西晋司马彪又据《汲冢纪年》条《古史考》中百二十二事为不当,重订《史记》之是,在当时颇具影响,与

---

① 《晋书·司马彪传》。
② 《史通·古今正史》。

《古史考》并行于世①。

继《古史考》之后的另一考史专著是东晋史学家孙盛的《异同评》。《异同评》虽已散佚，但就《三国志》裴松之注所引来看，它无疑是一部考史之作。该注共有六处述及孙氏《异同评》，皆为考辨纠谬之文。其中两条分别以本证法（以本书证本书）订正史事年代和事件发生时间的先后，其余四条皆以理证法（推理考证法）纠弹史载之误。据裴松之《三国志注》和刘孝标《世说新语注》，孙盛还著有《异同杂语》《异同记》《杂记》。清吴士鉴认为它们与《异同评》同属一书②，未言所据。检裴注，转引《异同杂语》三条，《杂记》二条，《异同记》一条。又据刘注引《异同杂语》一条。就内容而言，全是对于史事的记述，并无考辨之迹象。因此，不大可能与《异同评》同属一书。说《异同杂语》《异同记》《杂记》皆为一书，似比较可信。

除《古史考》和《异同评》之外，在史实考证方面的力作当推晋常璩《华阳国志》、宋裴松之《三国志注》、梁刘孝标《世说新语注》和北魏郦道元《水经注》。它们虽则并非史考专著，但在史实考证方面用力匪浅，贡献颇大。常璩曾自称其《华阳国志》"抑绌虚妄，纠正缪言，显善惩恶，以杜未然"③。遍阅该著，纠谬订误之处比比皆是。试举一例：《史记·西南夷列传》载庄𫏋伐滇之事云："始楚威王时，使将军庄𫏋将兵循江上，略巴、蜀、黔中以西，庄𫏋者，故楚庄王苗裔也。𫏋至滇池，地方三百里，旁平地，

---

① 《晋书·司马彪传》。
② 吴士鉴：《孙盛传》，见《晋书斠注》卷八十二。
③ 《华阳国志·序志》。

肥饶数千里,以兵威定属楚。"《汉书·西南夷传》同。而《华阳国志》记此事,较之《史记》《汉书》,有三点不同:一改楚威王为楚顷襄王;二改溯江伐滇为溯沅水伐夜郎;三改庄蹻在滇称王为在夜郎称王①。唐杜佑撰《通典》,对此曾予考证,认为常璩的记载是正确的。后《通志》《文献通考》和《太平寰宇记》皆采其说。《三国志注》和《世说新语注》亦擅长纠纰攻缪。裴松之在《上三国志注表》中说:"若乃纰缪显然,言不附理,则随违矫正以惩其妄。其时事当否及寿之小失,颇以愚意有所论辩。"《四库全书总目》亦云:裴注"一曰引诸家之论,以辨是非;一曰参诸书之说,以核讹异。"可见,纠纰攻缪,考订史实是裴注的一个主要方面,据笔者统计,注中考辨条文达一百九十六条。胡应麟曾赞誉裴注"综核精严,缴驳平允,允哉史之忠臣,古之益友也"②。关于《世说新语注》,唐刘知几说:"孝标善于攻缪,博而且精。"③《四库全书总目》亦指出:"孝标所注,特为典赡……其纠正义庆之纰缪,尤为精核。"诚如斯言,刘孝标注《世说新语》,于其虚谬牴牾,详加考据订正,通检全注,总计达五十七处,"故与裴松之《三国志注》、郦道元《水经注》、李善《文选注》同为考证家所引据焉"④。

郦道元注《水经》,博采群籍,大量征引前人和当代的著作。但他从不迷信古人,所征引的都做过一番考订辨伪的工作。如

---

① 《华阳国志·南中志》。
② 胡应麟:《少室山房笔丛》卷十三。
③ 《通史·补注》。
④ 《四库全书总目》。

《水经注》共引郑玄的注解十八条，郦道元并不因为郑玄是汉代颇负盛名的经学大师而盲目适从，同样指出其中四条为错谬乖舛，且详加论证。除依赖文献资料以外，郦道元还特别重视社会实践的知识，他曾长期跋山涉水，往返于长城以南和秦岭淮河以北的广大地区，亲历了许多河流山川和名胜古迹，所到之处，亲自考察，"访渎搜渠"①，用从实践中得到的知识来证实文献记载的正确与否。如《水经·获水》云，睢水于萧县南北流注入获水。郦道元注曰："余尝迳萧邑，城右惟是水（睢水）北注获水，更无别水。"又如，春秋战国之际的智伯曾说过，汾水可以浸安邑，绛水可以浸平阳。孔子对此信以为真。但郦道元却不以为然，他经过实际地形的考察，指出："余睹智氏之谈矣，汾水灌安邑，或亦有之；绛水灌平阳，未识所由也。"②郦道元把自己的订正工作建筑于社会实践的可靠基础上，丰富了考据学的内容，解决了许多书本上无法解决的问题。这种方法是极其可贵的，它为后世的学者所继承。清代考据学先驱顾炎武在其考据过程中，便十分重视社会实践的知识。

另外，魏晋南北朝时期，还有许多史家如袁宏、干宝等，亦间或在其史著之中对一些可疑的史载攻驳诘难，加以订正，在此无须一一论列。

上所述列，主要是一些考证史实方面的著作。魏晋南北朝时期，还有一些学者从事于文字的校勘与辨正，北齐颜之推《颜氏家训·书证》篇是这方面的代表作。黄叔琳曾经指出："此篇纯是

---

① 《北史·郦道元传》。
② 《水经·浍水注》。

考据之学。"通篇旁征博引，主要从字义的训释方面，间以他证（以他书证本书）、对证（以同书之祖本或别本对证）的方法，对上起《诗》《书》《易》《礼》，下迄刘宋何法盛《晋中兴书》等十七种典籍中的一些文字做了订正，提出了许多独到的见解，给后人的研究工作提供了不少方便。特别值得注意的是，颜氏在以文献资料互考互证的同时，还能以地下出土的实物来订正文献记载的讹谬乖舛，尤属难能可贵。

二、考据方法与考据内容

综观魏晋南北朝时期的史考之作，其考据方法主要有下列六种：

（一）本证法

本证法即今人陈垣所谓之"本校法"，它以本书前后互证，而抉摘其异同，以明其中之谬误。东晋孙盛撰《异同评》，曾采用此法。如关于魏将蒲忠、胡质与吴将朱然作战之年代，《三国志·朱然传》记载在赤乌五年。孙盛对此持有异议，在《异同评》中考证说："《吴志》说赤乌五年（242），于魏为正始三年（242），魏将蒲忠与朱然战，忠不利，质等皆退。按《魏少帝纪》及《孙权传》，是岁并无事，当是陈寿误以吴嘉禾六年（237）为赤乌五年（242）耳。"[①]这是以《魏少帝纪》和《孙权传》来证本书《朱然

---

① 《三国志·朱然传》注引。

传》之误。又如,《三国志·武帝纪》载孙权先为刘备攻合肥,后曹操至赤壁与备作战。孙盛在《异同评》中以本书《吴志》证《魏纪》之失曰:"按《吴志》,刘备先破公军,然后权攻合肥,而此记云权先攻合肥,后有赤壁之事。二者不同,《吴志》为是。"①继孙盛之后,裴松之注《三国志》,亦采用过本证法。如《三国志·张郃传》云,曹操与袁绍相拒于官渡,绍军溃。然后张郃惧郭图之谮,归曹操。裴松之曰:"案《武纪》及《袁绍传》并云袁绍使张郃、高览攻太祖,郃等闻淳于琼破,遂来降,绍众于是大溃。是则缘郃等降而后绍军坏也。至如此传,为绍军先溃,惧郭图之谮,然后归太祖,为参错不同矣。"

(二)对证法

对证法即以同书之祖本或别本对证,以辨是非。如《世说新语·文学》:"僧意在瓦官寺中,王苟子(王修)来,与共语,便使其唱理。意谓王曰:'圣人有情不?'王曰:'无。'重问曰:'圣人如柱邪?'王曰:'如筹算,虽无情,运之者有情。'僧意云:'谁运圣人邪?'苟子不得答而去。"刘孝标曰:"诸本无僧意最后一句,意疑其缺,广校众本皆然。唯一书有之,故取以成其义。然王脩善言理,如此论,特不近人情,犹疑斯文为谬也。"②又如《颜氏家训·书证》:"《诗》云:'有杕之杜。'江南本并木傍施大,《传》曰:'杕,独貌也。'徐仙民音徒计反。《说文》曰:'杕,树貌也。'在《木部》。《韵集》音次第之第,而河北本皆

---

① 《三国志·武帝纪》注引。
② 《世说新语·文学》注。

为夷狄之狄,谈亦如字,此大误也。"魏晋南北朝时期,由于雕版印刷术尚未发明,书籍皆为手抄本,流传不易,史家从事考据,同一书籍之祖本或别本便甚难得。因此,这一时期,对证法尚不多用。

(三)他证法

他证法即以他书证本书。这是魏晋南北朝时期史家习用的一种考据方法。谯周《古史考》即多用此法。如《史记·燕世家》载北燕与子颓伐周惠王。谯周曰:"按《春秋传》,燕与子颓逐周惠王者,乃南燕姞姓也。世家以为北燕,失之。"①《三国志注》和《世说新语注》亦每每采用他证法来订正史实。如《三国志·陈群传》载青龙中,营治宫室,百姓失农时,陈群上疏云:"禹承唐、虞之盛,犹卑宫室而恶衣服,况今丧乱之后,人民至少,比汉文、景之时,不过一大郡。"裴松之曰:"案《汉书·地理志》云:'元始二年,天下户口最盛,汝南郡为大郡,有三十余万户。'则文、景之时不能如是多也。案《晋太康三年地记》,晋户有三百七十七万,吴、蜀户不能居半。以此言之,魏虽始承丧乱,方晋亦当无乃大殊。长文(陈群字)之言,于是为过。"再如《世说新语·识鉴》:"曹公(曹操)少时见乔玄,玄谓曰:'天下方乱,群雄虎争,拨而理之,非君乎?然君实乱世之英雄,治世之奸贼。'"刘孝标曰:"按《世语》曰:'玄谓太祖:"君未有名,可交许子将。"太祖乃造子将,子将纳焉。'孙盛《杂语》曰:'太祖曾问许

---

① 《史记·燕世家》索引。

子将:"我何如人?"固问,然后子将答曰:'治世之能臣,乱世之奸雄。'太祖大笑。'《世说》所言谬矣。"在运用他证法时,如果借以推翻本书记载的论据仅一条,往往难免给人以孤证之感。鉴于此,一些史家采用他证法时,常常以两种以上记载相同的史料用以考辨,富有说服力。如《三国志·孙破虏讨逆传》云孙坚以初平三年(192)卒。裴松之曰:"张璠《汉纪》及《吴历》并以坚初平二年死,此为是而本传误也。"又如《世说新语·捷悟》载王敦率军将至大桁,晋明帝命温峤断桁以截击,峤未断桁,以致明帝大怒。注曰:"按《晋阳秋》、邓《纪》①皆云,敦将至,峤烧朱雀桥以阻其兵,而云未断大桁,致帝怒,大为讹谬。一本云帝自劝峤入,一本作噉饮,帝怒,此则近也。"尤为突出的是,一些史家在使用他证法时,不只囿于文献资料,而且能够以具体事实订正是非。如《史记·楚世家》云:"吴回生陆终。陆终生子六人,坼剖而产焉。"先儒学士及谯周皆疑"坼剖而产"一事,以为作者妄记,废而不论。干宝曰:"余亦尤其生之异也。然按六子之世,子孙有国,升降六代,数千年间,迭至霸王,天将兴之,必有尤物乎?若夫前志所传,修己背坼而生禹,简狄胸剖而生契,历代久远,莫足相证。近魏黄初五年,汝南屈雍妻王氏生男儿从右胳下水腹上出,而平和自若,数月创合,母子无恙,斯盖近事之信也。以今况古,固知注记者之不妄也。天地云为,阴阳变化,安可守之一端,概以常理乎?《诗》云'不坼不副,无灾无害'。原诗人之旨,明古之妇人尝有坼副而产矣。"②足以服人。

---

① 邓粲:《晋纪》。
② 《史记·楚世家》索引。

(四)物证法

物证法即以地下出土的书籍或青铜器等实物来考订古代传说之谬与古史记载之误。上文所举司马彪以《汲冢纪年》纠《古史考》之谬,就是以古代的简策从事考据的例证。关于青铜器,如梁刘杳曾据魏鲁郡地和晋永嘉中青州地出土的牺樽指出汉郑玄所言之非:"刘杳少好学,博综遗书,沈约、任昉以下,每有遗忘,皆访问焉。尝于约坐,语及宗庙牺樽,约云:'郑玄答张逸,谓为画凤凰尾娑娑然,今无复此器,则不依古。'杳曰:'此言未必可按。古者樽彝,皆刻木为鸟兽,凿顶及背,以出内酒。顷魏世鲁郡地中得齐大夫子尾送女器,有牺樽作牺牛形,晋永嘉贼曹嶷于青州发齐景公冢,又得此二樽,形亦为牛象。二处皆古之遗器,知非虚也。'约大以为然。"①又如《颜氏家训·书证》云:"《史记·始皇本纪》:'二十八年,丞相隗林、丞相王绾等,议于海上。'诸本皆作山林之'林'。开皇二年五月,长安民掘得秦时铁称权,旁有铜涂镴铭二所。其一所曰:'廿六年,皇帝尽并兼天下诸侯,黔首大安,立号为皇帝,乃诏丞相状、绾,法度量则不壹歉疑者,皆明壹之。'凡四十字……了了分明。其书兼为古隶。余被敕写读之,与内史令李德林对,见此称权,今在官库;其'丞相状'字,乃为状貌之'状',爿旁作犬;则知俗作'隗林',非也,当为'隗状'耳。"颜之推以铜器刻词为据,订正了《史记》的讹体误字。这充分显示了出土古器物对考据古文献的作用和价值。

---

① 《梁书·文学传》。

(五)理证法

理证法即推理考证法。魏晋南北朝时期,史家从事考据,于本证、对证、他证之外,亦多用推理考证法。如《三国志·孙破虏讨逆传》及《江表传》《九州春秋》皆云孙策阴欲袭许,迎汉献帝于吴、越,未果,反为吴郡太守许贡客所杀。孙盛《异同评》曰:"凡此数书,各有所失。孙策虽威行江外,略有六郡,然黄祖乘其上流,陈登间其心腹,且深险强宗,未尽归复,曹、袁虎争,势倾山海,策岂暇远师汝、颍,而迁帝于吴、越哉?斯盖庸人之所鉴见,况策达于事势者乎?"①又如《三国志·武帝纪》载建安五年(200)八月,曹操军官渡,时兵不满万,伤者十二三。裴松之曰:"魏武初起兵,已有众五千,自后百战百胜,败者十二三而已矣。但一破黄巾,受降卒三十余万,余所吞并,不可悉纪;虽征战损伤,未应如此之少也。夫结营相守,异于摧锋决战。本纪云:'绍众十余万,屯营东西数十里。'魏太祖虽机变无方,略不世出,安有以数千之兵,而得逾时相抗者哉?以理而言,窃谓不然。绍为屯数十里,公能分营与相当,此兵不得甚少,一也。绍若有十倍之众,理应当悉力围守,使出入断绝,而公使徐晃等击其运车,公又自出击淳于琼等,扬旌往还,会无抵阂,明绍力不能制,是不得甚少,二也。诸书皆云公坑绍众八万,或云七万。夫八万人奔散,非八千人所能缚,而绍之大众皆拱手就戮,何缘力能制之?是不得甚少,三也。将记述者欲以少见奇,非其实录也。"推理精

---

① 《三国志·孙破虏讨逆传》注引。

密,令人叹服。 再如《世说新语·文学》载郑玄师马融,业成辞归,融"恐玄擅名而心忌焉。 玄亦疑有追,乃坐桥下,在水上据屐。 融果转式逐之,告左右曰:'玄在土下水上而据木,此必死矣。'遂罢追,玄竟以得免"。 刘孝标曰:"马融海内大儒,被服仁义。 郑玄名列门人,亲传其业,何猜忌而行鸩毒乎? 委巷之言,贼夫人之子。"对此,王鸣盛曾亦称:"融欲害郑,未必有其事。"①余嘉锡亦称:"孝标斥为委巷之言,不亦宜乎?"②刘氏理证之精确,于此可见一斑。 尤为值得一提的是,裴松之、刘孝标在祛谬取信的过程中,能够把考据和明理统一起来,既详考其事,又注重据事理辩驳,以推论历史事件的真实性。 如《世说新语·贤媛》载孙秀欲立威权,逼李重自裁。 刘孝标注曰:"按诸书皆云,重知赵王伦作乱,有疾不治,遂以致卒,而此书乃言自裁,甚乖谬,且伦、秀凶虐,动加诛夷,欲立威权,自当显戮,何为逼令自裁?"使人折服。

(六) 存疑法

《古史考》和《异同评》久佚,其考史志度如何,仅凭后人所辑或所引之残篇断句,不可遽作结论。 但就《三国志注》《世说新语注》和《水经注》来看,魏晋南北朝时期,史家的考史态度是十分审慎的。 裴松之在史事考辨过程中,若"同说一事而辞有乖杂,或出事本异疑不能判",便"并皆抄内,以备异闻"③。 概不

---

① 王鸣盛:《蛾术编》卷五十八。
② 余嘉锡:《世说新语笺疏》,中华书局1983年版,第192页。
③ 裴松之:《上三国志注表》。

率尔诋呵前人。如《三国志·袁术传》载曹操与袁绍合败袁术于陈留,术以余众奔九江,杀扬州刺史陈温,领其州。而《英雄记》曰:"陈温字元悌,汝南人。先为扬州刺史,自病死。袁绍遣袁遗领州,败散,奔沛国,为兵所杀。袁术更用陈瑀为扬州。瑀字公玮,下邳人。瑀既领州,而术败于封丘,南向寿春,瑀拒术不纳。术退保阴陵,更合军攻瑀,瑀惧走归下邳。"两者所言不同,对此,裴氏没有轻下论断,引之并指出:"如此,则温不为术所杀,与本传不同。"以示后人注意。刘孝标注《世说新语》,于同一史事,若情节有别,或文字相异,不管是迥别,还是微异,在无确凿证据可以定其是非的情况下,亦同样条其异说。如《世说新语·文学》载袁宏始作《东征赋》,全不言陶范之事,陶以武力相威胁。注引《晋阳秋》曰:"宏为大司马记室参军,后为《东征赋》,悉称过江诸名望。时桓温在南州,宏语众云:'我决不及桓宣城(桓温)。'"于是孰是孰非,疑不能判之处,刘氏只言"二说不同,故详载焉"。又如《世说新语·言语》说,桓玄篡位后,将改置直馆,以问左右,有一无名氏引潘岳《秋兴赋叙》以对,玄咨嗟称善。而刘谦之《晋纪》云:"玄欲复虎贲中郎将,疑应直与不,访之僚佐,咸莫能定,参军刘简之对曰:'昔潘岳《秋兴赋叙》云,余兼虎贲中郎将,寓直于散骑之省。以此言之,是应直也。'玄欢然从之。"与《世说新语》所言有别。对此,刘氏引之并注明:"此语微异,又答者未知姓名,故详载之。"郦道元注《水经》,在是非难决之时,既不盲从典籍,又不主观臆断,而书以"未知所是",或云"未知所从",或云"未所详也"。由此可见,有关歧异史载,在未弄清疑窦时,裴、刘、郦均并存其说,概不轻下论断。这种谨严审慎的考史方法对当时和后世都有深刻影响,对于抨击那种主观武断的不良学风,产生了一定的积极作用。就是对于今天的史学工作者来说,仍可资直接的借鉴和参考。更值得注意的是,对于那些确有纰漏,但又持之有故,不易推翻的论断,刘孝标采取一方面提供线索,一方面疑以传疑的态度。如《世说新语·任诞》:"张骥酒后挽歌甚凄苦。桓车骑(桓冲)曰:'卿非田横门人,何乃顿尔至致。'"为说明问题起见,无妨原注照录。注曰:"谯子《法训》云:'有丧而歌者。或曰:彼为乐丧也,有不可乎?'谯子曰:'《书》云:四海遏密八音。何乐丧之有?'曰:'今丧有挽歌者,何以哉?'谯子曰:'周闻之:盖高帝召齐田横至于户乡亭,自刎奉首,从者挽至于宫,不敢哭,而不胜哀,故为歌以寄哀音。彼则一时之为矣。邻有丧,春不相引,挽人衔枚,孰乐丧者邪?'按《庄子》曰:'绋讴所生,必于斥苦。'司马彪注曰:'绋,引柩索也。斥,疏缓也。苦,用力也。引绋所以有讴歌者,为人有用力不齐,故促急之也。'《春秋左氏传》曰:'鲁哀公会吴伐齐,其将公孙夏命歌虞殡。'杜预曰:'虞殡,送葬歌,示必死也。'《史记·绛侯世家》曰:'周勃以吹籥乐丧。'然则挽歌之来久矣,非始起于田横也。然谯氏引礼之文,颇有明据,非固陋者所能详闻,疑以传疑,以俟通博。"在一千五百年前,刘孝标能够做到这一点,值得我们称道。

与人类社会历史的发展一样,任何学科的发展都具有一定的连续性与继承性,在前一阶段中萌发有后一阶段的因素,而后一阶段中又保留有前一阶段的原始遗痕。上述六个方面,是魏晋南北朝时期史家从事历史考据的基本方法。无可否认,在这些考据方法中，有的是在前代史家考史的基础上发展起来的，如汉代刘向、刘歆、马融等在校勘、辨伪时所使用的方法已具有他证、理证、存疑的因素，但他们的论证极其简单，严格说来，只能是这些考据方法的萌芽。他证法、理证法和存疑法的成熟与广泛运用乃在魏晋南北朝时期。理证法是一般人不大敢用的一种考据方法，而在这一时期，史家却大胆地以它来指瑕祛谬，订正史实。固然，他们的论证并非全属正确无误，但毕竟第一次在我国考据学史上确立了理证法的地位，并给后人以启迪。宋司马光、清王鸣盛即多用此法。存疑法是一种严肃的科学态度，也是我国史学发展史上的好传统。司马光作《通鉴考异》，对许多史实的订正，即采取这种态度。至于本证法、对证法和物证法确系发凡起例，为这一时期的史家所首创。关于本证法，清代考据大家钱大昕说："本证之名昉于陈季立（陈第字）《诗古音》，然吴廷珍（吴缜字）《新唐书纠谬》已开其例矣。欧、宋负一时盛名，自谓事增文简，既粗且博，廷珍特取《纪》《志》《表》《传》之文彼此互勘，而罅漏已不能掩。"①其实本证法并不始于吴缜《新唐书纠谬》，早在东晋孙盛撰《异同评》时已首创其例。自孙盛之后，历代史家沿用不废，唐刘知几《史通》、宋司马光《通鉴考异》、吴缜《新唐书纠谬》、明陈第《毛诗古音考》、清汪辉祖《元史本证》、赵翼《廿二史札记》即屡用此法。钱大昕说："考史之家，每好搜录传记小说，矜衒奥博，然群言淆乱，可信者十不二三。就令采择允当，而文士护前，或转谓正史之有据。兹专以本史参证，不更旁引，则以子之矛刺子之

---

① 钱大昕：《元史本证序》。

盾,虽好为议论者,亦无所置其喙。"① 陈垣先生更认为校书未得祖本或别本之前,本证法"最宜用之"②。可见本证法在考据工作中具有极其重要的作用。再如物证法,虽然早在西汉宣帝时,张敞已开始解释铜器铭文③。东汉明帝时符节令宋元亦上言发秦昭王与吕不韦冢,视未烧诗书④。但他们均尚未以地下出土的实物作为考证古文献的依据而开始这一工作。只有到西晋时,地下出土的实物才真正受到人们的重视而被纳入考据学的轨道,为后世考证古书的人们启示了新的方法和途径。宋、清乃至近、现代的考据学家,正是凭借地下出土的古籍和古器物来恢复和不断地恢复历史事实的本来面貌。总而言之,魏晋南北朝时期的史家在考据方法上为后世考据学的发展做出了开创性的贡献,其功绩不能抹杀,应给予充分肯定。

就考证对象而言,魏晋南北朝时期的考史著作,重点在于史实订正(包括人名、舆地、年代、官制、氏族、典章等,限于篇幅,例证从略),并且涉及文字、史书编纂体例、材料取舍等,同时亦间或诠解蒙滞,评论历史人物与历史事件,内容丰富。

三、考据学的产生及影响

考据作为史学研究的一种方法,与史学发展互为表里。魏晋

---

① 钱大昕:《元史本证序》。
② 陈垣:《元典章校补释例》卷六。
③ 《汉书·郊祀志》。
④ 《太平御览》卷五百六十引《皇览·冢墓记》。

南北朝时期，一方面，除西晋的短暂统一以外，我国处于长期分裂割据的混乱状态，朝代更替频繁，国亡史作，随着社会历史的急剧发展变化，出现了一个前所未有的史学发展的新局面，史学范围扩大，史书体裁增加，史籍数量众多，"一代之史，至数十家"①。但我们知道，史书记事，有个是否合理与真实的问题，史书越多，这一问题便愈显得明显，也必然引起史家的注意。而欲求其史事真相，即须从事历史考据。另一方面，这一时期，以人物为中心的纪传体史书特别发达，相应的，褒贬人物的"春秋笔法"在史学思想中占据了主导地位。有些史家舞词弄札，文过饰非，不惜歪曲历史事实地阿意顺从，持谄媚以取私惠。因此，尽管这一时期史籍繁复，可向声背实、舍真存伪者却不在少数，"其失之者，则有苟出异端，虚益新事，至如禹生启石，伊产空桑，海客乘槎以登汉，姮娥窃药以奔月"②。特别是由于自魏晋开始，史家蜂起，私家修史之风甚盛，以致著述多门，诸如《语林》《笑林》《世说》《俗语》皆纷然问世。而这些野史稗乘，"皆喜载调谑小辩，嗤鄙异闻"③。这样一来，"斯风一扇，国史多同"④，一些史家随波逐流，以流言俗语载荒诞不经之事于国史之中。史书记载失实的现象越发严重。当时的裴松之即愤然指出："轻弄笔墨，妄生异端，以行其书。如此之类，正足以诬罔视听，疑误后生矣。实史籍之

---

① 《隋书·经籍志》。
② 《史通·采撰》。
③ 《史通·书事》。
④ 《史通·书事》。

罪人，达学之所不取者也。"①这种特殊的历史条件是史家从事历史考据的一个很重要的原因。据此可见，魏晋南北朝时期，考据风气的出现，是史学兴盛、学术活跃的必然结果。史家使用的考据方法，也正是为了进一步促进学术的发展，为史学的目的而服务，考据本身并不是目的，只不过是达到目的的手段。就此而言，它与清乾嘉时期的考据学有着很大的区别。乾嘉考据学是清朝统治者屡兴文字狱，实行文化专制统治的产物，它不是学术发展的正常表现。鲁迅先生曾经指出："到乾隆年间，人民大众便更不敢用文章来说话了。所谓读书人，便只好躲起来读经，校勘古书，做些古时的文章，和当时毫无关系的文章。有些新意，也还是不行的；不是学韩，便是学苏。"②在这种学术气氛沉闷的情况下，史家从事考据，逃避现实，离今言古，整日埋头于故纸堆中，为考据而考据，把考据本身当成了目的。这便是他们的不足之处。

魏晋南北朝时期，由于史家从事考据，旨在促进学术发展，为史学服务，因而，他们的辛勤耕耘，为后人研究这一时期的社会历史提供了更为翔实、更为可靠的资料。特别是他们借以辨疑袪伪的书籍后世大皆亡佚无存，更有其特殊的历史地位。同时，他们的证误、纠谬之作对当时和后世史家著史起到一定的警诫与监督作用。南宋周密说过："著书之难尚矣！近世诸公多作考异、证误、纠谬等书，以雌黄前辈，该赡可喜而互有得失，亦安知无议其

---

① 《三国志·袁绍传》注。
② 鲁迅：《伪自由书·再谈保留》，见《鲁迅全集》第5卷，人民文学出版社1957年版，第115页。

后者!"①的确,我国史学日益发达,史事日明,史家著史秉笔直书,不敢掉以轻心者,与前朝或当代史家的考订辨伪工作有着密切的关系。

综上所述,我们认为,作为一门完整的学科,它的产生和成立必须具备一定的条件。就考据学而言,考史著作的形式、考据方法和考据内容应是我们借以衡量的标尺。魏晋南北朝时期,既有考据史实的专门著作,又有贯穿于史著中的考辨条文。谯周《古史考》是我国第一部考史专著,它的出现,在考据学史上具有划时代的意义,标志着我国考据学的产生,经孙盛《异同评》、裴松之《三国志注》、刘孝标《世说新语注》,至郦道元《水经注》,随着考据内容的不断丰富,考证方法的日臻完善与确立,考据学亦告成立。固然,这一时期,考史专著不多,但众多的史家都在各自的论著中不同程度地订正着文献记载的谬戾乖杂,考据风气还是很普遍的。它为后世考据学的发展开辟了门径,打下了基础。就考据方法和考据内容而言,后世的考据学和魏晋南北朝相比,没有质的区别,不过是考证更趋细微而已。总之,魏晋南北朝时期,上承春秋、西汉的疑古思想,下启宋、清考据学之大盛,起了一座桥梁的作用,在我国考据学史上写下了光辉的一页。

(原载《人文杂志》1987 年第 5 期)

---

① 周密:《齐东野语》卷十九。

下编　魏晋南北朝◆

论魏晋南北朝时期的史籍注释

史注作为史学的组成部分，与史学发展互为表里。魏晋南北朝时期，随着史学的兴盛发达，注史受到学者的普遍重视，注史方式冲破了经学家说经，不对经文做修正补充，侧重阐发文字意义的束缚，走上浩征博引，补史籍之阙文，或正历史记载的谬误，在中国史学发展史上写下了新的一页，对后世注史方式发生过深远的影响。因此，对这一时期的史注进行探讨，不仅对魏晋南北朝史学和中国史注的研究有所裨益，就是对古籍整理工作，也可提供借鉴。以下就这一时期的史注分为：重要的发展、丰富的内容、显著的特点、实用的价值四方面加以论述，以期引玉。

一、重要的发展

在我国，为古籍作注由来已久。相传孔子作过十篇羽翼《易经》的文字，后人称为"十翼"。汉代学者引用《易系辞》称《易大传》，传的起源以此为最早。继续这种体例从事写作的有：论述本事，证发经意的《春秋左氏传》；阐明经文大义的《春秋公羊传》和《春秋穀梁传》；依经文逐字逐句进行解释的《毛氏诂训传》。后汉经学大师郑玄遍注"六经",都直名其书为注,如《周礼注》《仪礼注》《礼记注》。刘知几解释说:"盖传者,转也,转授于无穷。注者,流也,流通而靡绝。惟此二名,其归一揆。"①东汉时,先后有人为史书作注,如马融、郑玄注《尚书》,服虔注《左传》《汉书》,应劭注《汉书》,贾逵注《左传》《国语》,高诱注《战国策》,宋均注《帝谱世本》,宋衷注《世本》。特别是到魏晋南北朝时期,我国封建史学进入一个新的发展时期,史学受到人们的普遍重视,研究范围扩大,史书体裁增加,数量众多,"一代之史,至数十家"②。相应地,注史之风亦随之盛行。关于纪传体史书,《史记》有宋裴骃《史记集解》、徐广《史记音义》,梁邹诞生《史记音》等。《汉书》之注,据颜师古《汉书叙例》可知,自汉末至陈,为之作注的就有二十三家,如吴韦昭《汉书音义》,晋晋灼《汉书集注》,齐陆澄《汉书注》,梁刘显《汉书音》,刘孝标《汉书注》等。《三国志》有宋裴松之《三国志注》,北魏卢宗道《魏志音义》。《后汉书》有梁刘昭《后汉书注》,陈萧该《范汉音》、臧竞《范汉音训》,北魏刘芳《后汉书音》等。编年体史书,有宋刘肜干宝的《晋纪》注,北魏崔浩《汉纪音义》等。杂史注有魏王肃、吴韦昭、虞翻《国语注》,晋孔晁《国语注》《逸周书注》,晋郭璞《山海经注》《穆天子传注》《水经注》,梁刘孝标《世说新语注》,北魏郦道元《水经注》等。值得注意的是,这一时期出现了荟萃众说的集解、集注,如何晏的《论语集解》,范甯的《穀梁集解》,裴骃的《史记集解》,晋灼的

---

① 《史通·补注》。
② 《隋书·经籍志》。

《汉书集注》等。集解、集注的出现，一方面反映了某书研究的盛况，另一方面也体现了史注的兴盛与发达。总之，魏晋南北朝时期，注史风气之盛，史注数量之多，均为前所未有。

魏晋南北朝时期的史注，较之前朝，有了重要的发展。虽然，在我国，史注的起源很早，但是直至汉末，史家注史，皆不外是对音义、名物、地理及典故的解释，"昔《诗》《书》既成，而毛孔立《传》，《传》之时义，以训诂为主，亦犹《春秋》三《传》，配《经》而行也。"①马融、郑玄、贾逵、服虔、应劭、延笃、高诱等人所作各种注释，也同样如此。可是，进入魏晋南北朝，尽管也有像韦昭、徐广、晋灼、裴骃、萧该等人主要从音韵训诂方面对史书进行注释，但是，这只是史注内容的一个方面，而另一个重要的方面乃是增补事实、条列异同、考辨史料、发表评论。《三国志注》《世说新语注》《水经注》是为这方面之开创之作。它们开阔了史注的范围，扩大了史注的容量，不失为注书之良法。《四库全书总目》指出："昔陈寿作《三国志》，裴松之注之，详引诸书错互之文，折衷以归一是，其例最善。"李慈铭云："裴松之《注》博采异闻，而多所折衷，在诸史注中为最善。"②高似孙亦云：刘孝标注《世说新语》，"引援详确，有不言之妙，如引汉魏吴诸史及子传地理之书，皆不必言，只如晋氏一朝史及晋诸公别传谱录文章凡一百六十六家，皆出于正史之外，记载特详，闻见未接，实为注书之法"③。凡此种种，实属精核之论。也正是由于它们开创了一代

---

① 《史通·补注》。
② 李慈铭：《越缦堂日记》。
③ 高似孙：《纬略》。

史注新法,才对后世史家产生了极其深远的影响。唐杜佑《通典》自注,宋王皡《唐余录》、陶岳《五代史补》、清彭元瑞《五代史记注》、吴士鉴《晋书斠注》,乃至今人余嘉锡先生《世说新语笺疏》皆仿效裴、刘、郦注而为。其发凡起例,开导后学之功实不可没。

魏晋南北朝时期的史注,虽然数量众多,但大多散佚,比较完整地保存下来的只有韦昭《国语注》、裴松之《三国志注》、裴骃《史记集解》、刘孝标《世说新语注》①和郦道元《水经注》,余为散见于后人集注或辑文中的残简断片。因此,下面就以韦、裴、刘、郦五注为主,对魏晋南北朝时期史注的内容做进一步的探讨。

二、丰富的内容

魏晋南北朝时期的史注,就其内容所涉,可分如下几个方面:

(一)注明字音

《国语·周语》:"古者,太史顺时觇土,阳瘅愤盈,土气震发。"韦昭注曰(以下简称韦注):"觇,脉音。瘅,丁佐反。"《史记·龟策列传》:"卫平乃援式而起。"徐广注曰:"式,音勅。"②《三国志·武帝纪》:"(袁)尚将沮鹄守邯郸。"裴松之注

---

① 由于《世说新语》是一部文学作品,因之,长期以来,刘孝标《世说新语注》在史学界不甚为人所重。其实,它是魏晋南北朝时期颇具特点、富有价值的著名史注,详见拙文《〈世说新语注〉试论》,载《史学史研究》1985年第4期。

② 裴骃:《史记集解》引。

曰(以下简称裴注):"沮,音菹,河朔间今犹有此姓。"《世说新语·简傲》:"'凤'字,凡鸟也。"刘孝标注曰(以下简称刘注):"许慎《说文》曰:'凤',神鸟也。从鸟,凡声。"《水经·浊漳水》:"浊漳水出上党长子县西发鸠山之漳水焉。"郦道元注曰(以下简称郦注):"许慎曰:'水出发鸠山入关,从水章声。'"合而观之,韦注、晋灼《汉书集注》、徐广《史记音义》、裴骃《史记集解》、臧竞《范汉音训》、萧该《范汉音》、卢宗道《魏志音义》、崔浩《汉纪音义》所作此类注释甚多,裴、刘、郦注很少。随着时代的发展,语音亦在渐次变化,注明字音,对读者正确理解原文颇多裨益。

(二)解释语词

《国语·周语》:"犹曰怵惕,惧怨之来也。"韦注曰:"怵惕,恐惧也。"《史记·淮南衡山列传》:"(淮南王太子迁)即自刭,不殊。"晋灼注曰:"不殊,不死。"[①]《史记·游侠列传》:"为侠者极众,敖而无足数者。"徐广注曰:"敖,倨也。"[②]《史记·酷吏列传》"作'沈命法'"。裴骃《集解》曰:"《汉书音义》曰:'沈,藏匿也。命,亡逃也。'"《三国志·武帝纪》:"己酉,令曰:'《司马法》将军死绥。'"裴注曰:"《魏书》曰:'绥,郤也。有前一尺,无郤一寸。'"《世说新语·栖逸》:"虽古之沈冥,何以过此?"刘注云:"李轨注曰:'沈冥,犹玄寂,泯然无迹之貌。'"《水经·济水》:"(济水出河东垣)县东

---

① 裴骃:《史记集解》引。
② 裴骃:《史记集解》引。

王屋山,为沇水。"郦注曰:"《春秋说题辞》曰:'济,齐也。齐,度也,员也。'"这样的注释简明扼要,疏通文意,成为读者理解原文不可缺少的条件。

(三)校勘文字

《国语·晋语》:"及(士会)为成师,居太傅。"韦注曰:"此'成'当为'景'字误耳,鲁宣九年,晋成公卒,至十六年,晋景公请于王,以黻冕命士,会将中军,且为太傅。"《史记·淮南衡山列传》:"男子之所死者一言耳。"徐广注曰:"一本无此'言'字。"①《史记·夏本纪》:"禹乃遂与益、后稷奉帝命,命诸侯百姓兴人徒以傅土。"裴骃《集解》曰:"《尚书》'傅'字作'敷'。"《三国志·崔琰传》:"琰谓(司马)朗曰:'子之弟,聪哲明允,刚断英跱。'"裴注曰:"'跱'或作'特',窃谓'英特'为是也。"《三国志·向朗传》:"(朗)自去长史,优游无事垂三十年。"裴注曰:"按朗坐马谡免长史,则建兴六年中也;朗至延熙十年卒,整二十年耳。此云三十,字之误也。"《世说新语·汰侈》:"(济)好马射,买地作埒,编钱帀地竟埒。时人号曰'金沟'。"刘注曰:"沟,一作埒。"《世说新语·文学》:"殷(殷浩)、谢(谢安)诸人共集,谢因问殷:'眼往属万形,万形来入眼不?'"刘注曰:"谢有问,殷无答,疑缺文。"《水经·湛水》:"湛水出河内轵县西北山。"郦注曰:"湛水出轵县南源湛溪,俗谓之椹水也,是盖声尽于三豕之误耳。"我们知道,魏晋南

---

① 裴骃:《史记集解》引。

北朝时期，雕版印刷术尚未发明，书籍皆为手抄本，而在抄写的过程中，由于一时的疏忽而讹、脱、衍字的现象是屡见不鲜的，以致造成种种混乱。而校勘文字方面的注文正好可以澄清这种混乱，以辨订是非，使古书中许多扞格难解之处涣然冰释。

（四）注释地理

《国语·周语》："康公不献。一年，（恭）王灭密。"韦注曰："密，今安定阴密县是也，近泾。"《史记·太史公自序》："昔为伯拘羑里，演《周易》。"徐广注曰："羑里，在汤阴。"[①]《史记·淮南衡山列传》："以辇车四十乘反谷口。"裴骃《集解》曰："《汉书音义》曰：'谷口在长安北，故县也，处多险阻。'"《三国志·司马芝传》："特进曹洪乳母当，与临汾公主侍者共事无涧神系狱。"裴注曰："无涧，山名，在洛阳东北。"《三国志·三少帝纪》："嘉平元年春正月甲午，车驾谒高平陵。"裴注曰："孙盛《魏世谱》曰：'高平陵在洛水南大石山，去洛城九十里。'"《世说新语·德行》："李元礼风格秀整，高自标持，欲以天下名教是非为己任，后进之士有升其堂者，皆以为登龙门。"刘注曰："《三秦记》曰：'龙门，一名河津，去长安九百里。'水悬绝，龟鱼之属，莫能上，上则化为龙矣。"《水经·浪水》："（浪水）东至苍梧猛陵县。"郦注曰："猛陵县在广信之西南，王莽之猛陆也。"我国幅员广大，地域辽阔，同名异地的现象是很多的。因此，注明某地所处或所属，为阅读与理解

---

① 裴骃：《史记集解》引。

原文提供了很大方便。

(五) 注释名物

《国语·齐语》:"(桓公)赏服大辂,龙旗九旒,诸侯称顺焉。"韦注曰:"龙旗,画交龙于缘也,正幅为缘,旁属为旒。"《三国志·孙皓传》:"(宝鼎二年)夏六月,起显明宫。"裴注曰:"《太康三年地记》曰:'吴有太初宫,方三百丈,权所起也。昭明宫方五百丈,皓所作也,避晋讳,故曰显明。'"《世说新语·言语》:"伯也执殳,为王前驱。"刘注曰:"殳,长一丈二尺,无刃。"

(六) 注释典故

《国语·周语》:"谚曰:'从善如登,从恶如崩。'"韦注曰:"如登喻难,如崩喻易。"《史记·货殖列传》:"以故呰窳偷生。"徐广注曰:"呰窳,苟且堕懒之谓也。"[①]《三国志·武帝纪》:"当此之时,若缀旒然。"裴注曰:"《公羊传》曰:'君若赘旒然。'何休云:'赘犹缀也。旒,旂旒也。以旒譬者,言为下所执东西也。'"

上述六个方面是继承两汉史注而来的,不是魏晋南北朝时期史注的主要内容,故不详论。下面三个方面是魏晋以前的史注不具备或不完全具备的。

---

① 裴骃:《史记集解》引。

(七)增补事实

　　史书叙事,力求简洁,但如果过于简单,就会使有些重要历史人物的主要生平事迹阙如和一些历史事件发生的原因、经过不明。鉴于此,魏晋南北朝时期,史家作注,往往于原作粗疏简略之处,引举事实,详加补充。如《国语·晋语》:"期年,乃有贾季之难,阳子死之。"事件的来龙去脉不明。韦注曰:"初,晋作五年。鲁文五年,晋四卿卒。至六年,晋蒐于夷,舍二军,复成国之制。狐射姑将中军,赵盾佐之。阳子至自温,改蒐于董,使赵盾将中军,射姑佐之。射姑怨阳子之易其班,使狐鞫居杀阳处父而奔狄。"寥寥数语,便道出了阳子的死因。《三国志·武帝纪》:"是岁(196)用枣祗、韩浩等议始兴屯田。"《三国志·任峻传》:"是时岁饥旱,军粮不足,羽林监颍川枣祗建置屯田,太祖以峻为典农中郎将,数年中所在积粟,仓廪皆满。"如此重大的屯田事件,《三国志》只用这五十四字做了记载,使人无法得到完整而清楚的认识。裴松之于《武帝纪》注曰:"《魏书》曰:'自遭荒乱,率乏粮谷。诸军并起,无终岁之计,饥则寇略,饱则弃余,瓦解流离,无敌自破者不可胜数。袁绍之在河北,军人仰食桑葚。袁术在江、淮,取给蒲蠃。民人相食,州里萧条。公曰:"夫定国之术,在于强兵足食,秦人以急农兼天下,孝武以屯田定西域,此先代之良式也。"是岁乃募民屯田许下,得谷百万斛。于是州郡例置田官,所在积谷。征伐四方,无运粮之劳,遂兼灭群贼,克平天下。'"又于《任峻传》注曰"《魏武故事》载令曰:'使(祗)为屯田都尉,施设田业。其时岁则大收,后遂因此大田,丰足军用,摧灭群逆,克定天下,以隆王室"云云,这样,屯田事件的前因后果和发展进程便厘然可见,使后人明白了有关屯田的重大问题。再如,《世说新语·政事》:"陶公(陶侃)性检厉,勤于事。"刘注引《晋阳秋》予以补充:"侃练核庶事,勤务稼穑,虽戎陈武士,皆劝厉之。有奉馈者,皆问其所由。若力役所致,欢喜慰赐;若他所得,则呵辱还之。是以军民勤于农稼,家给人足。性纤密好问,颇类赵广汉。尝课营种柳,都尉夏施盗拔武昌郡西门所种。侃后自出,驻车施门,问:'此是武昌西门柳,何以盗之?'施惶怖伏首,三军称其明察。……侃勤而整,自强不息。又好督劝于人,常云:'民生在勤,大禹圣人,犹惜寸阴,至于凡俗,当惜分阴。岂可遊逸,生无益于时,死无闻于后,是自弃也。'……"陶侃是东晋时期重要历史人物之一,王鸣盛曾赞誉其为"东晋第一纯臣",他扶正济危,屡建功勋,对巩固中央王权、稳定东晋统治起了重大的作用。据刘氏此注,可见其德才之卓尔不群,尤其是在政权腐败的东晋一代,更为难得。这是总论陶侃之为人的重要史料,特别是《晋阳秋》已佚,此注尤显得可贵。更值得注意的是,好多史注在增补事实的同时,还补其缺漏。例如,《三国志》叙事简洁,但遗漏了许多重要历史人物的生平事迹,如马均是曹魏时期的科学发明家,而《三国志》竟缺漏无述。裴松之先后在《三国志·明帝纪》和《杜夔传》中引《魏略》和傅玄序马均之文予以补充,共计一千二百余字,为后人研究这位科学家的生平事迹提供了极为珍贵的资料。又如《世说新语·文学》载:"袁彦伯(袁宏)作《名士传》,成。"刘注曰:"宏以夏侯太初(夏侯玄)、何平叔(何晏)、王辅嗣(王弼)为正始名士;阮嗣宗(阮籍)、嵇叔夜(嵇康)、山巨源(山涛)、向子期(向秀)、刘伯伦(刘伶)、阮仲容(阮咸)、王濬仲(王戎)为竹林名士;裴叔则(裴楷)、乐彦辅(乐广)、王夷甫(王衍)、庾子嵩(庾敳)、王安期(王承)、阮千里(阮瞻)、卫叔宝(王玠)、谢幼舆(谢鲲)为中朝名士。"《名士传》久佚,不得其详,但据此注,一则能够了解此书内容编排之大概,《中国历史大辞典·史学史》、刘节先生《中国史学史稿》等史学史专著所言《名士传》,皆以此注为本;另则亦可看出袁宏对于历史人物的评价非常重视,表明当时月旦人物的社会风气十分兴隆,这也从一个侧面反映出魏晋时期的史家,很重视个人在历史发展中的作用。至于郦道元《水经注》,更是通过搜集丰富的文献资料和实地考察,对经文缺漏之处详加补充。例如《水经》所记我国水道只有一百三十七条,而郦注记载的却有一千二百五十二条,而且详细记述了水道流经地区的山陵、城邑、建筑名胜及风土人情、历史故事、民间传说等,比原著文字增加了二十倍。

总之,魏晋南北朝时期,史家作注,于原作简略之处,着力增补,不啻使之记述更为完整,而且为后世保存了大量难得的史料,颇有裨于史学研究,其功绩不能抹杀。

(八) 纠纰攻缪

魏晋南北朝时期的史注,注重考辨史料。《国语·周语》:"昔共工弃此道也。"韦注曰:"贾侍中(贾逵)云:'共工,诸侯,炎帝之后,姜姓也。颛顼氏衰,共工氏侵陵诸侯,与高辛氏争而王也。'或云:'共工,尧时诸侯,为高辛所灭。'昭谓:言为高辛所灭，安得为尧诸侯？又尧时共工，与此异也。"上古史事争议纷纷，韦昭注《国语》，覃研精思，多所是正，他自云其注"去非要，存事实，凡所发正，三百七事"①。其在考订方面用力之勤可见一斑。裴、刘、郦注亦擅长纠纰攻缪。《三国志·明帝纪》："（景初元年丁亥）帝崩于嘉福殿，时年三十六。"裴松之在注文中细加考证云："魏武以建安九年八月定邺，文帝始纳甄后，明帝应以十年生，计至此年正月，整三十四年耳。时改正朔，以故年十二月为今年正月，可强名三十五年，不得三十六也。"《三国志·凉茂传》："（公孙）度谓茂及诸将曰：'闻曹公远征，邺无守备，今吾欲以步卒三万，骑万匹，直指邺，谁能御之？'诸将皆曰：'然。'"裴松之考辨曰："按此传云公孙度闻曹公远征，邺无守备，则太祖定邺后也。按《度传》，度以建安九年卒，太祖亦以此年定邺，自后远征，唯有北征柳城耳。征柳城之年，度已不复在矣。"《世说新语·文学》："殷中军（殷浩）为庾公（庾亮）长史"条下，刘注曰："按《庾亮僚属名》及《中兴书》，浩为亮司马，非为长史也。"《世说新语·捷悟》载王敦率军将至大桁，晋明帝命温峤断桁以截击，峤未断桁，使明帝大怒。刘注曰："按《晋阳秋》、邓《纪》（邓粲《晋纪》）皆云，敦将至，峤烧朱雀桥以阻其兵，而云未断大桁，致帝怒，大为讹谬。"一本云帝自劝峤入，一本作噈饮，帝怒，此则近也。《水经·淮水》："淮水又北，沙水注之。"郦注曰："经所谓濊荡渠也。淮之西，有平阿县故城，王莽之平宁也。建武十三年，世祖更封耿阜为侯国。《郡

---

① 韦昭：《国语解叙》。

国志》曰:'平阿县有当塗山,淮出于荆山之左,当塗之右,奔流两山之间,西扬涛北注之。'《春秋左传》哀公十年,大夫对孟孙曰:'禹会诸侯于塗山,执玉帛者万国。'杜预曰:'塗山在寿春北。'非也。余按《国语》曰:'吴伐楚,隳会稽,获骨焉,节专车,吴子使来聘,且问之,客执骨而问之,敢问骨何为大?仲尼曰:丘闻之,昔禹致群神于会稽之山,防风氏后至,禹杀之,其骨专车,此为大也。'盖丘明亲承圣旨,录为实证矣。又按刘向《说苑·辨物》,王肃之叙孔子二十二世孙孔猛所出先人书家语,并出此事,故塗山有会稽之名。考校群书,及方士之目,疑非此矣。"

总之,魏晋南北时期,史家作注,对原作错谬牴牾之处,详加考据订正,为后人的研究工作提供了更为翔实可靠的资料。

(九)附加评论

魏晋南北朝时期的史注,不仅补充事实,考辨史料,而且常常评论史事及人物。《三国志·武帝纪》载曹操的父亲嵩为陶谦所害,后曹操伐谦,拔襄贲,所过多所残戮。裴注云:"孙盛曰:'夫伐罪吊民,古之令轨;罪谦之由,而残其属部,过矣。'"《三国志·张鲁传》:"鲁薨,谥之曰原侯。子富嗣。"裴注曰:"张鲁虽有善心,要为败而后降,今乃宠以万户,五子皆封侯,过矣。"《世说新语·尤悔》:"阮思旷奉大法,敬信甚至。大儿年未弱冠,忽被笃疾。儿既是偏所爱重,为之祈请三宝,昼夜不懈。谓至诚有感者,必当蒙祐。而儿遂不济。于是结恨释氏,宿命都除。"刘注曰:"以阮公智识,必无此弊。脱此非谬,何其感欤?夫文王期尽,圣子不能驻其年,释种诛夷,神力无以延其命。故业有定限,报不可移。若请祷而望其灵,匪验而忽其道,固陋之徒耳。岂可以言神明之智者哉?"《水经·沔水》:"沔水又东得死沔。"郦注曰:"言昭王济,自是死沔,故有死沔之称。王尸岂逆流乎? 但千古芒昧,难以昭知,推其事类,似是而非矣。"这种评论一类的注文,表露了注家对历史人物和历史事件的态度,反映了他们的史学思想和政治思想,为历史研究提供了直接的借鉴和参考。

由上可知,魏晋南北朝时期的史注内容广泛,形式多样,是后人阅读正文,从事史学研究不可缺少的辅翼。

三、显著的特点

(一)体例完备

魏晋南北朝时期的史注体例完备。不管是韦注、裴注,还是刘注、郦注,它们都既校勘文字、注明字音、解释语词、注释地理、名物及典故,又考辨史料、补充正文,且有附加评论。即使以今天的注书标准来衡量,仍不失为史注中之优秀代表。

(二)详注出处

引文指出来源,引书注明出处,是古代史学的一个好传统。早在东汉许慎著《说文解字》时,引书即标举书名。韦、裴、刘、郦四注继承了古代史学的这一优良传统,凡引用前人的注释或成说皆注明来源,引书亦一一指明出处,且引以各家原文。也正是由于这一点,它们才具有更高的学术价值,为后人所称道。相反,杜预注《左传》,因引前人之说多未标明来源,而为后人所訾议,批评其有剽窃之嫌。因此,清顾炎武强调指出:"凡述古人之言,必当引其立言之人。"又云:"凡引用前人之言,必用原文。"这对一个史学工作者来说是非常重要的。

(三)征引繁富

征引繁富是魏晋南北朝时期史注的一大特点。韦注虽则引书仅18种,但引文却有300余条。裴注征引之书,经部22家,史部142家,子部23家,集部23家,共210家①。刘注征引之书,经部35家,史部288家,子部39家,集部42家,释氏10家,共414家②。郦注引用前代及当世的著作375种③。引书之多,掘发之广,是前人难能望其项背的,后人亦很少可以与之相比拟,这一方面反映了注者功力之深,泛览之勤;另一方面亦为学术研究保存了丰富的资料。对此应予以充分肯定。

(四)条列异同

若同记一事,在诸说有别,难以定其是非的情况下,则条其异说,并皆抄内,以备异闻。《三国志·文聘传》载孙权以五万人围文聘于石阳,聘坚守不动,后解去。聘反追击,破之。而《魏略》

---

① 沈家本:《三国志注所引书目序》。
② 沈家本:《世说注所引书目序》。
③ 曹尔琴:《郦道元和〈水经注〉》,《西北大学学报》哲学社会科学版,1978年第3期。

曰："孙权尝自将数万众卒至，时大雨，城栅崩坏，人民散在田野，未及补治。聘闻权到，不知所施，乃思惟莫若潜默可以疑之。乃敕城中人使不得见，又自卧舍中不起。权果疑之，语其部党曰：'北方以此人忠臣也，故委之以此郡，今我至而不动，此不有密图，必当有外救。'遂不敢攻而去。"两者所言不同。对此，裴氏并不武断地判定是非，而是引之并注明："《魏略》此语，与《本传》反。"以提请后学注意。《世说新语·文学》载袁宏始作《东征赋》，全不言陶范之事，陶以武力相威胁。刘注引《晋阳秋》曰："宏为大司马记室参军，后为《东征赋》，悉称过江诸名望。时桓温在南州，宏语众云：'我决不及桓宣城（桓温）。'"于此孰是孰非，疑不能判之处，刘氏只言："二说不同，故详载焉。"《水经·河水》："昆仑墟在西北，去嵩高五万里，地之中也。"郦注曰："《禹本纪》与此同。"高诱称河出昆山，伏流地中万三千里，禹导而通之，出积石山。按《山海经》："自昆仑至积石一千七百四十里，自积石出陇西郡至洛，准地志可五千里。又按《穆天子传》：天子自昆仑山入于宗周，乃里西土之数。自宗周瀍水以西北，至于河宗之邦、阳纡之山，三千有四百里，自阳纡西至河首四千里，合七千四百里。《外国图》又云：从大晋国正西七万里，得昆仑之墟，诸仙居之。数说不同，道阻且长，经记绵褫，水陆路殊，径复不同，浅见末闻，非所详究，不能不聊述闻见，以志差违也。"在未弄清疑窦时，并存其说，这是一种谨严审慎的注书方法，在当时和后来都有深刻影响，对于抨击那种主观武断的不良学风，产生了一定的积极作用。就是对于今天的史学工作者来说，仍然具有直接的参考价值。

四、实用的价值

(一) 对辑佚古史的贡献

众所周知,魏晋南北朝时期,史籍佚失严重,许多在当时信誉卓著的史著,后来大都荡然无存。这一时期的史注虽则征引繁复,但所引诸书,亦已十佚其九。不过,值得庆幸的是,史家作注时引以各家原文,且一一注明出处,使后人得以窥其一斑。因而,这些史注在辑佚古史方面具有很高的资料价值,清代辑佚家莫不视为鸿宝。例如清人辑《世本》和郑众、贾逵的《国语》注时,都依据了韦昭《国语注》。近人张鹏一所辑鱼豢《魏略》有170余处引自《三国志注》。又如,据有史可查的晋史著作有23家,虽然诸书全书已亡,但王隐《晋书》、虞预《晋书》、何法盛《晋中兴书》、干宝《晋纪》、傅畅《晋诸公赞》、孙盛《晋阳秋》、习凿齿《汉晋春秋》、邓粲《晋纪》、徐广《晋纪》、王诏之《晋安帝纪》、桓道鸾《续晋阳秋》等11家皆在《世说新语注》中有部分引文,朱凤《晋书》、沈约《晋书》、曹嘉之《晋纪》、刘谦之《晋纪》、荀绰《晋后略》等5家亦有引录。这就为后人辑佚诸家晋史提供了方便,清人汤球所辑之诸家旧晋史①,采《世说新语注》者甚多,以《晋阳秋》为例,辑本中就有100余处引自该注。又如陈溶运所辑之邓粲《晋纪》,取材于《世说新语注》《太平御览》《北

---

① 收入《广雅书局丛书》。

堂书钞》和《初学记》，共收录 45 条，其中 24 条引录于《世说新语注》，占辑本二分之一还多。至于郦道元《水经注》，也是清代辑佚家每每凭借的对象。魏晋南北朝时期的史注，不只是对前人辑佚古史做出了贡献，并且对我们今天钩稽佚文，恢复古籍的本来面目，进一步搞好古籍整理和历史研究工作提供了丰富的资料。试举一例，《三国志注》《世说新语注》和《水经注》引录有很多不同种类的人物传记，历代人物传（如魏明帝《海内先贤传》）、时代人物传（如袁宏《正始名士传》）、地方人物传（如周斐《汝南先贤传》）、妇女人物传（如刘向《列女传》）、隐逸人物传（如皇甫谧《高士传》）、僧道人物传（如释慧皎《高僧传》）、氏族家传（如裴松之《裴氏家传》），特别是别传甚多（如《桓温别传》），仅《世说新语注》就达 81 部。这些人物传记，都从不同角度和不同程度上反映着当时的社会现实，有其史料上的价值和作用，它既可正正史、别史之乖违，又能补正史、别史之不足，诚如欧阳修所云："古者史官其书有法，大事书于策，小事载之简牍。至于风俗之旧，耆老所传，遗言逸行，更不及书，则传记之说，或有取焉。然六经之文，诸家异学，说或不同；况于幽人处士，闻见各异，或详一时之所得，或发史官之所讳，参求考质，可以备多闻焉。"①可惜的是，上举各传十九都已散佚，现又很少辑本。更令人遗憾的是，《隋书·经籍志》于杂传之列未载别传，《新唐书·艺文志》仅录 20 部。如果我们依靠《三国志注》《世说新语注》《水经注》和《续汉志补注》《文选注》《艺文类聚》《太平御览》《初学记》

---

① 欧阳修：《崇文总目》。

《北堂书钞》等书(诸书皆引录有传记之作),将各类人物传记汇为一辑,这样,既可以使散失湮没了的古代史籍史实恢复旧观,汉、魏、两晋古籍得以更趋完整系统,又能在更为广泛的程度上为我们研究当时的社会政治、经济乃至思想、文化诸方面提供丰富的史料。同时亦能促使魏晋南北朝史学研究的深入发展,因为人物传记的发达是这一时期史学发展的一个特点,又是史学兴盛的一种表现。

(二)对校勘旧籍的功用

魏晋南北朝时期的史注除引录原文、注明出处外,尚具有引援详确、记载特详、剪裁得当等特点,于重要史事,往往首尾完具,史实连贯。这就为后人校勘旧籍提供了佐证。且以《三国志注》《世说新语注》和《水经注》为例试加说明。关于《三国志注》,如《三国志·王祥传》云:"(祥)泰始五年薨。……时文明皇太后崩始逾月。"而《三国志·吕虔传注》引王隐《晋书》作泰始四年(268)薨。考文明皇太后崩亦在四年。则云"五年"者误。又如《晋书·文帝纪》:"帝召护军贾充等为之备。"《三国志·高贵乡公纪注》引《汉晋春秋》《贾逵传》《钟会传》皆作"中护军",按《晋书·武帝纪》及《贾充传》同,则《文帝纪》脱"中"字无疑。关于《世说新语注》,如《世说新语·方正》:"高贵乡公薨,内外喧哗。"注引《汉晋春秋》和《魏氏春秋》皆云高贵乡公曹髦因司马昭专权独断而亲自率兵予以讨伐,反为太子舍人成济(司马昭之党羽)所杀。在详叙事情原委之后,又引干宝《晋纪》曰"高贵乡公之杀,司马文王召群臣谋其故"云云。征此三说,高贵乡公为成济所杀实属信史。这不仅说明《世说新语》所记有误，更重要的是纠正了《三国志》中一大载笔之失。众所共知，陈寿撰史，曲笔颇多，回护过甚，每每替魏晋统治者隐恶溢美。关于高贵乡公之死，《三国志·高贵乡公纪》只云："高贵乡公卒，年二十。"且载一司马昭之奏议。这样，在陈寿笔下，司马昭这一弑君之罪魁祸首俨然成为一讨贼之功臣。依据刘注，则可以辨明真伪，恢复这一历史事实真相。又如，晋张勃撰《吴录》，30卷，已佚，《通志·艺文略》列其为编年类。但《世说新语·赏誉》云："吴四姓旧目云：'张文、朱武、陆忠、顾厚。'"注引《吴录·士林》曰："吴郡有顾、陆、朱、张为四姓。三国之间，四姓盛焉。"可知其书有传。又《太平寰宇记》和《初学记》所引称《吴录·地理志》，则其书有志，当属纪传体，殆无疑义。据此可校正《通志·艺文略》之误。关于《水经注》，如《三国志·卫瓘传》云："秦时李斯号为二篆。"语颇费解。《水经·河水注》引《文章叙录》作"工篆"，"二"盖"工"之形近误。除利用这些史注纠正正史或其他史书记载上的错谬以外，还可以把它们相互参照，以校勘所引史籍本身。如《世说新语·文学》"殷中军见佛经，云理亦应阿堵上"条下，注引《魏略·西戎传》一段，记载了汉哀帝元寿元年（前2）博士弟子景卢受大月氏使者口授《浮屠经》一事，是研究佛教开始流传我国的重要史料，在《三国志注》中亦有引录，但两者文字有异，个别人名亦有出入，如同一人物，刘注云"复豆"，裴注云"复立"。《魏略》已佚，若就两者进行校勘、考证，方可辨订是非，以纠正谬戾、乖杂之处。

综上所论，魏晋南北朝时期的史注内容广泛，很具特点，富有价值,在古代史学史上占有重要的地位。当然,任何事物都不是至善至美的,这一时期的史注亦有不足之处,如有些地方繁芜无谓等,但这毕竟是瑕不掩瑜。

(原载《西北大学学报(哲学社会科学版)》1986年第3期)

◆ 春秋战国魏晋南北朝史学论稿

论魏晋南北朝时期的史学评论

史学评论是伴随着史学的产生、发展而出现的。魏晋南北朝时期,随着史学的进一步发展,特别是由于史学著作的大量涌现和史籍注释、历史考据、史事评论的深入推进,史学评论在内容和形式上均有重大突破和创新,取得空前的成就,对后世产生了深远的影响。可是,长期以来,史学界对此多所忽视或评价失当。一说起魏晋南北朝时期的史学评论,学界同仁除对南朝梁刘勰《文心雕龙·史传》多有研究论评之外,其余很少论及。因此,对这一时期的史学评论进行认真的研究,并给予应有的估价,无论是对我们进一步开展史学评论工作,还是对研究魏晋南北朝史学,促进我国史学发展,都有着十分重要的意义和作用。

一

春秋末期孔子所著《春秋》问世以后,孟子曾就《春秋》的内容及作用进行评论指出:"《春秋》,天子之事也。"又云:"孔子成《春秋》而乱臣贼子惧。"①我认为,这是我国史学评论的开始。

---

① 《孟子·滕文公下》。

后西汉司马迁对孔子所撰《春秋》推崇备至。他在《史记·太史公自序》中评论说:"夫《春秋》,上明三王之道,下辨人事之纪,别嫌疑,明是非,定犹豫,善善恶恶,贤贤贱不肖,存亡国,继绝世,补弊起废,王道之大者也。……《春秋》辩是非,故长于治人。……《春秋》以道义。拨乱世反之正,莫近于《春秋》。《春秋》文成数万,其指数千。万物之散聚皆在《春秋》。……故《春秋》者,礼义之大宗也。"他又在《史记·十二诸侯年表·序》中说:"《春秋》上记隐,下至哀之获麟,约其(鲁《春秋》)辞文,去其烦重,以制义法,王道备,人事浃。"这些都是对《春秋》的作用和孔子编撰《春秋》的手法等方面的评论。自司马迁以后,每当一部史学名著呈现于世,学者多纷纷论评,有正面的赞誉,亦有反面的批评。比如,《史记》问世不久,刘向、扬雄即评论说,司马迁有良史之才,"服其善序事理,辨而不华,质而不俚。其文直,其事核,不虚美,不隐恶,故谓之实录"[①]。与之相反,班固则批评《史记》"是非颇谬于圣人:论大道,则先黄老而后六经;序游侠,则退处士而进奸雄;述货殖,则崇势利而羞贫贱,此其所蔽矣"[②]。同样,班固《汉书》成书后,仲长统亦在《昌言》中评论其为"宗经矩圣之典",盛赞《汉书》"端绪丰赡之功",但亦谴责其有"遗亲攘美之罪,征贿鬻笔之愆"[③]。除上述对史书的一般评论外,班彪还"斟酌前史而讥正得失",作《史记后传》论述传说中的唐虞和夏商周三代到楚汉之际的史学源流,并着重评论了司马

---

① 《汉书·司马迁传·赞》。
② 《汉书·司马迁传·赞》。
③ 《文心雕龙·史传》。

迁的《史记》。①

二

魏晋南北朝时期,伴随着史学实践的发展,史学评论作为一种比较广泛的学术活动进入一个新的历史时期,取得了远超前代的重要成就。主要表现在两个方面:一是出现了独立成篇的史学评论专论;二是史学评论形式多样,内容丰富,评论深刻。

有学者认为,东汉班彪作《史记后传》开我国史评之先河。笔者不敢苟同。一则如上文所说,孟子评论孔子《春秋》已开我国史评之先河。二则班彪《史记后传》实际上是为接续司马迁《史记》而撰写的史书,而并非是史学评论方面的专著或专论,班固在其父《史记后传》的基础上撰写成《汉书》就充分说明这一点。又有不少学者认为,刘勰《文心雕龙·史传》篇是评论我国史学的第一篇专论,更有人提出它开我国史评之先河。事实上此说亦难成立,应予澄清。因为远在刘勰之前约二百年,东晋史学家干宝曾作《史议》,原书虽已佚,但从刘知几《史通》等引文的内容可知,《史议》才是我国史学评论史上第一篇专论。干宝在《史议》中把他以前的各家史书作为研究对象,并评论其长短得失,其"历诋诸家,而独归美《左传》"②。他认为编年史文简事约,且能括囊无遗,"丘明(左丘明《左传》)能以三十卷之约,括囊二百四十年

---

① 《后汉书·班彪传》。
② 《史通·烦省》。

之事,靡有子遗"。并视其为"立言之高标,著作之良模"①。因此,干宝"议撰《晋史》,以为宜准丘明"②。他"盛誉丘明而深抑子长"③,极力主张修史采用编年体。在肯定编年体优长的同时,他又客观地指出其不足之处在于不易记载百官僚佐之事,对于人物事迹多所遗漏。鉴于此,他主张"其臣下委曲,仍为谱注"④。用谱注的形式记载人物的所作所为。在干宝之前,尚无人对纪传与编年两大史书体裁做出这样的评论。从这一点来看,干宝发前人所未发,撰史学评论专篇,在中国史学史上写下了新的一页。此外,干宝在其《晋纪·叙例》中指出:"体国经野之言则书之,用兵征伐之权则书之,忠臣、烈士、孝子、贞妇之节则书之,文诰专对之辞则书之,才力技艺殊异则书之。"⑤在这里,干宝从政治、经济、军事、文化诸方面对史书的记事范围做出明确规定,诚如刘知几所云:"盖记言之所网罗,书事之所总括,粗得于兹矣。"⑥虽然荀悦在《汉书·高祖纪·序》中提出立典有五志:"达道义,彰法式,通古今,著功勋,表贤能。"但前三点只是说明史书编纂的态度和方针,只有后两点才是关乎史书的内容。⑦总之,对干宝在史学评论上的成就应有充分的认识和肯定,不能因为《史议》散佚,就无视它的存在、价值和意义。

---

① 《史通·烦省》。
② 《史通·载言》。
③ 《史通·二体》。
④ 《史通·载言》。
⑤ 《史通·烦省》。
⑥ 《史通·书事》。
⑦ [日]尾崎康:《干宝·晋纪考》见《斯道文库论集》8,1970,12。

继干宝《史议》之后,梁刘勰撰《文心雕龙·史传》篇,从史官建置、史书体裁、修史宗旨、撰写方法等方面对南北朝以前的史学发展进行了概括性的总结评价,提出不少难能可贵的见解,不仅为唐刘知几《史通》所继承、发展,而且对我国古代历史编纂学的发展产生了深远影响。学术界对《史传》的评价主要有两种倾向:一是高估其价值和意义,认为它是评论我国史学的第一篇专论,开我国史学评论之先河。对此,上文已作辩证,兹不赘述。二是贬低《史传》的价值。如清人纪昀认为:史事非刘勰当行,该篇"文句特烦,而约略依稀,无甚高论,特敷衍以足数耳。学者欲析源流,有刘子玄之书在。"①我们知道,唐刘知几《史通》作为我国历史上第一部史学评论专著,条举细目,内容丰富,是我国史学发展中一座光辉的里程碑。不过需要指出的是,《史传》早于《史通》约二百年,不能因为刘知几后来居上,就否定刘勰的历史贡献。

就史学评论著作的内容而言,魏晋南北朝时期,除干宝《史议》和刘勰《文心雕龙·史传》这两种进行综合史学评论的专论外,尚有专门评论一书的,如东晋徐众的《三国志评》,三卷,已佚;何琦的《论三国志》,九卷,已佚;王涛的《三国志序评》,三卷,已佚。另外,还有对两书进行比较评论的,如西晋张辅撰《班马优劣论》,通过对《史记》和《汉书》的比较,评判其优长得失,指出:"迁之著述,辞约而事举,叙三千年事,唯五十万言;班固叙二百年事,乃八十万言,烦省不同,不如迁一也。良史述事,善足以奖劝,恶足以监诫,人道之常。中流小事,亦无取焉,而班皆

---

① 纪昀:《文心雕龙评》。

书之,不如二也。毁贬晁错,伤忠臣之道,不如三也。迁既造创,固又因循,难易益不同矣。又迁为苏秦、张仪、范雎、蔡泽作传,逞辞流离,亦足以明其大才。故述辩士则辞藻华靡,叙实录则隐核名检,此所以迁称良史也。"[1]张辅所论,不敢全然苟同,仅就以字数多少评判《史记》《汉书》之得失,便有片面之嫌,刘知几即对此断然否定:"夫论史之烦省者,但当要其事有妄载,苦于榛芜,言有阙书,伤于简略,斯则可矣。限篇策以多少,理则不然。"[2]不过,在我国古代史学史上,运用比较研究法评论史书,张辅实为第一人。

魏晋南北朝时期,就史学评论内容来看,范围不断扩大,涉及史学发展的方方面面。兹就其主要者论列如下:

1.评论史官建置

我国历代史家都很注重史官建置。刘勰在《文心雕龙·史传》中对上起轩辕黄帝、下至两晋这一漫长历史时期的史官建置做了纵向考察与评论:"轩辕之世,史有仓颉,主文之职,其来久矣。"自西周开始,王室和各诸侯国均设置史官,"诸侯建邦,各有国史"。降及战国,"史职犹存,秦并七王而战国有策"。西汉初期,"史职为盛,郡国之计,先集太史之府"。太史司马谈"世惟执简",其子司马迁继父职志"甄序帝绩"。延宕至晋,史书之作,"系乎著作"。在这里,刘勰提出仓颉是我国最早设置的史官,并以史官的出现为标志,把我国史学起源上推至传说中的黄

---

[1] 《晋书·张辅传》。
[2] 《史通·烦省》。

帝时代,难以令人折服置信。① 不过,值得注意的是,刘勰所论亦有合理因素,这就是,一方面,我国史官建置较早、地位较高,受到历代统治阶级的高度重视;另一方面,史学起源与史官建置、文字记录相联系。

在评论史官建置的同时,刘勰指出,古史官的职责在于执笔以侍人君左右而做记录,"左史记事者,右史记言者。言经则《尚书》,事经则《春秋》"。显而易见,这种将记言与记事截然分开的观点未免牵强附会,因为在史书编写中,事件要用言语来表述,而言语只有用来表述事件才能落在实处,换言之,史书中的记言与记事很难截然分开,正如章学诚所说:"夫《春秋》不能舍《传》而空存其目,则左氏之言不啻千万矣。《尚书》典谟之篇记事,而言已具焉;训诰之篇记言,而事已见焉。古人见事于言,言以为事,未尝分事与言为二也。"②不过,仅就《尚书》与《春秋》的主要表述形式而论,左史与右史,记言与记事,各有侧重,亦未尝不可。

2. 评论史书体裁

纪传体和编年体是我国古代史家修史所采用的最为主要的史书体裁。魏晋南北朝时期,史学评论多涉及这两种体裁的优劣得失。干宝在对《左传》和《史记》进行比较研究的基础上,盛赞编年体而贬抑纪传体,主张修史采用编年体。同时,他又指出编年体存在的不足。对此,上已论及。这里需要特别强调的是:第

---

① 关于中国史学的起源,笔者另有专文论述,见本书上编《论中国史学的起源》。

② 《文史通义·书教》。

一，干宝是我国历史上第一位对编年与纪传这两大史书体裁进行比较评论的史学家，在干宝之前，尽管已有许多史家就史书编写的优劣得失做过评论，但只是就事论事地就某一部史书进行评论，或两部史书做比较评论，尚未涉及史书体裁的比较研究。第二，干宝虽则对编年体情有独钟，但他并不爱屋及乌，而是理性地指出其存在的缺陷与不足，表现出一个史学家谨严审慎的治学态度。

继干宝之后，刘勰评论指出："纪传为式，编年缀事"，给纪传体与编年体以不同的地位，颇有见地。他进而就纪传体与编年体的长短得失进行深入的分析研究。我们知道，纪传体包括以时间为纲的纪、表，以人物为纲的世家、列传，以事类为纲的书、志，具有较广泛的兼容性，善于分门别类表述历史。刘勰在肯定纪传体优长的同时，敏锐地指出纪传体在编写上的困难之处：其"同归一事，而数人分功。两记则失于复重，偏举则病于不周，此又铨配之未易也。"①评论深刻剀切，可谓史家之知音。关于编年体，刘勰认为："岁远则同异难密，事积则起讫易疏，斯固总会之为难也。"②金毓黻云："此乃编年史之难作也。"③编年体以时间为经，以史事为纬，易于表述同一时期的历史事件，但就同一事件来说，往往前后分割，首尾难贯，以致"事积则起讫易疏"，这是编年史不能克服的缺点，刘勰所论一语破的。唐刘知几继承干宝《史议》、刘勰《文心雕龙·史传》的观点，撰《史通·二体》，进

---

① 《文心雕龙·史传》。

② 《文心雕龙·史传》。

③ 金毓黻：《文心雕龙·史传》疏证，《中华文史论丛》，1979年第1期。

一步就纪传体与编年体的优缺点做了比较系统的评论。

在评论史书体裁的同时，有些史家还就"史书"的编写体例进行探讨。如西晋杜预在《春秋左氏传序》中对《春秋》经传的体例做出评论。再如裴松之对《三国志》的编写体例提出批评："列传之体，以事类相从。张子房青云之士，诚如陈平之伦。然汉之谋臣，良、平而已。若不共列，则余无所附，故前史合之，盖其宜也。魏氏如（贾）诩之俦，其比幸多。诩不编程（昱）、郭（嘉）之篇，而与二荀（荀彧、荀攸）并列，失其类矣。"①这些都是对一书体例的评论。

3. 评论修史宗旨

孔子作《春秋》时第一次明确提出"上明三王之道，下辨人事之纪，别嫌疑，明是非，定犹豫，善善恶恶，贤贤贱不肖"②的修史宗旨。司马迁撰《史记》更是要求达到"究天人之际，通古今之变，成一家之言"的目的。刘勰在继承和发展的基础上指出：史书要"表征盛衰，殷鉴兴废。使一代之制，共日月而长存；王霸之迹，并天地而久大"③。他从维护封建统治阶级的利益出发，明确提出"表征盛衰，殷鉴兴废"的修史宗旨，在我国史学发展史上具有进步意义。因为，表一代之盛，能从正面激励时人吸取经验，奋发进取；述一代之衰，能从反面告诫时人汲取教训，以免重蹈覆辙。这种"鉴往知来""通古启今"的史学功用论对后世产生着积极而深远的影响。

---

① 《三国志·贾诩传注》。
② 《史记·孔子世家》。
③ 《文心雕龙·史传》。

4.评论修史方法

魏晋以前,编年体史书《春秋》《左传》《汉纪》和纪传体史书《史记》《汉书》的相继完成,标志着我国历史编纂学的成熟与发展。尽管随着每一部史学名著的出现,不断有史家对其加以研究评论,但只有到刘勰撰《文心雕龙·史传》,才对我国历史编纂学中蕴含的修史方法做出初步总结:"寻烦领杂之术,务信弃奇之要,明白头讫之序,品酌事例之条。"①在这里,刘勰第一次从史料搜集、整理、鉴别和编写断限、条例、要领等方面,比较全面系统地对修史方法做出评论,实属难能可贵。应该说,这既是魏晋南北朝史学评论所取得的重要成就,同时也标志着我国古代史学评论的发展进入一个新的历史阶段。刘知几继承了刘勰的这一认识观点,其所撰《史通》即全面吸收了刘勰的思想理论,正如范文澜先生在其《文心雕龙注》一书中所说,《史通》全书,皆在按照"寻烦领杂之术,务信弃奇之要,明白头讫之序,品酌事例之条"四句阐释评论史书写作。

5.评论史学作用

魏晋南北朝时期,著史以供鉴戒成为一种普遍的史学现象。相应地,史学家大多都在纷纷评论史学的社会作用。西晋司马彪以为:"先王立史官,以书时事,载善恶以为沮劝,撮教世之要也。"②陈寿作《三国志》,时人盛推其"辞多劝诫,明乎得失,有益风化。"③袁宏把史学的功用归结为"通古今""笃名教",他在

---

① 《文心雕龙·史传》。
② 《晋书·司马彪传》。
③ 《晋书·陈寿传》。

《后汉纪·自序》中说:"夫史传之兴,所以通古今而笃名教也。"王隐指出:"盖古人遭时,则以功达其道;不遇,则以言达其才。故否泰不穷也。当今晋未有书,天下大乱,旧事荡灭,非凡才所能立。君少长五都,游宦四方,华夷成败皆在耳目,何不述而裁之!应仲远作《风俗通》,崔子真作《政论》,蔡伯喈作《劝学篇》,史游作《急就章》,犹行于世,便为没而不朽。当其同时,人岂少哉?而了无闻,皆由无所述作也。故君子疾没世而无闻,《易》称自强不息,况国史明乎得失之迹。"①王导认为:"帝王之迹,莫不必书,著为令典,垂之无穷。"他要求国家设置史官,"撰集帝纪,上敷祖宗之烈,下纪佐命之勋,务以实录,为后代之准,厌率土之望,悦人神之心"②。如此强调史学的社会作用,在古代历史上是空前的。

除以上评论内容外,魏晋南北朝时期,史学评论还涉及修史态度、史书得失、史学中的不良倾向等方面,兹不一一罗列。

三

史学评论是对以往史学实践的总结、提炼与升华,其中形成的富有见地的史学观点和比较系统的史学理论,必将有效地指导新的史学实践取得新的发展和成就,同时,也必将对后世史学评论的发展产生积极、深远的影响和作用。

首先,魏晋南北朝时期,史学评论有力地推动了这一时期历史

---

① 《晋书·王隐传》。
② 《晋书·干宝传》。

学的新发展。魏晋南北朝史学评论中形成的一系列史学观点、理论从多方面促进了史学的发展。比如，干宝力诋纪传、盛誉编年的史学理论，不仅在主观上具有巩固王权、维护国家统一的积极意义，而且在客观上推动了东晋以后编年史的巨大发展。编年体本是我国最古老的一种史书体裁。自《左传》以后，至司马迁《史记》以前，编年史却是寥若晨星。特别是自《史记》问世到荀悦《汉纪》三百年间，编年史竟绝而无传。纵观我国史学发展史，不难看出，编年史的蓬勃发展乃在东晋时期。按《隋书·经籍志》和两《唐志》，东汉时有三部编年体史书，魏、蜀、吴三朝竟无一部编年史。延宕至西晋，也只有四部编年之作，仅及纪传史之半。可是，自东晋开始，情况发生了巨大变化，编年史骤然增至 12 部，为纪传史两倍余。经南朝宋迄隋，依然遥遥领先，就是到隋，也是与纪传史并驾齐驱。唐初，私家撰史，更喜用编年。至唐中期，甚至有人认为"纪传烦漫，不如编年"，反指责司马迁更编年为纪传是"率私意，荡古法"。① 编年史的兴盛，于此可见一斑。编年史何以在东晋得到空前发展，并一直在中唐时期始终保持迅猛发展势头？当然，原因是多方面的，但有一点无可否认，即与干宝力诋纪传、盛誉编年的史学理论是分不开的。因为史学理论是用来指导史学实践的，它一经产生，就会直接作用于史学实践，以推动史学的发展。干宝当时极力主张修史采用编年体时，"于时议者，莫不宗之"②。其号召力和产生的强大影响不言自明。

其次，魏晋南北朝史学评论对后世产生了积极而深远的影响。

----

① 王鸣盛：《十七史商榷》卷九九。
② 《史通·载言》。

总体上来看,魏晋南北朝时期,史学评论著作与以前相比,形式多样,内容丰富,论述深刻。特别是干宝《史议》和刘勰《史传》,承前启后,在史学评论发展史上形成了较为系统的理论和方法,不仅把我国古代史学评论推上了一个新的高度,而且对后世的史书编写和史学评论的发展产生了十分重要的影响和作用。

上已述及,《史议》《史传》对刘知几《史通》及后世史家有着广泛而深远的影响。比如,刘勰有关修史方法的理论总结,不仅为刘知几所继承和发扬,而且为后世史家修史所遵循。《史议》早于《史传》约二百年,《史传》早于《史通》亦约二百年,如果将《史议》《史传》和《史通》乃至清章学诚《文史通义》连缀起来做纵向考察,明显可见其因袭、继承、创新、发展的脉络。

(1993年5月)

下编 魏晋南北朝 ◆

论魏晋南北朝时期的史事评论

本文所说的史事评论,是指人们对历史人物或历史事件所做的评论,它与史学评论是两个自相分离、互不统属的史学门类。可是,长期以来,史界始终把史事评论归入史学评论之中,一提起史学评论,就说它包括两个方面的内容:一是史书评论,二是史事评论。实际上,这种传统观点有失偏颇。我认为,史学评论只指史书评论,而不能包括史事评论。因为史事评论的出现早于史书的形成。自人类历史开始之后,而文字尚未产生以前的远古时期,人们就不断地传述历史,议论和评价先贤前哲及历史事件。特别是诸如治水、耕稼及防御这些在已经进行农业生产但还未有显著阶级分化的氏族社会里被看作是极重要而又极困难的大事情,常常是人们谈说的对象,如治水英雄禹、耕稼英雄弃和黄帝蚩尤之战在远古时期就广为人们所评论。不管这些评论的对象在具体事件上的真实性如何,但客观上他们毕竟评论的是历史人物和历史事件,是在进行着史事评论的工作。而此时文字尚未产生。没有文字,就不可能有史书。现在所知最古的文字是殷商后期的甲骨文。因此,文字记载出现的时代,远在史事评论产生之后。只有在史书出现以后,才能形成史学。所以,史学评论不能包括史事评论,而

— 291 —

只能是指史书评论。况且,在我国古代,史事评论与史书评论就是两个各自独立的门类,谁也不可否认,贾谊《过秦论》、曹冏《六代论》、李贽《藏书》与刘勰《文心雕龙·史传》、刘知几《史通》、章学诚《文史通义》是两种不同类型的著作。基于上述理由,我认为,史事评论与史学评论是史学中并立的两个门类或分支,不能以史学评论统属史事评论。

一般来说,在我国史学史上,史事评论的形式分为两种:一是纪传体、编年体史书或其他史书的篇末或篇中史家所作的评论,如《左传》的"君子曰"、《史记》的"太史公曰"、《汉书》的"赞"、《三国志》的"评",即我们通常所谓之"论赞"。二是独成专篇或专书的史事评论,如贾谊的《过秦论》、曹冏的《六代论》、唐太宗的《凌烟阁功臣赞》、李贽的《藏书》《续藏书》等即属此类。下面就魏晋南北朝时期这两种形式的史论略作论列。

一

"论赞"之类的史论,是史家于叙述历史事实之后所抒发的自己的看法,是记事记人的点睛之笔,其作用在于"辩疑惑,释凝滞"[1]。这种史论,以《左传》"君子曰"始端,尔后,《公羊传》有"公羊子曰",《穀梁传》有"穀梁子曰"。左氏、公羊、穀梁三家的史论在形式上没有什么限制,有的篇有,有的篇无。自司马迁始,"限于篇末",并且是"各书一论"[2]。在内容上和左

---

[1] 《史通·论赞》。
[2] 《史通·论赞》。

氏、公羊、穀梁三传一样，都是简单数语的对历史的直接评论，《史记》的"太史公曰"和《汉书》的"赞"都是这样。这些都反映了史论形式的原始性和不成熟性。自荀悦《汉纪》开始，史论既不限于篇末，又非篇必有论，而随时而发，因事而论，这就避免了像《史记》《汉书》那样因各书一论而造成的"理有非要，则强生其文"①的冗词赘句的不良现象。这是史论形式发展的表现。但就内容而言，《汉纪》的史论失在繁芜。史书是用来记载历史事实的，其重要作用在于如实地反映历史面貌，为人们研究当时的社会历史提供翔实、可靠的资料，那么，理所当然应以记事为主，也应以记事取胜。但间或于叙夹议，表明作者对某人某事的态度，一则有裨于后人的研究工作，二来亦便于读者吸取经验教训。不过，史论冗长，势必冲淡史事记述，导致不良后果。《汉纪》共有三十八则"荀悦曰"，一般都在数百字以上，有的竟长达一千多字，繁复冗长，令人难以卒读，无怪乎刘知几痛责其失。魏晋南北朝时期的史论，在前代基础上，有进一步的发展。这一时期，史论名目繁多，如谢承《后汉书》曰"诠"，陈寿《三国志》曰"评"，王隐《晋书》曰"议"，何法盛《晋中兴书》曰"述"，常璩《华阳国志》曰"譔"，刘昞《三史略记》《敦煌实录》曰"奏"，袁宏《后汉纪》、干宝《晋纪》、孙盛《晋阳秋》、裴子野《裴略》皆自显姓名，皇甫谧《帝王世纪》、葛洪《抱朴子》而列其所号（皇甫谧号玄晏先生，葛洪号抱朴子）。就史论形式而言，一方面，一些史家承袭了《史记》《汉书》那种限于篇末的史论，如陈寿《三国志》

---

① 《史通·论赞》。

的"评",范晔《后汉书》的"论""赞"即是。另一方面,一些史家继承了荀悦《汉纪》进步的一面,随时在篇中一历史事件或历史人物之后着墨落笔,加以评论。如干宝《晋纪》和孙盛《晋阳秋》的史论就是如此。《晋纪·文帝纪》载:"蜀诸葛瞻与邓艾战,败,及其子尚死之。"干宝论曰:"瞻虽智不足以扶危,勇不足以拒敌,而能外不负国,内不改父之志,忠孝存焉。"①又如《晋阳秋》载:"泰始二年春帝正月,有司奏宜一用前代正朔服色,奏可。"孙盛论道:"孔子修《春秋》列三纪为后王法,今仍旧,非也。且晋为金行,而服色尚赤,考之古道,其乖违甚矣。"②寥寥数语,画龙点睛,前者点出诸葛父子虽死而忠孝双全;后者道出有司的因循守旧。综览《晋纪》和《晋阳秋》辑文,是属之例,不胜枚举。这种夹长短史论于具体史实叙述之中的写法,比起那种限以篇终,"结言于四字之句,盘桓乎数韵之辞","促而不广"③的形式,无疑是一种进步的表现,它更能给人一种直接、具体、深刻的感觉。正因如此,司马光撰《资治通鉴》时便采取了这种史论形式。更为重要的是,魏晋南北朝时期的一些史家,在继承前贤的基础上,又有所创新。首先,是"总论"这一史论形式的出现。干宝在《晋纪》末尾立有一《总论》,为其首创。就现存史书而言,在干宝以前的各类史体中,尚无一部史书作有总论。《文选》吕向注云:"此论(《总论》)自宣帝至愍帝,合其善恶而论之,是名总论。"单以写作而论,总论要比那种限于篇末或置于篇中的一

---

① 《三国志·诸葛亮传》注引。
② 《通典》卷五十五引。
③ 《文心雕龙·颂赞》。

般史论难写得多。一部史书,有无总论,正从一个侧面反映出史家史才之高下。《晋纪》有总论,这与干宝"有良史之才"①是密不可分的。这种总论形式的史论对后世史家深有影响,明李贽《藏书》即作有《世纪总论》《大臣总论》《富国名臣总论》等。明末清初查继佐《罪惟录》的帝纪和各志、传也作有总论。其次是范晔《后汉书》的"论""赞"。"论""赞"是《后汉书》在编写上不同于前代史书的一个显著特点,它在全书中占有重要的地位。在范晔以前,凡是限于篇末的史论,无论是"曰""赞""议",还是"诠""述""评",都只有一种。而《后汉书》的每篇纪、传,大都是先立一"论",再嗣之以"赞",并且在《皇后纪》及类传的前面还作有"序"。"论"为散文,是评论历史人物和历史事件的,"赞"由四字一句的韵语组成。这种"论""赞"相结合的史论形式是以往其他史书所不具备的。自范晔以后,很多史家纷纷开始效仿,如萧子显《南齐书》,李百药《南齐史》《北齐史》,唐修《晋书》皆依范晔《后汉书》而为。

就史论内容而言,虽然魏晋南北朝时期有些史书的史论不尚典实,专取浮靡,如谢灵运《晋书》、王劭《齐志》,"大抵皆华多于实,理少于文,鼓其雄辞,夸其丽事"②。特别是像袁宏在其《后汉纪》中每每"务饰玄言",极力以"名教之本"臧否人物,更属虚妄、庸俗。但是,这一时期,也产生了一些堪称上乘之作的史论,它们在内容上有两个显著的特点。

第一,简要。如干宝《晋纪》的史论,既不像《史记》《汉

---

① 《晋书》卷八十二。
② 《史通·论赞》。

书》那样"本无疑事,辄设论以裁之"①;又不同于《汉纪》"荀悦曰"的冗长拖沓,繁杂无谓。而是发所当发,论所宜论,且持论简洁。史论宜从简洁,这是古代史家特别强调的一点。刘知几、郑樵、章学诚即分别在其《史通·论赞》《通志总序》和《答甄秀才论修志第二书》中大畅此说,特别是刘知几对那些"私循笔端,苟衔文彩",以虚文敷论寄诸史册的史家多所非议,谴责他们不知"史书之大体,裁削之指归"。就清汤球所辑《晋纪》佚文来看,除《晋纪总论》和《论晋武帝革命》外,共有二十八条史论,基本上都是数十字的短论,《论晋武帝革命》只有一百四十余字,就是全书的《总论》也不过二千七百余字。另外,孙盛《晋阳秋》的史论也颇从简约,《文心雕龙·才略》云:"孙盛《晋阳秋》,以约举为能。"他不只是在叙述历史事实的过程中,善于用简练的文字写出丰富的内容,而且评事论人尤为简洁。这在史家论史,好驾空凌虚、题外生枝的魏晋南北朝时期堪为异军突起,在当时史学界引起了很强烈的震动。

第二,论议风发,深刻剀切。最突出的当推干宝《晋纪》、范晔《后汉书》和裴子野《宋略》。我们知道,《左传》的"君子曰"虽然有一百多则,但都是有关人物言行和历史事件合"礼"与否的评论,显得空洞、迂腐。同样,《史记》的"太史公曰"、《汉书》的"赞"和《三国志》的"评"。亦囿于人物,多为品藻言行之论。而干宝论史,紧密结合史实,以讨论为政得失为主,《晋纪总论》于此表现得尤为突出,它上起宣帝,下迄愍帝,对西

---

① 《史通·论赞》。

晋一朝五十三年的历史做了全面而透彻的论述，总结了晋室何以短祚的原因，指出了封建统治者为政的"根本"和封建王朝兴亡盛衰的"关键"，其中颇有不少精彩之论。如他敢于大胆地揭露现实，极力痛斥玄虚放诞之风，他直言不讳地指出西晋"朝寡纯德之士，乡乏不二之老，风俗淫僻，耻尚失所，学者以庄老为宗而黜六经，谈者以虚薄为辩而贱名俭，行身者以放浊为通而狭节信，进仕者以苟得为贵而鄙居正，当官者以望空为高而笑勤恪"。"民风国势如此，虽以中庸之才，守文之主治之，辛有必见之于祭祀，季札必得之于声乐，范燮必为之请死，贾谊必为之痛哭，又况我惠帝以放荡之德临之哉！"更有甚者，他还借刘毅之口，痛斥晋武帝不及汉桓、灵帝。"桓、灵买官，钱入于官，陛下买官，钱入私门。"这在仍是司马氏当政的东晋，是要有很大勇气和一定责任感的。后人对干宝《晋纪》的史论评价很高，何法盛《晋中兴书》称："宝撰《晋纪》，起宣帝迄愍，五十三年。评论切中，咸称善之。"特别是唐、宋时期的一些史书还每每收录《晋纪总论》，《文选》卷四十九《史论》上即全文载录。《晋书》卷五《孝愍帝纪》卷末的史臣曰依然把它作为西晋史的总论。司马光在《资治通鉴》卷八十九《晋愍帝纪》"建兴四年（236）十一月"条终非议世风时政，论述西晋灭亡之因时也采用的是《晋纪总论》的观点。《群书治要》卷二十九《晋书·晋惠帝注》、《艺文类聚》卷十一《帝王部·总载帝王》、《初学记》卷九《帝王总叙》也都从不同程度上对《总论》做了删削而予以收录。据此可见《晋纪总论》见切之精，影响之大。和干宝《晋纪》的史论一样，范晔《后汉书》的史论也有精到之处。《宋书·范晔传》载晔《狱中与诸甥侄书》云："吾《杂传论》,皆有精意深旨。既有裁味,故约其辞句。至于《循吏》以下,及《六夷诸序论》,笔势纵放,实天下之奇作。其中合者,往往不减《过秦篇》。尝共比方班氏所作,非但不愧之而已。"又云:"赞自是吾文之桀思,殆无一字空设。奇变不穷,同合异体,乃自不知所以称之。"虽则有自负过甚之嫌,但也在一定程度上反映了《后汉书》的史论论议非凡。试举一例,在我国古代历史上,因后妃、外戚擅权而失国柄之事屡见不鲜,范晔在《后汉书·皇后纪·论》中把后妃的擅权与否和国家的兴亡盛衰联系起来对夏殷至后汉时期"妖倖毁政之符,外姻乱邦之迹"做了精辟的论述,他认为西周王朝之所以"能述宣阳化,修成内则",就在于"后正位宫闱,同体天王,夫人坐论妇礼,九嫔掌教四德,世妇主知丧祭宾客,女御序于王之燕寝,颁官分务,各有典司,女史彤管,记功书过,居有保阿之训,动有环佩之响"。与此同时,他痛陈历朝特别是后汉后妃擅权之弊,指出:汉"知患莫改,东京皇统屡绝,权归女主,外立者四帝,临朝者六后,莫不定策帷帟,委事父兄,贪孩童以久其政,抑明贤以专其威",以致"湮灭连踵,倾辀继路,而赴蹈不息,燋烂为期,终于陵夷大运,沦亡神宝"。他慨叹道:"向使因设外戚之禁,编著甲令,改正后妃之制,贻厥方来,岂不休哉!"范晔论史之功,由此可见一斑。至于裴子野,亦长于论史,《梁书·裴子野传》云:"齐永明末,沈约所撰《宋书》既行,子野更删撰为《宋略》二十卷。其叙事评论多善,约见而叹曰:'吾弗逮也。'"

二

魏晋南北朝时期，随着史学的兴盛与发达，出现了许多脱离纪传与编年体史书而独成专篇的史论，如魏曹冏的《六代论》、李萧远的《运命论》，蜀诸葛亮的《出师表》，晋陆机的《辨亡论》《五代论》，梁刘孝标的《辩命论》等。这些史论的思想内容极其广泛。综核其要，析条如下：

（一）注重"人事"的社会历史观

魏晋以来，宗教迷雾充斥整个社会，神灭论与神不灭论展开了激烈的斗争，反映在史学领域内则是唯物主义历史观与唯心主义历史观的交锋。陈寿《三国志》通过对三国历史的叙述，运用阴阳五行学说大肆宣扬天人感应的天命思想和皇权神授的神学史观，为巩固封建统治制造理论基础。范晔《后汉书》每每表现出对图谶、符瑞、术数、禁忌等封建迷信的肯定。沈约更是一个有神论者，不仅整部《宋书》充满了神秘主义的色彩，而且还以《天文》《符瑞》《五行》三志十二卷的篇幅，集中宣扬天命论思想，并通过对符命、望气、灾异、星占、谶书、巫卜、隐语的记载，来证明天命有数和皇权神授之应验。萧子显《南齐书》也大力宣扬因果报应和天命思想，认为王朝的更替完全是天意的安排，人只能顺从天意，而不能违背天意。与这种史学思潮相对立，一些进步的史学家、思想家、政治家则摒弃了那种荒诞无稽的天命思想，主要从"人事"方面来探讨国家兴亡盛衰之由。诸葛亮在《出师表》中指出："亲贤臣,远小人,此先汉所以兴隆也;亲小人,远贤臣,此后汉所以倾颓也。"他清楚地认识到,历史进程的逆转前行,是由人的行为所决定的。因此,他要求后主刘禅对那些贤臣忠良要"亲之信之",只有这样,"则汉室之隆,可计日而待也。"魏曹冏著《六代论》,也从"人事"出发,对上起夏朝,下迄魏世的治乱兴亡之迹做了全面而深刻的论述,特别是对秦王朝的统治制度多所非议,他痛斥秦始皇"弃礼乐之教,任苛刻之政","仁心不加于亲戚,惠泽不流于枝叶,譬犹芟刈股肱,独任胸腹,浮舟江海,捐弃楫櫂"。更谴责秦二世胡亥"少习剋薄之教,长遵凶父之业",面对当时那种"观者为之寒心"的政治惨局,非但不"改制易法",反而变本加厉,"师谟申、商,谘谋赵高,自幽深宫,委政谗贼",使得"郡国离心,众庶溃叛",以致身死国亡。曹冏赞扬汉高祖刘邦鉴前秦之失,"驱乌集之众,五年之中,而成帝业"。他感慨地指出:"向使高祖踵亡秦之法,忽先王之制,则天下已传,非刘氏有也。"而延宕至哀、平之际,又"踵亡秦之法,而侥幸无疆之期。至于桓、灵,阉竖执衡,朝无死难之臣,外无同忧之国,君孤立于上,臣弄权于下,本末不能相御,身手不能相使。由是天下鼎沸,奸凶并争,宗庙焚为灰烬,宫室变为蓁薮。居九州之地,而身无所安"。对此,曹冏深为叹息地说道:"悲夫!"通过立足于"人事"的基本点,对历代兴亡盛衰的纵贯分析,曹冏要求君主必须像古代圣王贤哲那样"安而不逸,以虑其危","存而设备,才异也"。贤良被黜,奸贼当道,国家必然灭亡。

干宝后来居上,在国家兴亡问题的探讨上,表现出一种极其珍贵的注重"人事"的历史治乱观。当时,面对西晋王朝迅速倾覆的现实,很多史学家凭着阶级的本能,都在寻找它的根源,有的蹈袭女人是祸水的传统偏见,把贾后当作亡国之因;有的囿于一端,仅仅从直接体验中视玄虚放诞之风为亡国之由。干宝则不然,他强调指出:"天下,大器也;群生,重畜也。爱恶相攻,利害相夺,其势常也。"①在他看来,人与人之间,阶级与阶级之间,为了他们各自的利益而相互攻杀、争夺,是历史发展的必然。但也正是由于这种"相攻"与"相夺",使得天下"积水于防,燎火于原,未尝暂静也"②。由此出发,他上溯西晋开国之初,下及愍帝之末,历数昏君无能、朝臣植党营私所造成的社会弊端,通过正确的分析西晋五十多年的历史,总结出:"其所由来者渐矣,岂特系一妇人之恶哉?"③他认识到晋室迅速崩溃的一个很重要的原因在于"树立失权,托付非才,四维不张,而苟且之政多也"④。这就批判了那种把贾南风当作亡国之因的唯心史观。更为重要的是,干宝坚决反对谶纬、征祥之说,他认为,国家的兴亡盛衰,不在于天命鬼神,最终取决于"人事"。如,刘向之谶云:"灭亡之后,有少如水名者得之,起事者据秦川,西南乃得其朋。"干宝曰:"案愍帝,盖秦王之子也,得位于长安。长安,固秦地也。而西以南阳王为右丞相,东以琅邪王为左丞相。上讳业,故改邺为临漳。漳,水名也。由此推之,亦有征祥,而皇极不建,祸辱及身,

---

① 干宝:《晋纪总论》,见《文选》。
② 干宝:《晋纪总论》,见《文选》。
③ 干宝:《晋纪总论》,见《文选》。
④ 干宝:《晋纪总论》,见《文选》。

岂上帝临我而贰其心？将由人能弘道，非道弘人者乎。"①

由上可知，诸葛亮《出师表》、曹冏《六代论》和干宝《晋纪》的史论都能够从"人事"方面来考察人类社会的发展变化，这在图谶、符瑞、因果报应等封建迷信猖獗的魏晋时代，是难能可贵的，它在一定程度上冲破了唯心主义的藩篱，对宿命论和天命观是一个有力的批判。不过，人总是生活于现实社会之中，那些消极、落后的东西总会或多或少地在人们的思想上有所体现。如李萧远撰《运命论》，用"天命观"来解释国家的兴亡盛衰，他说："夫治乱，运也；穷达，命也；贵贱，时也。"在他看来，"其所以得然者，岂徒人事哉？授之者天也，告之者神也，成之者运也。"刘孝标《辩命论》亦云："死生焉，贵贱焉，贫富焉，治乱焉，祸福焉，此十者，天之所赋也。"但这些相对于重"人事"的进步的社会历史观，毕竟处于次要的地位。

（二）以民为本的民本思想

自春秋开始，民本思想就成为古代史学的一个优良传统，统治集团中一些有政治远见的人物，往往把人民的支持与否看成是决定国家盛衰的主要因素。魏晋南北朝时期，民本思想又得到进一步的发展。曹冏《六代论》首起即云："昔夏、殷、周之历世数十，而秦二世而亡，何则？三代之君，与天下共其民，故天下同其忧。秦王独制其民，故倾危而莫救。夫与人共其乐者，人必忧其忧，与人同其安者，人必拯其危。先王知独治之不能久也，故与人共治

---

① 干宝：《晋纪总论》，见《文选》。

之。知独守之不能固也，故与人共守之。"在这里，曹冏把君主能否与民共治天下看成是国家兴亡盛衰的主要原因，充分反映了他以民为本的进步思想。东晋史家孙盛认为国君必须"仰协乾坤，覆焘万物"①，服从民意，听从民言，"若乃淫虐是纵，酷被群生"，那么，"天人殛之，剿绝其祚，夺其南面之尊，加其独夫之戮"②。干宝亦云："爰及上代，虽文质异时，功业不同，及其安民立政者，其揆一也。"③在他看来，虽然时代前进了，社会发展了，统治阶级的治国措施也改变了，但在"安民立政"这一点上却是相同的。因为"民情风教"，乃"国家安危之本也"④。他把国家比作"城"与"木"，视人民为"基"与"根"，强调指出："基广则难倾，根深则难拔。"⑤总之，以上各家都在不同程度上把人民看作是国家的主体，充分认识到民众的强大作用，这对自古以来君主独断独行、轻视民众的统治制度是一个有力的批判，而且较之以前的历史学家仅仅肯定人谋的观点又前进了一大步。

（三）封建制与郡县制之论

由先秦的封建制到秦汉的郡县制，是我国古代政治制度史上的重大变化之一。魏晋南北朝时期的史学家、思想家、政治家都很重视这一变化，并且各自发表了不同的见解。曹冏在《六代论》中

---

① 孙盛撰，汤球辑：《晋阳秋》，广雅书局丛书本。
② 孙盛撰，汤球辑：《晋阳秋》，广雅书局丛书本。
③ 干宝：《晋纪总论》，见《文选》。
④ 干宝：《晋纪总论》，见《文选》。
⑤ 干宝：《晋纪总论》，见《文选》。

主张兴五等爵制以废郡县制,他认为秦王朝灭亡的主要原因就在于"废五等之爵,立郡县之官",造成了"内无宗子以自毗辅,外无诸侯以为藩卫",以致"身死之日,无所寄付"。他强调指出:如果秦始皇纳淳于越封子弟功臣之策,抑李斯建郡县之论,"封三代之后,报功臣之劳","虽使子孙有失道之行,时人无汤武之贤,奸谋未发,而身已屠戮,何区区之陈、项,而复得措其手足哉!"基于此,他认为汉初"诸吕擅权,图危刘氏,而天下所以不能倾动,百姓所以不易心者",是因为高祖鉴秦之失,封植子弟,"徒以诸侯强大,磐石膠固,东牟朱虚,授命于内,齐代吴楚,作卫于外故也"。固然,秦王朝灭亡的根本原因不是因为废五等而行郡县,汉初诸吕之乱的平定亦并非全属同姓王侯藩卫之功,曹冏所言实欠确当。不过,需要指出的是,曹冏在褒扬汉高祖封植子弟的同时,已明显意识到了封建制的弊端,"然高祖封建,地过古制,大者跨州兼郡,小者连城数十,上下无别,权侔京室,故有吴楚七国之乱",是为精核之论。

继曹冏之后,陆机在《五等论》中对封建制与郡县制的优劣利弊做了更为深刻的分析,他首先指出:"五等之制,始于黄、唐。郡县之治,创自秦汉。"之所以要设立五等之制,就在于"先王知帝业至重,天下至旷,旷不可以偏制,重不可以独任。任重必于借力,制旷终乎因人。故设官分职,所以轻其任也;并建五长,所以弘其制也。于是乎立其封疆之典,财其亲疏之宜,使万国相维,以成磐石之固。"他认为五等之制的优点是:"知国为己土,众皆我民,民安己受其利,国伤家婴其病。故前人欲以垂后,后嗣思其堂构,为上无苟且之心,郡下知膠固之义,使其并贤居治,则功有厚薄。"而郡县制恰恰相反,"郡县之长,为利图物","是故侵百姓以利己者,在位所不惮;损实事以养名者,官长所夙夜也。君无卒岁之图,臣挟一时之志"。因此,他把秦亡的原因归结为郡县制的实行,"借使秦人因循周制,虽则无道,有与共弊,覆灭之祸,岂在曩日"。这和曹冏一样,未免失之偏宕。但值得注意的是,陆机能够认识到,封建制与郡县制作为两种不同的政治制度,互有得失,"非谓侯伯无可乱之符,郡县非致治之具也"。同样实行封建制,"然周以之存,汉以之亡,何哉?岂世乏曩时之臣,士无匡合之志欤?盖远绩屈于时异,雄心挫于卑势耳。"关键是要因时设制。孙盛继承并发展了陆机的这一思想,他从历史进化论的观点出发,对曹魏实行分封制深表不然,他说:"异哉! 魏氏之封也。不度先王之典,不思藩屏之术,违敦睦之风,背维城之义。汉初之封,或权侔人主,虽云不度,时势然也。"①在他看来,汉初实行分封制,虽然酿成了诸侯僭越、权侔人主的严重恶果,但这是历史发展的客观形势促成的。因此,魏氏王朝就要根据新的历史形势,以前朝为鉴,实行新的政治制度,而不能步人后尘,再行分封制。这是一种精辟独到之见,显然超过了那些对于封建制要么全盘肯定,要么全盘否定的不科学的观点,在当时具有现实意义。

不难看出,上述诸家都能够在不同程度上,从发展、辩证的历史观出发,对封建制与郡县制做了比较合理的论述,为后人从事这两种制度的研究提供了不少有益的见解。

---

① 《三国志·陈思王植传》注引。

(四)治国安邦的鉴戒思想

通过撰史记载历史上统治者为政的成败得失,而为当朝统治者提供借鉴,本是我国古代史学的优良传统之一。早在孔子修《春秋》时,即躬行有得,"《春秋》者,所以记成败也"①。司马迁《史记》亦"原始察终,见盛观衰"②。荀悦《汉纪》于此用力尤勤,其《自序》云:"缀叙旧书,以述汉纪,中兴以前,明主贤臣得失之轨。"公开表达出史书的鉴戒作用。魏晋南北朝时期的史学家、思想家、政治家继承了古代史学的这一优良传统,他们把论史和现实政治紧密结合起来,注重总结历史上统治者为政"得""失"的经验教训,以服务于现实政治。诸葛亮在《出师表》中从"得"的方面论述了西汉所以"兴隆";又从"失"的方面说明了东汉所以"倾颓",就是要后主刘禅像西汉那样"亲贤臣,远小人",而汲取东汉"亲小人,远贤臣"的教训。曹冏《六代论》从"得""失"两个方面对夏、殷、周、秦、汉、魏六朝的政治做了全面的总结,旨在使当时的为政者曹爽"观历代存亡"而"用其长策","睹前车之倾覆"而"改其辙迹"。孙盛《魏氏春秋》曰:"是时天子幼稚,冏冀以此论感悟曹爽。"③正说明了这一点。陆机《辨亡论》赞扬孙权治国有策,稽弹孙皓乱政亡国,也是要西晋统治者"达经国之长规,审存亡之至数,谦己以安百姓,敦惠以致人和,宽冲以诱俊义之谋,慈和以结士民之爱"。干宝面对当时朝

---

① 《管子》。
② 《史记·太史公自序》。
③ 《文选·论》注引。

政腐败,纪纲大弛,社会混乱的严酷现实,深为羽翼未丰的东晋政权而担忧,痛感到历史的经验教训对当朝社会的直接资治作用,他力图把历史特别是前朝的西晋史作为医世之病的一剂良方。于是,他寄诸史籍,形诸笔墨,在著名的《晋纪总论》中从"得""失"两方面对西晋一朝治乱成败的经验教训做了全面而深刻的总结。首先,他从"得"的方面对宣、景、文、武四帝的治绩发表评论,指出:"昔高祖宣皇帝以雄才硕量,应运而仕,值魏太祖创基之初,筹画军国,嘉谋屡中,遂服舆轸,驱驰三世。性深阻有如城府,而能宽绰以容纳,行任数以御物,而知人善采拔。故贤愚咸怀,小大毕力。尔乃取邓艾于农隙,引州泰于行役,委以文武,各善其事,故能西擒孟达,东举公孙渊,内夷曹爽,外袭王陵。……世宗承基,太祖继业,军旅屡动,边鄙无亏,于是百姓与能,大象始构矣。玄丰乱内,钦诞寇外,酋谋虽密,而在几必兆,淮浦再扰,而许洛不震。咸黜异图,用融前烈。……至于世祖,遂享皇极,正位居体,重言慎法,仁以厚下,俭以足用,和而不弛,宽而能断,故民咏惟新,四海悦劝矣。"干宝煞费苦心地告诫东晋统治者:宣帝知人善任、景、文咸黜不端、克笃前烈,武帝重言慎法,仁俭并施,和而不弛,宽而能断,是他们各自"成功"的"秘诀"所在,恳切期望当政者能够从中受到启迪以刷新政治。接着,干宝从"失"的方面对惠帝一朝的政治做了猛烈抨击:"武帝既崩,山陵未干,杨骏被诛,母后废黜,朝士旧臣夷灭者数十族。寻以二公楚王之变,宗子无维城之助,而阋伯实沈之郄岁构,师尹无具赡之贵,而颠坠戮辱之祸日有。……民不见德,唯乱是闻,朝为伊周,夕为桀跖,善恶陷于成败,毁誉胁于势利。"他尖刻地指斥:

"二十余年,而河洛为墟,戎羯称制,二帝失尊。何哉?树立失权,托付非才,四维不张,而苟且之政多也。"面对当时"风俗淫僻""耻尚失所""陵迈超越,不拘资次"的民风国势,惠帝非但不改弦易辙,矫历振饬,以挽国祚于危难之中,反而"以放荡之德临之哉",难怪乎"怀帝承乱之后得位,羁于强臣。愍帝奔播之后,徒厕其虚名,天下之政,既已去矣。"通过对惠、怀、愍三帝二十多年历史的分析,干宝得出仁义不施、德治未兴、弃贤用佞、清谈玄言是西晋亡国之因的结论,这也是从反面向东晋统治者提出的拯救危亡的"几味药方",企图以历史教训使东晋统治者清醒,以免重蹈前人覆辙。这种参得失的鉴戒思想在当时具有重要的现实意义。

综上所述,无论是从史论形式,还是就史论内容而言,魏晋南北朝时期的史论都有其显著的特点,它既超越前代,又导启后世,在古代史论发展史上占有重要的地位,应当引起史学史研究工作者的足够重视。

(原载《唐都学刊》1993年第1期)

下编　魏晋南北朝 ◆

魏晋南北朝史学中的直书与曲笔

任何事物都是在矛盾运动中发展的，史学亦是如此。我国史学从它萌芽之初，就存在着深刻的矛盾，"直书"与"曲笔"这两种截然对立的治史方法很不谐调而又很紧密地结合在一起，始终伴随着史学发展而存在，并由此成为我国史学史上一种普遍存在的史学现象。尤其是在魏晋南北朝时期，由于朝代更迭频繁，政治斗争激烈，这一史学现象表现得更为突出，几乎所有的史学家都是"直书"与"曲笔"对立、斗争的史学活动的直接参与者。因此，探讨魏晋南北朝史学中"直书"与"曲笔"对立、斗争的具体情况，有助于进一步认识和总结中国史学史上这一规律性的现象。

一

在魏晋南北朝，尽管曲笔隐讳的史家在歪曲和捏造历史这一点上是相同的，但由于每个史家的社会经历、既得利益、个性气质各不相同，各人曲笔隐讳的方式、程度和所要达到的目的也迥然有别。主要表现为如下三种情形：

(一) 慑于统治阶级的淫威不敢秉笔直书

魏晋南北朝时期,统治阶级把史学作为维护其统治地位的一种强有力的思想工具。他们凭借自己手中的权势,每每要求史家粉饰太平,隐恶扬善。一些史家慑于统治阶级的淫威不敢据事直书。如西晋史家陈寿,早先在蜀之时,曾因"质直"不肯向权宦屈服而备受挫折。吃一堑,长一智。入晋之后,格外"聪警敏识"。他慑于司马氏的赫赫权势,特别是目睹当时"天下多故,名士少有全者"的社会现实,不禁不寒而栗。他撰《三国志》,为免遭到司马氏政权的残酷迫害,采取曲笔回护手法,为魏晋统治者隐恶溢善。如高贵乡公曹髦本为司马昭之党羽成济所杀,但《三国志·高贵乡公纪》只说:"高贵乡公卒,年二十。"且载一司马昭的奏议。这样,在陈寿笔下,司马昭这一弑君之罪魁祸首俨然成为讨贼的功臣。清代赵翼曾愤然指出:"本纪如此,又无列传散见其事,此尤曲笔之甚者也。"[①]这里需要附带说明的一点是,陈寿撰《三国志》之时,曹魏政权早已覆没,他为何又要替曹魏政权回护呢?这是因为,魏晋之际是一个篡夺相承的历史时代,而司马氏篡魏,与曹魏篡汉,本是一脉相承的。既要为晋隐讳回护,就不能不替魏回护。陈寿用心可谓良苦。一部《三国志》为魏篡汉、晋篡魏之事竭力隐讳,曲尽袒护。仅就魏、蜀之间的战争而言,凡属魏取胜者则大书特书,而蜀汉的几次胜魏却只字不提。又如司马氏兄弟包藏祸心,残戮忠良,毋丘俭、文钦率兵予以讨伐,当是

---

① 赵翼:《三国志多回护》,见《廿二史札记》。

应受表彰的魏之忠臣,但陈寿为了袒护司马氏,却说他们是造反。

(二)屈从于个人名利而不愿秉笔直书

在魏晋南北朝时期,有一类史家在他们有限的人生中总是不肯放弃对金钱的追逐、荣华的窃羡和享乐生涯的留恋,为了保全自己的功名利禄,他们不惜对本朝统治者极尽阿谀奉承之能事,凡所撰著,一意按统治者的意图行事,对本朝溢美隐恶,于敌国肆意诋毁,歪曲事实,篡改历史。南朝宋史家沈约一生"自负高才,昧于荣利",政治上的欲望从未消减。为了跻身政坛,享受高官厚禄,凡事处处逢迎主子意图。他早先曾投靠文惠太子(萧长懋),本想借文惠太子称帝在政治上有一番更大的作为。不料永明十一年(493)正月,太子病逝。沈约非常伤感,一年之中,登楼赋诗,求仙访道,表面上似有止足之志,实际上并没有放弃做官的愿望。永元三年(501)十二月,齐雍州刺史萧衍率军直抵建康,杀东昏侯,执掌朝政。就在萧衍篡代之势已成而尚不敢贸然称帝之际,沈约挺身而出,为萧衍出谋划策,终于使萧衍代齐自立。在沈约的导演下,完成了一场禅代丑剧。因此,梁建国以后,沈约官运亨通,青云直上。正由于这些,沈约撰《宋书》,从自己的功名利禄出发,大肆颂扬豪门士族,凡属达官显贵者,必为之作"佳传",立"美名"。对有些王侯、大臣如刘裕、萧道成的篡位弑君,曲意回护,对一些被皇帝枉法诛戮或赐死的诸王、大臣,不如实记其死因,而书以"薨""卒"。仅就本纪而言,许多重要历史事实的真相被掩盖与歪曲。特别是沈约处于宋、齐革易之际,身事两朝,既要为宋回护,又要替齐隐讳,更使历史事实乖违颠倒,混淆不清。

实为篡夺,却书以"禅位";正直之士反对权臣为非作歹,而被其冠以"反""叛"之名;阿谀拍马之流起兵助权臣者,反曰"起义"。一切唯主是从,俱无是非标准。

南朝齐萧子显身为南齐宗室,极端的功利主义促使他编撰的《南齐书》充满了曲笔不实之词。他从本阶级的切身利益出发,对待统治阶级内部矛盾,宁愿舍弃史德曲笔处理,以博取最高统治者的欢心。尤其是对其祖先极尽曲笔回护与溢美颂扬之能事。如对其祖父萧道成指使王敬则勾结杨王夫弑宋苍梧王刘昱一事,不予记载。又如为了抬高其父豫章文献王萧嶷的地位,为之作正史列传,置于文惠太子传之后,本无多少事例,却洋洋洒洒,铺陈粉饰至九千余字。至于《南齐书》对宋、齐革易之际史事的记述,曲笔更多。一场尔虞我诈、干戈相交的"易代之战",在萧子显笔下竟俨然唐虞揖让光景,绝不见逼夺之迹。正如宋王应麟所说:"子显以齐宗室,仕于梁而作齐史,虚美隐恶,其能直笔乎?"[①]

这些为了自己的功名利禄而不愿秉笔直书的史家,用本来是公正无私、一视同仁的史笔写下了是非不平、褒贬不公的历史篇章。这一方面严重地损害了历史的真实,给后人恢复历史的本来面目设置了障碍。另一方面也在自己的生平簿上留下了点点污渍。站在今人的立场上说句公道话,这些史家不应只是受到道义的谴责,而且也应承担一定的历史责任。不过,金无足赤,人无完人。他们毕竟是生活在强权社会,特定的时代环境与社会结构决定了他们不可能具有今人开阔的视野与坦荡的胸怀,而只能囿于个人的小天地。

---

① 王应麟:《困学纪闻》卷一三。

(三)为一己之私利而故意任情褒贬

魏晋南北朝时期,有些史家为了自己的一点私利,借修史之权以报个人恩怨,明知真相,偏作伪辞;任情褒贬,文过饰非。其具体表现是,假人之美,借为私惠;诬人之恶,持报己仇。如北魏史家魏收本是一个见"当途贵游,每以言色相悦"①的胁肩谄笑之徒。他撰《魏书》,每每借修史之权以酬恩报怨。凡参与修史诸人的祖宗姻戚多被书录,并且饰以美言,而"夙有怨者,多没其善"。他曾公开说:"何物小子,敢与魏收作色。举之,则使上天;按之,当使入地。"②魏收曾因受过杨休之的好处,因而感谢休之说:"无以谢德,当为卿作佳传。"魏收当真是说到做到。杨休之的父亲杨固,魏世为北平太守,以贪污暴虐为中尉李平弹劾而获罪。而魏收修史,却说:"固为北平,甚有惠政,坐公事免官。"又说:"李平深相敬重。"又如尔朱荣杀灵太后和幼主,这对魏来说,本是贼臣。但魏收因为曾受到尔朱荣之子的贿赂,便给尔朱荣作佳传,尽力减少他的罪恶。正由于魏收如此任情褒贬,故其书问世后众议沸腾,反对甚烈。刘知几认为魏收任情褒贬之甚,已经达到无法容忍的地步,他说:"收谄齐氏,于魏室多不平,既党北朝,又厚诬江左,性憎胜己,喜念旧恶,甲门盛德与之有怨者,莫不被以丑言,没其善事。迁怒所至毁及高曾。由是世薄其书,号为'秽史'。"③

像魏收这样借修史之权,为一己之私利而任情褒贬的史家,在

---

① 《北齐书·魏收传》。
② 《北齐书·魏收传》。
③ 《史通·古今正史》。

魏晋南北朝时期还有一些，兹不一一罗列。如果说迫于强权统治而不敢秉笔直书的史家尚情有可原，那么这些为一己之私利而任情褒贬的史家则应受到全社会的谴责。因为从某种程度上说，他们的所作所为，并非客观条件所致，而完全是受卑鄙的主观意图所支配，他们为了个人私利，明知故犯。因此，不能不使人对他们产生极大的憎恨。刘知几曾指斥这类史家为"记言之奸贼，载笔之凶人"，并说，"虽肆诸市朝，投畀豺虎可也"。语虽讥刺过烈，但却反映出人们对此种行为深恶痛绝的心理。

二

尽管"曲笔"在魏晋南北朝史学上投下了重重阴影，但终究遮掩不住"直书"的光耀，秉笔直书的史家时有所现。与"曲笔"一样，"直书"的史学现象亦显示出种种不同的情形。

（一）不避强御、据事直书的修史原则

魏晋南北朝时期，许多史家坚定正直，峻节凛然，彰善瘅恶，不避强御，始终坚持据事直书的原则。东晋史家干宝撰《晋纪》，敢于据事直书，揭露历史真相。"干宝直言，受讥朝士。"①但干宝宁为兰摧玉折，不为瓦砾长存，他不畏强暴，敢于指斥帝王，敢于歌颂"叛逆"，敢于揭露历史的黑暗，敢于抨击人类的罪恶。他直言不讳地弹劾西晋："朝寡纯德之士，乡乏不二之老，风俗淫僻，耻尚失所，学者以老庄为宗而黜六经，谈者以虚薄为辩而贱名

---

① 王应麟：《困学纪闻》卷一四。

俭，行身者以放浊为通而狭节信，进仕者以苟得为贵而鄙居正，当官者以望空为高而笑勤恪。"①尖锐地指出活跃在当时政治舞台上的都是一群寡廉鲜耻的市侩小人。"毁誉乱于善恶之实，情愿奔于货欲之途，选者为人择官，官者为身择利，而秉钧当轴之士，身兼官以十数，大极其尊，小录其要，机事之失，十怕八九。而世族贵戚之子弟，陵迈超越，不拘资次。悠悠风尘，皆奔竞之士。"②另外，他还借刘毅之口，痛斥晋武帝不及汉桓、灵帝，"桓、灵卖官，钱入于官，陛下卖官，钱入私门"③。这在仍是司马氏为政的东晋，是要有很大勇气和一定责任感的。众所周知，魏晋之世，战争频仍，变故迭起，加之曹氏、司马氏忍戾嗜杀，不仅广大劳动人民惨遭荼毒，文人学士亦多不能幸免，诚所谓天下多故，名士少有全者。仅有晋一代的文人，因政治上的牵连，死于非命者便不可胜计。陆机、陆云、张华、潘岳、郭璞、刘琨、欧阳建等人，即为统治者残杀。现实政治斗争的血雨腥风反映到意识形态领域则是逃避现实、全身避祸的隐逸思想的流行，诸多文人学士为躲避操戈攘臂的乱世法网的加害而屏息结舌，步入隐逸之途，以达到与世隔绝，忽忽无事的目的。干宝置身于这种历史条件下，却不与世浮沉，他采取正面揭露和大声疾呼的手段对现实社会进行锋芒毕露的批判，表现出超人的胆略和卓识。

东晋史家孙盛，亦不避强御，据实以书。他撰《晋阳秋》，起于晋宣帝，终于晋哀帝，一直写到当时事件。例如，太和四年

---

① 干宝：《晋纪总论》，见《文选》。
② 干宝：《晋纪总论》，见《文选》。
③ 《文选·晋纪总论》注引干宝《晋纪》。

(369),桓温率兵北伐,至坊头(河南浚县)为前燕和前秦军所败,桓温自陆路奔还,北伐以失败告终。孙盛并不因为桓温在当时是掌握内外大权、左右朝政的皇朝显贵而对其坊头之败虚加讳饰,照样据实记载。桓温看了《晋阳秋》后,"怒谓盛子曰:'坊头诚为失利,何至乃如尊君所说?若此史遂行,自是关君门户事。'其子遽拜谢,谓请删改之。时盛年老还家,性方严有轨宪,虽子孙班白,而廷训愈峻。至此,诸子乃共号泣稽颡,请为百口切计。盛大怒"①。尽管孙盛坚决不许更改自己的著作,但后来诸子还是偷偷地改了。孙盛在愤怒之余,私下严格按照据事直书的原则写定两本,寄于辽东慕容俊。太元中,孝武帝司马曜博求异闻,始于辽东得之,与孙盛之子所改写的本子相对照,多有不同,书遂两存。

尤其是有些史家为求历史真实,别说饔飧不继,就是死难临头,也毫不介意。北魏崔浩与高允等人共撰国史,"叙述国事,无隐恶"②。因直书拓跋先世隐秘之事,崔浩被杀,夷三族,受牵连而死者128人。浩获罪时,世祖拓跋焘召高允曰:"国书皆浩作否?"允对曰:"臣与浩同作,臣多于浩。"世祖大怒。时拓跋晃为太子,诬允曰:"天威严重,允迷乱失次耳。臣向备问,皆云浩作。"高允当即反驳道:"臣谬参著作,今已分死,不敢虚妄。殿下哀臣乞命耳,实不问臣,臣无此言。"其刚正不屈,令人钦佩。就连世祖也不得不慨叹道:"直哉!临死不移,贞臣也。"③

---

① 《文选·晋纪总论》注引干宝《晋纪》。
② 《史通·古今正史》。
③ 以上引文俱见《魏书·高允传》。

（二）立论持平、褒贬允当的治史标准

作为一个历史学家，必须是超然物外，不怀怨毒之情，不存偏私之见的秉笔直书的中正之士。尤其是在评价历史事件、褒贬历史人物的时候，更应立论持平、褒贬允当，不允许史家带有任何个人或集团的感性倾向。南朝宋范晔撰《后汉书》，坚持立论持平、褒贬允当的治史标准。特别是与《三国志》相比较，显得格外突出，凡为陈寿回护之事，范晔一律将其改正过来，恢复历史的真相，如直称"曹操自为承相""曹操自立为魏公，加九锡""曹操自进号魏王"等。章太炎对此评价甚高，指出："《史》《汉》之后，首推《后汉书》。"①清赵翼亦云："范蔚宗于《三国志》方行之时，独不从其例……此史家正法也。"②的确如此，在《后汉书》中，凡属刚正清廉之士，都受到范晔的讴歌与称道。相反，对那些祸国殃民者，则被严厉地鞭挞。凡所为之立传者，必先于当世有所作为，否则，即令公侯将相，也不为其立传。忠实于历史的责任感，于此可见一斑。

（三）立足史实、不取人情的正直精神

立足史实、不取人情作为"直书"的一种表现形式，是史家刚直不阿的正直精神的反映。魏晋南北朝时不乏具有这种正直精神的史家，三国吴韦曜是其中比较突出的一个。韦曜撰《吴书》时，吴帝孙皓请求为其父孙和作本纪，韦曜以孙和未登帝位为由，拒绝

---

① 章太炎：《略论读史之法》。
② 赵翼：《后汉书三国志书法不同处》，见《廿二史札记》卷六。

了孙皓请求,而将和编入列传,于是结恨孙皓,"渐见责怒"①。这种立足史实、坚持原则、不取人情的精神,是一位史家能够秉笔直书的重要条件。

三

对于一个史家来说,他之所以会采取"直书"或"曲笔"的手法,表面看来是受该史家的个性气质、人生态度、既得利益等方面的因素所制约,但实际上是由史家的社会历史观所决定的。因为史家的社会历史观决定着史家的行为方式——进步的或者说是唯物主义的社会历史观决定着积极进步的行为方式,落后的或者说是唯心主义的社会历史观决定着消极落后的行为方式。而"直书"与"曲笔"作为两种截然对立的史学现象,正是积极进步的行为方式和消极落后的行为方式直接作用的结果。

这也就是说,凡是具有进步的或者唯物主义历史观的史家,基本上都是能够秉笔直书的史家;凡是具有落后的或者唯心主义历史观的史家,基本上都是曲笔隐讳的史家。上文论及的干宝、孙盛、范晔等人之所以能够据实以书,就在于他们具有一种进步的社会历史观。干宝作为一位历史学家,坚决否定人死魂灵犹在的宗教唯心主义。相应地,在国家兴亡问题的探讨上,他表现出一种难能可贵的唯物主义历史观。当时,面对西晋王朝迅速倾覆的现实,很多史家凭着阶级的本能,都在寻找它的根源,有的蹈袭女人是祸

---

① 《三国志·韦曜传》。

水的传统偏见,把贾后当作亡国之因;有的囿于一端,仅仅从直接体验中视玄虚放诞之风为亡国之由。与此相反,干宝则强调指出:"天下,大器也;群生,重畜也。爱恶相攻,利害相夺,其势常也。"①在他看来,人与人之间,阶级与阶级之间为了他们各自的利益而相互攻杀、争夺,是历史发展的必然。正是由于这种"相攻"与"争夺",使得天下"积水于防,燎火于原,未尝暂静也"②。由此出发,他上溯西晋开国之初,下及愍帝之末,历数昏君无能,朝臣植党营私所造成的社会弊端。通过分析西晋50多年的历史,总结出"其所由来者渐矣,岂特系一妇人之恶哉"③。他认识到晋室迅速崩溃的一个很重要的原因在于"树立失权,托付非才,四维不张,而苟且之政多也"④。这就批判了那种把贾南风当作亡国之因的唯心史观。孙盛站在唯物主义立场上,针对当时神不灭论者的荒谬之说指出:"形既粉散,知(神)亦如之,纷错混淆,化为异物,他物各失其旧,非复往日。"⑤明确认为神(知)随形灭,即使人的形神消散之后变成另外一种物体,它也和原来的形体迥然有别。这就否定了形神能够离而再合的观点。从形散神灭的思想出发,孙盛认为国家的兴亡盛衰最终取决于人的行为,而不在"天命"。如他在论述汉王朝的灭亡时指出:"风泽既微,六合未一,而雕剪枝干,委权异族,势同瘣木,危若窠幕,不嗣忽诸,

---

① 干宝:《晋纪总论》,见《文选》。
② 干宝:《晋纪总论》,见《文选》。
③ 干宝:《晋纪总论》,见《文选》。
④ 干宝:《晋纪总论》,见《文选》。
⑤ 孙盛:《与罗君章书》,见《弘明集》卷五。

非天丧也。"①在孙盛看来,由于汉王朝人为地造成了地方割据势力的强大和外戚、异族的专权,这样,国家危亡的惨局也就无法挽救了。既然如此,那么"魏之代汉",亦就"非积德之由"②,是历史的发展使然。范晔反对佛教所宣扬的人死精神不灭的说教。《宋书·范晔传》曾说:"晔常谓死者神灭,欲著《无鬼论》。"甚至在他临上刑场之前,还托人"寄语何仆射(尚之),天下决无佛鬼,若有灵自当报应"。因而,在《后汉书》中,也不时流露出范晔对佛教和谶纬迷信之学的怀疑与否定。如他在《西域传》中批评佛教"好大不经,奇谲无已"。又如他在《张衡传》中揭露图谶的虚妄说:"此皆欺世罔俗,以昧势位,情伪较然,莫之纠禁。"因此他主张"收藏图谶,一禁绝之"。

上述事实足以说明,进步的历史观决定了史家必然采取秉笔直书的治史态度。同理,陈寿、沈约、萧子显等人所采取的曲笔手法也是由他们落后的历史观所决定的。陈寿《三国志》通过对三国历史的叙述,大肆宣扬"天人感应"的天命思想和皇权神授的神学史观,为巩固封建统治制造理论。沈约更是一个有神论者,不仅整部《宋书》充满了神秘主义的色彩,而且还以《天文》《符瑞》《五行》三志十二卷的篇幅,集中宣扬天命思想,并通过对符命、望气、灾异、谶书等的记载,来证明天命有数和皇权神授之应验。萧子显《南齐书》大力宣扬因果报应和天命思想,认为王朝的更替完全是天意的安排,人只能顺应天意,而不能违背天意。

(原载《西北大学学报(哲学社会科学版)》1995年第1期)

---

① 《三国志·陈思王植传》注引。
② 《三国志·陈思王植传》注引。

下编 魏晋南北朝 ◆

魏晋南北朝历史编纂学简论

魏晋南北朝作为中国史学大发展的时代,在历史编纂学上取得了许多超越前朝而又导启后世的重要成就。本文拟就下面几个方面对此作一胪论。

一、广搜博采,详加考证

广泛地占有史料,是一个史家编纂史书至关重要的第一步,亦唯有如此,才能尽可能如实、全面而深刻地反映历史的本来面目。《四库全书总目》云:"苟无事迹,虽圣人不能作《春秋》。"早在司马迁撰写《史记》之时,即对此躬行有得。司马迁能够写出一部贯通古今三千年历史的伟大著作,与其掌握极其丰富的历史资料是密不可分的。《史记》的材料来源,不仅有先秦典籍和当世流传的著作,即所谓"石宝金匮之书",而且有大量先代和当代的档案文书。更为重要的是,还有司马迁通过"浮沅湘,窥九疑""上会稽、探禹穴""北涉汶、泗,讲业齐、鲁之都,观孔子之遗风"[①]这

---

① 《史记·太史公自序》。

一实地考察和民间采访所得的材料。大凡读过《史记》的人，都不免为其史料来源的广阔与史料掌握的丰富而折服。魏晋南北朝时期，史家撰史，继承了前代史学的这一优良传统。西晋著名史家陈寿撰《三国志》，除参考依据王沈《魏书》、鱼豢《魏略》、韦昭《吴书》等有关魏、吴两国的历史资料，还尽可能地多方采访。特别是有关蜀汉历史的撰述，更有赖于陈寿之殷勤搜集。因为蜀汉未置史官，无有撰述，当时陈寿即深为叹息地说："注记无官，行事多遗。"为此，他钩稽爬梳，对蜀汉地区乡邦文献详加搜集、整理。可见，《三国志》的史料来源也是非常丰富的。凡是三国时期政治、经济、军事上的重要人物以及在学术思想和文化艺术上有贡献者，他几乎都网罗其事迹，写进书中。至于裴松之《三国志注》中所引的不少材料，都是陈寿当时所见到的，只不过是按其力求简约的取舍原则而没有采用罢了。西晋史家常璩为了写作《华阳国志》，曾"博考行故，总厥旧闻"，取材至为广泛。他不但从《尚书》《左传》《史记》《汉书》《东观汉记》《三国志》等重要历史著作和成汉政权的档案中搜剔材料，而且还参考了梁、益、宁三州的大量地方志，并特别注意向熟悉掌故的人进行调查。正因如此，《华阳国志》一书的材料极其丰富，其中许多材料为其他史籍所阙如，或较其他史书的记载更为详明，仅在《先贤》和《后贤》两志及《三州士女目录》中就记载了汉、晋间近四百个人物的事迹和姓氏，摭拾之富，在古今方志中实罕其匹。因之，《华阳国志》具有很高的史料价值，对后人从事地理、经济、科技、民族和西晋、成汉史的研究颇多助益。东晋史家袁宏撰《后汉纪》，几乎搜集了当时有关东汉史的所有材料，诸如《东观汉记》、谢承《后汉书》、薛莹《后汉记》、司马彪《续汉书》、华峤《后汉书》、谢沈《后汉书》、张莹《后汉南记》、袁山松《后汉书》、张璠《后汉纪》及"诸郡耆旧先贤传"等，凡数百卷，皆在参考之列。即使在《后汉纪》初稿问世不久，袁宏发现张璠《后汉纪》所言汉末之事，颇有可采，也及时予以补充，使《后汉纪》关于汉末史事的记载更为翔实可靠。刘宋范晔"广集学徒，穷览旧籍"①，为了撰写一部具有独特风格的《后汉书》，他广搜博采，遍览诸家后汉史，在广泛占有资料的基础上，撰成继《史记》《汉书》《三国志》之后又一纪传体史学巨著。正因为范晔掌握了极其丰富的史料，才使得他的《后汉书》所记载的内容较其他各家更为翔实。宋裴松之注《三国志》，"上搜旧闻，旁摭遗逸"②，搜集采摘的资料特别广博，据沈家本《三国志注所引书目序》，计经部二十二家，史部一百四十二家，子部二十三家，集部二十三家，凡二百一十家。裴氏博览穷通，于此可见一斑。梁沈约为了编纂《宋书》而极力网罗群籍。在沈约以前，《宋书》的修撰即已开始，先后奉召修撰的有王诏之、何承天、山谦之、裴松之、孙冲之、徐爰、苏宝生、丘巨源等人，其中有成绩者为何、山、徐、苏四人。沈约修《宋书》，除依据前人的现有成果外，还搜集了大量的资料，试举一例，何承天《宋书》有志十五篇，沈约在编写过程中对其所持的态度是："其证引该博者，即可因之……其有漏阙，及何氏后事，备加搜采，随就补缀焉。"③"备加搜采"，正说明沈约在搜集资料方面用力甚

---

① 《史通·正史》。
② 《上三国志注表》。
③ 《宋书》卷十一。

勤。梁刘孝标注《世说新语》，广征博引，搜罗甚富，征引之书，经部三十五家，史部二百八十八家，子部三十九家，集部四十二家，释氏十家，共四百十四家。① 梁萧子显为撰《后汉书》，将汉、晋以来各家所撰《后汉书》捃摭殆尽，融会贯通，遂成一家之言《后汉书》一百卷。惜该书早已散佚。为修《齐书》，他又着力搜集文献记载，诸如豫章熊襄《齐典》、梁刘陟《齐纪》、江淹《齐史》、吴均《齐春秋》等当时著述，尽量搜罗无遗，撰成《齐书》六十卷。北魏郦道元作《水经注》，在实地考察的同时，广为搜集文献资料，史称其"历览奇书"，如《山海经》《穆天子传》《汲冢周书》等竞相涉猎，就连南朝文士的一些游记亦在其参考之列。北魏崔鸿撰《十六国春秋》，汇集了丰富的历史资料，据《魏书》本传记载，在《十六国春秋》已撰写了十五国九十五篇之时，尚缺成汉国，尽管已经搜集了一定的历史资料，但他为了参考常璩所撰记述成汉历史的《蜀李书》（即《汉之书》），便一直辍笔，访求该书二十余年，才于江南购得，其《后蜀录》就是主要依据《蜀李书》的材料编写的。

魏晋南北朝时期的史家，于修史伊始，不仅重视文献资料的搜集与整理，而且还注意运用切实可靠的口头资料。我们知道，魏晋南北朝时期，随着以人物传记为中心的纪传体史书的兴盛与发达，褒贬人物的"春秋笔法"在史学思想中占据了重要地位。有些史家舞词弄札，文过饰非，不惜歪曲历史事实地阿意顺从，持谄媚以取私惠。因此，尽管这一时期史学范围扩大，史书体裁增加，

---

① 沈家本：《世说注所引书自序》。

史籍数量众多,"一代之史,至数十家"①,可向声背实,舍真存伪者却不在少数。特别是由于自魏晋开始,史家蜂起,私家修史之风甚盛,以致著述多门,诸如《语林》《笑林》《世说》之类皆纷然问世。而这些杂撰,"皆喜载调谑小辩,嗤鄙异闻"②。这样一来,"斯风一扇,国史多同"③。一些史家随波逐流,以流言俗语载荒诞不经之事于国史之中。面临这种现实的历史状况,魏晋南北朝时期的一些史家,却能做到不为世风时俗所囿,更不随声应和,主张严肃地忠实于信实的史料。鉴于载笔有失,他们就亲自游历各地,向年长有识者求教、搜罗材料,以亲身见闻补史料之不足,正载籍之乖违。可是,在等级森严,门第观念浓厚,正宗史学居于独尊的魏晋南北朝时期,口头资料是被视为"旁门左道"而不登大雅之堂的。但一些史家却在搜剔文献资料的同时,于史书编纂中大胆地应用可靠的口头资料,如《华阳国志》中就曾不止一次地引用"长老"之言,又如东晋史家孙盛撰《魏氏春秋》时,就是依靠实地采访所得的材料对魏明帝做出评价的,"闻之长老,魏明帝天姿秀出,立发垂地,口吃少言,而沉毅好断"④。同样,其《晋阳秋》于"梁、益旧事",亦"访诸故老"⑤。至于裴松之、郦道元等史学家在撰述中也时引口头传闻资料。更值得一提的是,一些史家往往把自己的亲身经历写入史书中,此类例证不胜枚举,

---

① 《隋书·经籍志》。
② 《史通·书事》。
③ 《史通·书事》。
④ 《三国志·明帝纪》注引《魏氏春秋》。
⑤ 《史通·采撰》。

如孙盛《晋阳秋》中记载："盛以永和初从安西将军平蜀,见诸故老,及姜维既降之后密与刘禅表疏,说欲伪服事钟会,因杀之以复蜀土,会事不捷,遂至泯灭。"①又如,裴松之在《三国志·齐王纪注》中云:"松之昔从征西至洛阳,历观旧物,见《典论》石在太学者尚存,而庙门外无之,问诸长老,云:'晋初受禅,即用魏庙,移此石于太学,非两处立也。'"这样的描述,在很大程度上增强了读者的真实感。值得指出的是,魏晋南北朝时期,重视口头资料的史家,大多出自封建名门,但他们能够摆脱正统思想的钳制,不持门第观念的狭隘偏见,注重民间的实地采访,把口头资料和有形的文字记载摆在同等地位,一样看作是人类文化的组成部分。就此而言,可与司马迁相媲美。对于一个史家来说,口头资料是很重要的,其价值有时还超过有形的文字记载。远在司马迁撰《史记》时,就深有感触。尔后,历代史家,著述如林,而知此意者却为数甚少。就是唐代的刘知几,于此也略逊一筹。刘知几也出身名门望族,但他囿于正统思想的窠臼,具有浓厚的门第观念,轻视劳动人民的作用,反映在史料学上,则是对口头资料的否定,他以"作者恶道听途说之违理,街谈巷议之损实"②来立论,视口头资料为"刍荛鄙说",对那些在史书编纂中记述亲身见闻的史学家多所訾议。相形之下,正可见重视传闻资料的史家在史料学上的进步性。

由上可知,魏晋南北朝时期的史家,在搜集资料的过程中,犹如蜜蜂兼采,对现有文献、口头传闻、偏记杂谈,无不博采旁收。

---

① 《三国志·姜维传》注引。
② 《史通·采撰》。

因而保存了大量的历史事实,使后人获得了比较丰富的历史知识,为历史研究提供了很大的便利。但另一方面,我们应该看到,一味强求或者仅仅满足于丰富的历史资料而不加厘正考异,要么和盘托出,要么盲目采用,如此,不是铸生芜杂之弊,便是得出错误的结论,到头来,不仅会大大降低该书本身的价值,而且还将贻误后学。因此,精究细察,订讹考异,于修史至关重要。

如果说广泛地搜集资料是史家修史之起步,那么继踵之第二步则是对史料的鉴别与取舍。因为修史的唯一宗旨是要如实地反映历史的本来面貌,而子虚乌有或者错误的史料非但不能达此目的,反而将会导致极其恶劣的后果。郭沫若同志曾经指出:"无论作任何研究,材料的鉴别是最必要的基础阶段。材料不够固然大成问题,而材料的真伪或时代性如未规定清楚,那比缺乏材料还要更加危险。因为材料缺乏,顶多得不出结论而已,而材料不正确会得出错误的结论,这样的结论比没有更要有害。"①

魏晋南北朝时期的史家,在扩大史料范围,广搜博采的基础上,于汇集异同、考辨真伪用力甚勤。陈寿修《三国志》,在史料的取舍上,审慎斟酌,诚如清赵翼所云:"剪裁斟酌处,自有下笔不苟者,参订他书,而后知其矜慎。"②比如,关于刘备与诸葛亮初次相见之事,《魏略》与《九州春秋》俱言诸葛亮先去求见刘备③。陈寿不取此说,而据诸葛亮《出师表》中自述"先帝不以臣卑鄙,

---

① 郭沫若:《十批判书·古代研究的自我批判》,见《郭沫若全集》历史编第二卷,人民出版社1982年版。
② 《廿二史札记》卷六"三国志记事得实"条。
③ 《三国志·诸葛亮传》注引。

猥自枉屈,三顾臣于草庐之中,咨臣以当世之事"之语,以证非亮先诣备。所以他记此事说:"由是先主遂诣亮,凡三往,乃见。"后裴松之注《三国志》即采这一说法。又如,关于诸葛亮征南中一事,当时有七擒七纵孟获之说,其实这是不合情理的,陈寿不予采录,只云:"其秋悉平,军资所出,国以富饶。"常璩撰《华阳国志》,对待前人的记载,采取批判吸取的态度,择善而从。他很推崇司马迁、班固、陈寿等史学大家,大量引用他们的记载,但并非迷信盲从,于同一史事,他可以采取与前人说法不同的记载。譬如,《史记》《汉书》记载,楚威王时庄蹻伐滇,留王滇池。但征之他籍,庄蹻与楚威王相去甚远。因而,常璩不取司马迁、班固之说,而以其他记载为据,说庄蹻伐夜郎在楚顷襄王时[①]。特别是常璩在充分肯定传说故事的同时,尤为强调,对那些酒后茶余的"谈调之末",应当"辨其不然,万不可遽以为信史",他在《华阳国志·序志》中就驳斥了世俗间关于蜀国历史的种种虚妄之说。袁宏撰《后汉纪》,在汲取前贤精华的基础上,删繁补缺,纠谬释疑,概不盲目照搬。如张璠《后汉纪》称:"卢芳,安定人,属国夷数十畔在参蛮,芳从之,诈姓刘氏。"而袁宏则云:"刘芳,安定三川人,本姓卢氏,王莽末,天下思汉,芳由是诈称武帝后,变姓名为刘文伯。及莽败,芳与三川属国羌胡起兵北边。"核其文义,当以袁纪为佳。裴松之注《三国志》,不管是陈寿,还是其他史家的记载,若乃"纰缪显然,言不附理",则"随违矫正,以惩其妄"[②]。是属之例,在注文中俯拾皆是。如《三国志·明帝纪》

---

① 《华阳国志》卷四《南中志》。
② 《上三国志注表》。

载魏明帝死时年三十六,裴松之考辨云:"魏武以建安九年八月定邺,文帝始纳甄后,明帝应以十年生,计至此年正月,整三十四年耳;时改正朔,以故年十二月为今年正月,可强名三十五年,不得三十六也。"东晋史家干宝在修史的过程中,不仅以文献资料互证,而且能够用具体事实订正是非。如《史记·楚世家》云:"吴回生陆终。陆终生子六人,坼剖而产焉。"先儒学士及谯周皆疑"坼剖而产"一事,以为作者妄记,废而不论。干宝曰:"余亦尤其生之异也。然按六子之世,子孙有国,升降六代,数千年间,迭至霸王,天将兴之,必有尤物乎?若夫前志所传,修己背坼而生禹,简狄胸剖而生契,历代久远,莫足相证。近魏黄初五年,汝南屈雍妻王氏生男儿从右胳下水腹上出,而平和自若,数月创合,母子无恙,斯盖近事之信也。以今况古,固知注记者之不妄也。天地云为,阴阳变化,安可守之一端,概以常理乎?《诗》云'不坼不副,无灾无害'。原诗人之旨,明古之妇人尝有坼副而产者矣。"[1]足以服人。沈约、萧子显、崔鸿也都很注重考订史料,如刘知几曾赞誉崔鸿"考核众家,辨其同异"[2]。总之,魏晋南北朝时期的史家在史料的鉴别与取舍中,刻意斟酌、悉心核订,这是一种优良的史学传统,值得我们发扬光大。

二、注重凡例,导启后学

这里所说的史书凡例,是指史家本人自立,而后从事笔削的一

---

[1] 《史记·楚世家》集解。
[2] 《史通·正史》。

种著述例则,在古代又名义例、叙例或条例。它是作者命笔行文之初的总方针,亦是统驭该书记言记事的法则,既反映了作者的编纂方法,又体现了作者的史学观点。因之,历代史家非常注重史书的凡例,刘知几曾经指出:"夫史之有例,犹国之有法。国无法,则上下靡定;史无例,则是非莫准。"①宋吴缜强调:"夫史之义例,犹网之有纲而匠之绳墨也。"②魏晋南北朝时期的史家,在修史之前,大多先立凡例。要谈魏晋南北朝时期的史书凡例,首先需要弄清史书凡例的创始这一问题。为此,无妨多费笔墨。我国史书,究竟从何时起始有凡例,自晋杜预肇端,迄今一直聚讼纷纭,莫衷一是。杜预认为,孔子以前史已有例,《春秋》之发凡言例,"皆经国之常制,周公之垂法,史书之旧章"③。由于杜氏所言周公之垂法、史书之旧章在今已无从详考,其是否确当,姑且不论。继杜预之后,梁刘勰认为《春秋》首创凡例,"按《春秋》经传,举例发凡"④。唐刘知几亦趋其说:"昔夫子修经,始发凡例。"⑤而宋朱熹对此却深为訾议,他说:"孔子只是要备二三百年之事,故取史文写在这里,何尝云,某事用某法、某事用某例。"又云:"《春秋传》例,多不可信。圣人记事,安有许多义例。"⑥清徐经亦谓:《春秋》凡例乃后人"以意穿凿,多为强求,

---

① 《史通·序例》。
② 《新唐书纠谬序》。
③ 《春秋左氏传序》。
④ 《文心雕龙·史传》。
⑤ 《史通·序例》。
⑥ 《朱子语类》卷八三。

固不可信。"①今人刘节指出:"两位刘氏(刘勰、刘知几)都说孔子修《春秋》,先有条例,这是一种错觉。"②实际上,这两种截然对立的观点皆难以令人折服置信。我们知道,属辞比事是《春秋》在编纂方法上的一大特点,作者为了表达自己的政治意图,在遣词用字上是有一些义例和原则的,如同样描写战争,就有侵、伐、战、围、灭、入、救、取、败等用字的不同;同样记杀人,又有杀、诛、弑的区别;同样是写死,又有薨、卒等差异。诚如徐经所云:"《春秋》因鲁史旧文,史家之法当有一定之例。"③那种绝对否定《春秋》有凡例的说法未能称是。不过,《春秋》的凡例并非孔子本人事先所立,而后借以笔削,只是在具体的编写过程中因事而发,随时而立。何以见得?若孔子在行文之前已作一凡例,则于同类事项,《春秋》前后将一定遵用同一体例,不致出现书法靡漫、彼此牴牾的现象。但事实并非如此。仅就讳书而言,《春秋》尚无一定规则,在记同类事时,有时讳,有时不讳,很不统一。即以"为中国讳"(指中原诸国)为例,便可清楚地看出这一点。如《春秋》在记中原诸国与所谓夷狄之国的关系时,有时讳去中原诸国被夷狄之国打败,诸侯、大夫被执这一类败亡受辱的史实。但有时却据实以书,如《春秋》僖公二十二年(前638)载:"冬十有一月己巳朔,宋公及楚人战于泓,宋师败绩。"再举一例,由于孔子不承认楚、吴等所谓南蛮之国诸侯国的地位,因而在写法上对这些国家就有所贬低,如不称楚、吴等国国君为"楚子"

---

① 徐经:《春秋礼经》,见《雅歌堂全集·雅歌堂外集》卷三。
② 刘节:《中国史学史稿》,中州书画社1982年版,第126页。
③ 徐经:《春秋礼经》,见《雅歌堂全集·雅歌堂外集》卷三。

"吴子",《春秋》中此类例证比比皆是。但是,细检该书,便可发现,僖公五年(前655)以前不称"楚子",而以后却称;襄公二十五年(前548)以前不称"吴子",以后也称。可见,关于讳书,《春秋》在前后写法上是有变化的,并无一成不变的例则,杜预早就指出:"掩恶扬善,义存君亲,故通有讳例,皆当时臣子率意而隐,故无深浅常准。圣人从之以通人理,有时而听之可见。"①因此,《春秋》并不存在像刘勰、刘知几所说的那种孔子本人事先所立的凡例,正如张舜徽所说:"大抵古之作《春秋》者,但记大事,何尝先立若干条例,然后从事笔削。"②至于公羊、穀梁、左氏三家相继探赜阐发的所谓《春秋》凡例,以及汉颖容《春秋释例》、郑众《春秋左氏传条例》和晋杜预《春秋释例》,乃"皆因行事之迹,考其褒贬之由,而取辨于一字一辞之间"③,悉由钩稽比合而得之,其中不乏主观臆测、妄加古人之成分。试举一例,《春秋》中描写战争用"伐"和"侵"的字眼很多,《左传》对此两字的解释是:"凡师,有钟鼓曰伐,无曰侵。"征之《春秋》,则隐公二年(前721)"郑人伐卫",成公三年(前588)"郑伐许"、七年(前584)"吴伐郯",当为有钟鼓之师。然定公四年(前506):"三月,公会刘子、晋侯、宋公、蔡侯、陈子、郑伯、许男、曹伯、莒子、邾子、顿子、胡子、滕子、薛伯、杞伯、小邾子、齐国夏于召陵侵楚。"以一国之师讨伐别国尚有钟鼓,安有举十七国之师而不备钟鼓之理?显然,《左传》的解释难以圆通。在我国古

---

① 《春秋左氏传集解》。
② 张舜徽:《史学三书评议》,中华书局1983年版,第45页。
③ 徐经:《春秋礼经》,见《雅歌堂全集·雅歌堂外集》卷三。

代，先立凡例而后从事纂述者究竟为哪位史学家？《史通·序例》云：自孔子发凡起例，"降及战国，迄于有晋，年逾五百，史不乏才，虽其体屡变，而斯文终绝。唯令升先觉，远述丘明，重立凡例，勒成《晋纪》。"干宝，字令升，东晋著名史学家。如果上述有关《春秋》凡例的结论不错，则干宝当为我国历史上第一位自立凡例的史学家。可是，刘勰《文心雕龙·史传》云："按《春秋》经传，举例发凡；自《史》《汉》以下，莫有准的。至邓粲《晋纪》，始立条例。"是史之有例，始于邓粲。实则不然。邓粲，东晋史学家。按《晋书》本传，其《晋纪》名《元明纪》，记东晋元、明两帝时事。而据唐许嵩《建康实录》，干宝《晋纪》始作于晋元帝建武元年（317），较邓粲《晋纪》为早，当属定论。因此，今人金毓黻指出："史例之作，始于干宝，而邓粲效之。"①干宝以前的史书，举其荦荦大者，无论是纪传体的《史记》《汉书》《东观汉纪》《三国志》，还是编年体的《汉纪》，都没有凡例。一般的史书如魏鱼豢的《魏略》，吴谢承《后汉书》，西晋司马彪《续汉书》、华峤《后汉书》、张璠《后汉纪》等亦俱无凡例。有人认为《史记》和《汉书》所作的各篇序赞就是凡例②。笔者不敢苟同。因为无论从形式还是从内容而言，它们皆与凡例风马牛不相及。另外，又有人主张"唐以前无先定义例而后从事纂述者"，"后世史家，自定义例，上法《春秋》，科条严明，一字无假，则欧阳修《五代史记》实为之最"③。这一结论则同样难以令人信服。

---

① 金毓黻：《中国史学史》，商务印书馆1957年版，第71页。
② 刘节：《中国史学史稿》，中州书画社1982年版，第126页。
③ 张舜徽：《史学三书评议》，中华书局1983年版，第45页。

自干宝首创史书凡例以后,终北朝一代,史家修史多先立凡例,邓粲《晋纪》、范晔《后汉书》①、沈约《宋书》、萧子显《南齐书》②、崔鸿《十六国春秋》③、魏收《魏书》④等皆自定其例。特别是在南朝时期,史家们就作史的条例问题还展开了激烈的论辩,如齐建元二年(480),初置史官,以檀超、江淹掌史职,上表立条例云:"开元纪号,不取宋年,封爵各详本传,无假年表,立十志,律历、礼乐、天文、五行、郊祀、刑法、艺文依班固;朝会、舆服依蔡邕、司马彪;州郡依徐爰,百官依范晔……五星载天文,日蚀载五行,改日蚀入天文志,以建元为始,帝女体自皇室,立传以备甥舅之重,又立处士,列女传。"⑤由此清楚可见,此例于关系国计民生之食货只字未及,此为一大缺陷,因而,开始就遭到王俭弹劾,俭亦撰《上国史条例》一篇,其文云:"金粟之重,八政所先,食货通则国富民实,宜加编录,以崇务本。朝会志,前史不

---

① 《后汉书·光武帝纪》李贤注曰:"臣贤按:范晔《序例》云:'帝纪略依《春秋》,惟字、彗、日食、地震书,余具悉备于志。'"又《安帝纪》李注云:"《序例》曰:'凡瑞应,自和帝以上,政事多美,近于有实,故书见于某处;自安帝以下,王道衰阙,容或虚饰,故书某处上言。'"刘昭注《补续汉书八志序》亦云:"范晔后汉良史,……《序例》所论,备精与夺。"据此则范晔《后汉书》有例无疑。

② 《史通·序例》云:"若沈约之《志序》,萧齐之《序录》,虽皆以序为名,其实例也。"

③ 余嘉锡《四库提要辨证·史部·载记·十六国春秋》引周中孚语:《十六国春秋》,《隋书·经籍志》为一百卷,盖序例、年表别行。可见《十六国春秋》有凡例。

④ 周一良《魏收之史学》云:"收书本有序例,惜已亡佚,故其书法用意多不可晓,《史通·序例》篇谓:'魏收作例,全取蔚宗。'"

⑤ 《南齐书·檀超传》。

书,蔡邕称先师胡广说,汉书旧议,此乃伯喈一家之意,曲碎小仪,无烦存录。宜立食货,省朝会。《洪范》九畴,一曰五行。五行之本,先乎水火之精,是为日月,五行之宗也,今宜宪章前轨,无所改革。又立帝女传,亦非浅识所安,若有高德异行,自当载在列女,若止于常美,则仍旧不书。"①王俭之议,已认识到"食货乃国家本务",无疑较檀、江之例是一大进步。

令人遗憾的是,魏晋南北朝时期所撰史书凡例,均不传世,有的连同原书一并亡佚,如干宝《晋纪》、邓粲《晋纪》等史书的凡例,有的书在而凡例不存,如范晔《后汉书》、沈约《宋书》、萧子显《南齐书》、魏收《魏书》、崔鸿《十六国春秋》等书的凡例即是。现在所能见到的只有散存于其他史籍中的残简断片。虽则据此片鳞只爪,莫由窥其全貌,考其得失,但仍可觅其梗概。就笔者所见,这一时期的史书凡例,计其内容所涉而举其要者,可归纳为如下三个方面:

第一,关于记事范围。例如,干宝《晋纪》的凡例名曰《叙例》,据《史通》,"体国经野之言则书之,用兵征伐之权则书之,忠臣、烈士、孝子、贞妇之节则书之,文诰专对之辞则书之,才力技艺殊异则书之",为其原文之仅存者。仅就此亦不难看出,干宝第一次从政治、经济、军事、外交诸方面对史书的记事范围做出明确规定,诚如刘知几所云:"盖记言之所网罗,书事之所总括,粗得于兹矣。"②干宝以前,不曾有人这样具体而全面地论述过这一问题。

---

① 《南齐书·檀超传》。
② 《史通·书事》。

第二，关于编纂体例。上文所述檀超、江淹、王俭所立撰史条例即触及到编纂体例。

第三，关于遣词用字。遣词用字，亦即我们通常所谓之书法，是魏晋南北朝时期史书凡例所每每谈及的。如范晔《后汉书·序例》云："多所诛杀曰屠""得城曰拔"等。此类例证甚多，兹不赘举。

上述三个方面，概括了史书编纂的基本内容。史家撰著，首先要规定史书的记事范围，其次应该明确编纂体例，再之是拟定具体的写法。三者备，方可动手写作。不难看出，魏晋南北朝时期的史家在这方面已为后人做出示范，树立了榜样，值得我们赞扬和效法。

继魏晋南北朝以后，历代史家修史多注重凡例，李百药《齐书》①、唐修《晋书》②、欧阳修《五代史记》、司马光《资治通鉴》、朱熹《通鉴纲目》，皆自定其例。经元、明以迄清王鸿绪《史例议》、徐乾学《修史条议》，史家撰著，讲求义例，尤为审密。书前立一凡例，已相沿成习，直至今日依然如故。魏晋南北朝史家发凡起例，以启后学之功实不可没。

---

① 姚范《援鹑堂笔记》卷三十三云："然则《齐书》旧有史例，今并亡矣。"

② 钱大昕《十驾斋养新录》卷六《晋书叙例》条云："《晋书》纪、志、列传、载记百三十卷之外，别有《叙例》一卷，目录一卷。今目录犹存，而敬播所撰《叙例》久不传矣。其见于《史通》者，一云：'凡天子庙号，惟书于卷末。'一云：'班汉皇后，除王、吕之外，不为作传，并编叙行事，寄出外戚篇。'一云：'坤道卑柔，中宫不可为纪，今编同列传，以戒牝鸡之晨。'"按：钱氏所举第一、三条是《史通·序例》，第二条见《史通·杂说》中篇。

三、继承前贤,创新体例

魏晋南北朝时期,由于社会政治、经济的发展和科学技术的发达,我国封建史学进入了一个新的发展阶段,史学的各个领域都呈现出一派前所未有的繁荣景象。特别是随着史家和史著的大量涌现,在史书编纂体例方面取得了尤为可喜的成就。

(一) 纪传体的继承与创新

司马迁撰《史记》,在总结继承先秦史学成就的基础上,把本纪、表、书、世家、列传五种体裁有机地结合与统一起来,从而在我国史学史上创立了一种规模宏大、组织完备的纪传体。班固作《汉书》,体制因袭《史记》而略有变更,如取消"世家",改"书"为"志",又《史记》为通史,而《汉书》是断代史。尔后,历代史家,为纪传体者,大率遵循《汉书》纪、表、志、传的著述规模。

魏晋南北朝时期,编纂纪传体史书的史家,在继承《史记》《汉书》体例的同时,又有所创新。西晋华峤撰《后汉书》,分帝纪十二、皇后纪二、典(志)十、列传七十、谱(表)三,总九十七篇[①]。帝纪、典、列传、谱均依《史记》《汉书》体例,而《皇后纪》为其首创。华峤并不一味因袭前人,能够把继承与革新结合起来。众所周知,东汉时期,多幼帝登基,诸如殇、冲、质帝皆是

---

① 《晋书·华峤传》。

如此。由于皇帝年幼登基,因而造成一种皇后临朝听政的政治格局,她们操持权柄,左右朝廷,成为事实上的"一朝天子"。史书是历史事实的书面反映,那么史书体例的确定当然应以是否能够反映历史事实为先决条件,否则,再好的编纂体例也是徒劳的。为了如实地反映东汉时期在特殊历史条件下形成的特殊的历史事实,华峤创立《皇后纪》,这正符合史家变通之旨,值得称道。范晔撰《后汉书》时,根据史实要求,也采用了这种体例。但是,刘知几对此却颇不以为然,他认为皇后只能称传而不能称纪。如果按照刘知几的说法,把东汉临朝听政的皇后归入列传,将无法反映当时具体的历史事实。刘知几一方面要求史书应当反映当时的历史现实,指出:"盖史者时之文也。"①主张史家著述在体例上要不断更新,"前史之所未安,后史之所宜革"②。但另一方面他又在稽弹为反映历史真实而革新史书体例的史学家,可见他本身就徘徊在自相矛盾的泥淖之中。陈寿撰《三国志》,打破传统的纪、表、志、传的纪传体体裁,取消志、表,只立纪、传。无可否认,这种体例致使许多重要的历史资料无法入载而阙如,给后人研究当时社会经济、政治、文化发展状况带来一定困难。但同时又要看到,这是陈寿的大胆创新。陈寿撰写《三国志》之际,适值褒贬人物的史学思想盛行之秋,社会上评价史书优劣,品评史家长短,也大都立足于人物传记,甚至连史官人选的确定,也要以人物传记课试其才,"著作郎始到职,必撰名臣传一人"③。因之,撰写人物传记

---

① 《史通·核才》。
② 《史通·载言》。
③ 《晋书·职官志》。

之风特别盛行,既有分类传记,也有以地域为中心的传记,种类层见叠出,不拘一格。陈寿正是从现实出发,迎合当时社会的客观需要,大胆地变更纪传体例,不能不说是一种有益的创新。如果像有些人要以江淹所云:"史之所难,无出于志"作为衡量尺度,来怀疑陈寿之史才,未免有点厚诬古人。且问像鱼豢(撰《魏略》)、谢承(撰《后汉书》)、张勃(撰《吴录》)等一般的史家尚能作志,而蜚声史坛、备受学界推崇的史界名流撰志所难?显系偏颇之见。范晔撰《后汉书》,一方面继承《史记》《汉书》的优点,设《本纪》《列传》《志》(未完帙而被杀)。另一方面在具体记述时又有所创新。首先是在《本纪》中开创了附记及《皇后纪》的写法。例如冲帝刘炳、质帝刘缵均年幼登基且在位期短,无事迹可记,遂附于《顺帝纪》中。这种写法正符合当时的历史现实。关于《皇后纪》,前已述及,此不赘。其次,叙事以类相从。此法在《史记》《汉书》《三国志》中已运用,但在《后汉书》中更加完善。范晔对许多人物的专传,不拘时代先后,各就其生平事迹,以类相从,如《郭泰传》叙述了左原等十人的个人经历。赵翼对此大加赞赏,指出:"卓茂本在云台图象内,乃与鲁恭、魏霸、刘宽等同卷,以其皆以治行著也;郭伋、杜诗、孔奋、张堪、廉范皆国初人,王堂、苏章皆安帝时人,羊续、贾琮、陆康皆桓、灵时人,而且为一卷,以其治行卓著也;张纯国初人,郑康成汉末人,而亦同卷,以其深于经学也。"①这种叙事以类相从的写法为后世史家纷纷效仿。再之,范晔在《后汉书》中首创"列女传",这是

---

① 赵翼:《后汉书编次订正》,见《廿二史札记》卷四。

纪传体史书中的一大创举。范晔之前，虽则刘向撰有《列女传》，但纪传体史书《史记》《汉书》《三国志》等均无此传。范晔对以往史书不为妇女立传表示不满。他说："高士弘清淳之风，贞女亮明白之节，则其徽美未殊也，而世典咸漏焉。"①因此，他冲破传统势力的束缚，在《后汉书》中为妇女立传，从各个侧面反映东汉一代妇女的风貌，在正史中为妇女争得一席之地。特别是在董仲舒建立"三纲""五常"的道德观念以后，史书体裁和内容上做出这种变革，更显示出范晔无畏的胆量和杰出的史识。沈约撰《宋书》，首创《符瑞志》，另外在叙事上采用带叙法，就是对那些没有立为专传的人物，若在其他人的传中述及时，附带将其生平事迹写出，如在《何承天传》中带叙谢玄事迹，《王义真传》中带叙段宏身世等。带叙法是在叙事的过程中夹带写出，与附传皆在本传之末不同。赵翼十分推崇此法："既省多立传，又不没其人，此诚作史良法。"②萧子显撰《南齐书》，在编纂方法上也有其特点，就是在列传中多用类叙法。如《褚澄传》记其精于医术，于此又叙及徐嗣医术更精于澄。这样就可记一事而兼及他事，立传一人而旁叙他人。赵翼曾在《廿二史札记》卷九《齐书类叙法最善》中赞美此法："盖人各一传，则不胜传，而不立传，则竟遗之，故每一传辄类叙数人……传不多，而人自备载。"魏收撰《魏书》，能够结合当时实际情况，大胆创新。例如，魏晋以来，佛、道两教盛行，上自帝室，下至民间，皆信奉浮屠之学，宗教已经成为现实的政治问题。可是，其他史书对此却无专门记载，于是，魏收创立《释老

---

① 《后汉书·列女传·序》。
② 赵翼：《宋齐书带叙法》，见《廿二史札记》卷九。

志》。历史是要记载反映社会的客观现实,而《释老志》的创立正符合这一要求。该志展现了南北朝时期佛、道的流行和两教斗争的始末及广大劳动人民在寺院地主压榨下的悲惨遭遇,为我们研究当时寺院经济和阶级关系提供了极为重要的资料。又如,魏收还结合北魏的社会特点,创立《官氏志》。

魏晋南北朝时期,其他一些史家也在纪传体的编纂体例上具有不同程度的创见,在此不一一胪述。

(二)编年体的继承与创新

编年体本是我国最古老的一种史书体裁,春秋时期之晋《乘》、郑《志》、楚《梼杌》、鲁《春秋》、魏《纪年》,以及墨子所见"百国《春秋》",都是编年体史书。后孔子对鲁《春秋》约其辞文,去其繁冗,经过一番删繁就简,修成《春秋》。不过,《春秋》还带有很大的原始性,记事简单,有纲无目,加之它记事系时,机械地按照年、时、月、日胪列。因此,从编纂学角度来讲,《春秋》只不过是"一卷事目"[①]。《左传》是在《春秋》基础上完成的一部记事详细、内容丰富的编年史,它使编年体达到了基本成熟的阶段。但是,它还有一定缺陷,如在记事系时上,对那些无年月可考的史事不能妥善处理,显得杂乱。所以,白寿彝先生曾经指出:《左传》"也没有能将编年史的规模建立起来"(《司马迁和班固》)。有鉴于此,汉荀悦作《汉纪》,遂采用"通比其事,例系年月"[②]的写作方法,在严格按照时间顺序记事的前提

---

① 《通志·总序》。
② 《汉纪·序》。

下，把同类的人或事巧妙地联系起来记载，打破编年体以年月记事的限制，扩充了编年史的记叙范围。东晋袁宏撰《后汉纪》，在荀悦"通比其事，例系年月"的基础上，将纪传体中成功的类叙法纳入编年史中，进一步发展为"言行趣舍，各以类书"①的写法，其特点有二：一是把某人某一种品行的不同表现因类而记，并在末尾书以某某皆此类也的品题。如《后汉纪》卷十九写周举曰："公亮不挠，皆此类也。"二是把时代不同而品行相似的人连续写出。如卷十一类载江革、毛义、薛苞等孝子。这种将纪传与编年糅为一体的撰述方法开拓了编年史的容量，减少了编年史以年月局限记载范围的困难，使记人叙事相对集中。这种写法为后世史家所效法。

(三) 方志体的继承与创新

我国方志的萌芽，可以上溯至春秋时代。但正式意义上的方志，则是在东汉时期才出现的。《隋书·经籍志》云："后汉光武始诏南阳撰作风俗……郡国之书，由是而作。"不过，在常璩《华阳国志》以前所编写的各类地方志，体例不完备，内容不广博，要么是写一个地区的历史，要么是写一个地区的地理，要么是写一个地区的人物，三者互相独立，互不连贯，而且只是写某一时期，使人无法全面了解某一地区的历史面貌。常璩撰《华阳国志》，对前人所撰地方志采取批判继承的态度，在吸收其成功写法的同时进行创新。他把编年史、地理志和人物传融为一体，创造出一种既完

---

① 《后汉纪·自序》。

密而又简括的地方志体裁,在时间上贯穿古今,内容上历史、地理、人物三结合,有分有合,浑然一体,比较全面地反映了我国西南地区一千多年间的历史面貌。因此,常璩在我国地方史志编纂史上做出了很重要的贡献。

魏晋南北朝时期,史家辈出,史书体裁甚多,许多史学家都在编纂体例上做出了不同程度的创新。上面仅就一些重要的史家和重要的史书体裁略作论列。由此可以看出,魏晋南北朝时期的史学家,在史书编纂体例方面,不仅吸取前代史家撰史的经验教训,接受其成功的治史方法,而且根据时代和社会的客观要求,大胆创新,取得了许多富有成效的撰史方法,为促进我国古代编纂体例的发展做出了重要的贡献。当然,这其中也有一些不足和失误,例如,魏收撰《魏书》,附传过多,酿成烦琐、芜杂的不良后果。又如袁宏在《后汉纪》中过多运用类举法,且时常夹杂大段评论,造成体例不纯。但这些弊端毕竟居于次要地位,瑕不掩瑜。

四、工求文笔,叙事简约

这里所说的文笔,是指历史文笔,亦即历史著作中经过提炼的文学语言。一部史书,文字表达的优劣,直接关系着史书对历史事实表现的好坏和史书本身广泛、长远的传播与否。在我国,自《左传》始端,经《史记》发展,史家撰史,讲求历史文笔,就成为古代历史编纂中一个优良传统,同时也是古代史学名著的一大特色。我国古代著名史学评论家刘知几和章学诚都很重视这一点。

"史之为务,必借于文。"①作为一位历史学家,要尽据事直书之职,如实地再现历史的本来面目,语言的表达是至关重要的,如果"言之不文",势必"行之不远"②,因此,"良史莫不工文"③。《左传》《史记》《汉书》《资治通鉴》之所以脍炙人口,流传不朽,一个很大的原因就在于它们文辞优美。魏晋南北朝时期,史家撰史,多注重历史文笔。他们多注意语言的雕琢,能够把文学的特点运用到具体的史书编写中去。陈寿《三国志》的文采,和《史记》相比,有些地方虽略逊一筹,但是,其中也有不少传神之笔,三国时期许多重要的历史人物如诸葛亮、关羽等都因《三国志》的记载而栩栩如生地再现于读者面前。北魏崔浩曾说:"陈寿《三国志》有古良史之风,其著述文义典正,皆扬于王庭之言。微而显,婉而成章,班史以来,无及寿者。"④宋叶适亦云:"陈寿笔高处逼司马迁,方之班固,但少文义缘饰尔,要终胜固也。"⑤固然,"笔高处逼司马迁",未免言过其实,但"要终胜固"却不无道理。刘熙载曾经指出:陈寿《三国志》,"练覆事情,每下一字一句,极有斤两"⑥。袁宏《后汉纪》,文采可嘉,如其记赤壁之战,先书诸葛亮、周瑜、孙权之激昂陈词,末尾仅以"曹操与周瑜战于赤壁"落笔,文字洗练,语言生动。干宝撰《晋纪》,孙盛撰《魏氏春秋》和《晋阳秋》,均散佚,清汤球网罗旧籍,备加辑佚

---

① 《史通·叙事》。
② 《史通·言语》。
③ 《文史通义·史德》。
④ 高似孙《史略》引。
⑤ 《文献通考·经籍考》"三国志"条引。
⑥ 《艺概》卷一。

(见《广雅书局丛书》)。览其佚文,就给人一种斥暴政则语气激烈,砭时弊则文辞尖刻,记暴行则残忍横前,陈败亡则凄凉可悯的感觉,不仅修饰峻整,叙述生动,而且跌宕不群,纵横自得。诚如《文心雕龙·才略》所谓:"孙盛、干宝,文胜为史。"范晔《后汉书》,文笔优美,议论放纵,仅就文采而言,可与《汉书》相媲美。范晔颇为自负的也是他的文章。的确,《后汉书》中不乏精妙之笔,试举一例:"故永初之间,群种蜂起。遂解仇嫌,结盟诅。招引山豪,转相啸聚;揭木为兵,负柴为械。毂马扬埃,陆梁于三辅;建号称制,恣睢于北地。东犯赵、魏之郊,南入汉、蜀之鄙。塞湟中,断陇道,烧陵园,剽城市,伤败踵系,羽书日闻;并凉之士,特冲残毙。壮悍则委身于兵场,女妇则徽纆而为虏。发冢露胔,死生涂炭。自西戎作逆,未有陵斥上国若斯其炽也!"[1]用词简洁,描写形象,绘声绘色,范晔的文采于此可领略一二。沈约撰《宋书》,非常注重文字的加工与润色,因为他本身以文学见长,能诗善文,他自己也因此而自命不凡。的确如此,《宋书》笔致精妙,不乏引人入胜之处,"富强者兼岭而占,贫弱者樵苏无托,至渔采之地,亦又如兹"。简单数语,便把南朝初期农村阶级分化情况暴露得淋漓尽致。此属例证不胜枚举。刘知几认为沈约同班固一样,都是少有的有文才的史家[2],不无道理。宋裴子野、齐王劭撰史,亦注重文笔,《史通·叙事》谓:"近裴子野《宋略》,王劭《齐志》,此二家者,并长于叙事,无愧古人。"

仅上所举,不难看出,魏晋南北朝时期的史家很重视语言文字

---

[1] 《后汉书·西羌传论》。
[2] 《史通·核才》。

的运用,"这是当时史家风尚使然"①因为这一时期的史学家,同时大多又都是文学家,如干宝、范晔、沈约、裴子野等,但是,**魏晋南北朝多数史学家并非单纯地追求辞藻的花哨**,不像那些才艺之士,不顾反映历史事实的正确与否,一味地舞文弄墨,溺于文辞以为观美之具,而是把艺术加工和历史事实巧妙地结合与统一起来,使史文屈曲适如其人其事。我们无须以主要史家做一论证,仅就一般史家的史著来看,也充分说明这一点。如干宝《晋纪》在痛斥西晋朝政时写道:"朝廷宽宏,豪右放恣,郡县从容,寇贼充斥,交相请托,朝野溷浊。"②寥寥数语,不仅文字洗练,文笔畅达,而且恰中时弊,尖锐而深刻地活现出一幅朝政腐败、政治混乱的社会图画,是对西晋社会黑暗面的真实刻画,没有丝毫地夸张与虚构。又如,吴之末帝孙皓本是一个滥施淫刑、草菅人命的独夫民贼,晋武帝咸宁四年(278)却封其为归命侯。孙盛对此予以强烈谴责,在其《晋阳秋》中指出:"皓罪为逋寇,虐过辛、癸,枭首素旗,犹不足以谢冤魂,誇室荐社,未足以纪暴迹,而乃优以显命,宠锡仍加,岂龚行天罚,伐罪吊民之义乎?"③简单数句,流畅自如,忠实地暴露出孙皓那种暴酷骄恣的丑态。

不过,有人认为,史书文学色彩偏重,会影响其实录精神,更有人主张文史分家。其实,这种观点值得商榷。谁也不可否认:《史记》既是一部伟大的史学名著,同时又是一部杰出的文学作品,许多重要的历史人物,如力拔山兮气盖世的项羽、热爱和忠诚

---

① 束世澂:《范晔与后汉书》。
② 《北堂书钞》引《晋纪》。
③ 《三国志·三嗣主传》注引。

祖国的屈原、极端自私自利的李斯、阿谀奉迎的叔孙通等，正是通过司马迁的艺术加工而个个性格突出、形象逼真；许多重要的历史事件，如鸿门宴、负荆请罪、荆轲刺秦王等，也正是通过司马迁的精心描绘而活灵活现，生动感人。但是，《史记》并未因此而影响它的实录精神。

魏晋南北朝时期的一些史家在工求文笔的同时，还力求叙事简约。史书编纂，宜从简要。对此，刘知几曾强调指出："夫国史之美者，以叙事为工，而叙事之工者，以简要为主。简之时义大矣哉！"①《四库全书总目》亦云："史之为道，撰述欲其简。"的确，一部好的历史著作，总是以精练的语言，表达出丰富的内容，而且能够纤连绳贯，开帙厘然，使历史事实井井有条。陈寿《三国志》向以叙事简洁著称，当时人即高度评价其"善叙事，有良史之才"。他不仅要求自己的描写简练，而且所选录的文章，也大都能择取最为重要者。李慈铭曾盛赞陈寿"意务简洁""裁制有余"②。正因此，一部仅有六十五卷的《三国志》便全面反映了头绪纷繁的三国时代的历史面貌。干宝撰《晋纪》，一方面取材审慎，不铺陈堆砌。同样是为晋史，王隐《晋书》九十三卷，而干宝《晋纪》只有二十三卷。这除编年体本身具有记事简约的特点外，当与干宝善于组织历史事实，重视材料的取舍有一定关系。另一方面，讲求叙述技巧，用词简洁，引语精练。凡引用当时人物的语言，一般都能做到既简练而又能客观、全面地表达出事情的原貌。如《晋纪·武帝纪》载："咸宁四年，何曾卒，下礼官议谥。博士

---

① 《史通·叙事》。
② 李慈铭：《越缦堂读书记·三国志》。

秦秀议曾曰：'曾资性骄奢，不修轨则，奕世以来，宰臣辅相未有受诟辱之声，被有司之劾，父子尘累而蒙恩贷，若曾者也。谨按谥法，名与实爽曰缪，怙威肆行曰醜。曾宜谥为缪醜。"①仅此数语，便把何曾那种骄奢淫逸、放荡不羁的卑劣本性刻画得入木三分。总之，《晋纪》通体简约爽洁，无烦冗芜杂之弊。可是，长期以来，一提起史书叙事简洁，人们往往津津乐道于《三国志》，而干宝《晋纪》却不为人所知。其实，就叙事简洁而言，《晋纪》是可以和《三国志》相媲美的。刘知几早就指出："若乃历选众作，求其秽累，王沈、鱼豢，是其甚焉；裴子野、何之元，抑其次也。陈寿、干宝，颇从简约。"②此论深中肯綮。干文简练，向来有口皆碑，《晋书》《建康实录》《群书考索》皆盛称《晋纪》"辞简理要""世称良史"。鉴于《三国志》过于简略，裴松之为之作注。无独有偶，南朝宋刘彤亦"集众家《晋书》，注干宝《晋纪》为四十卷"③。孙盛撰《魏氏春秋》和《晋阳秋》，力求叙事简要，《文心雕龙·才略》云："孙盛《阳秋》，以约举为能。"他善于用简练的文字写出丰富的内容，且文直事核，辩而不华，质而不俚。萧子显《南齐书》叙事亦比较简洁，如在许多列传中，对其人所上章奏每每通过总括加以扼要叙述，并不全文照录。唐李延寿撰《南史》对宋、梁、陈三书进行删削，特别是对《宋书》删减甚多，而唯独于《南齐书》却是有增无删。也正说明这一点。

总之，工求文笔，叙事简约，是魏晋南北朝许多史书的一大特

---

① 《太平御览》卷五百六十一引《晋纪》。
② 《史通·载文》。
③ 《南史·文学传》。

点。不过,同时需指出,这一时期有的史书烦琐芜杂,如王沈《魏书》、鱼豢《魏略》、魏收《魏书》等,前人多有论述,兹不一一罗列。

综上诸节所论,清楚可见,魏晋南北朝时期,史家在修史过程中,于史书编纂的各个方面,既继承前人成功的一面,又有许多重要的创新,丰富和充实了我国历史编纂学的内容,推动了编纂学的进一步发展。虽然也存在这样或那样的缺陷与不足,但并不影响他们对我国古代史学所做出的重要贡献。

(原载《西北大学学报(哲学社会科学版)》1993年第3期)

魏晋南北朝史学思想简论

魏晋南北朝是我国史学发展史上比较重要的历史阶段,梁启超曾经指出:"两晋六朝,百学芜秽,而治史者独盛。"[①]相对于以前各朝,这一时期,史学范围扩大,史书体裁增加,史籍数量众多,在史书编纂和史学思想上取得很大成就。关于这一时期的历史编纂学,史界已有数篇专文布世,而史学思想迄今尚乏人探讨。本文拟就此做一简论,以为引玉之砖。

一、历史进化之识见

魏晋南北朝时期的一些史家,继承和发展了《左传》《史记》关于历史进化的思想,承认社会历史是不断发展变化的。东晋史家袁宏从进化论的历史观出发,来看待人类社会的发展变化。如他在《后汉纪》卷二十二中,对上起春秋,下迄东汉元、成、明、章四帝,共一千年间社会风俗的变迁做了客观的考察。他认为春秋之时,"道德仁义之风,往往不绝";战国之际,"游说之风盛

---

① 梁启超:《中国历史研究法》,商务印书馆1933年版,第25页。

矣";高祖之兴,"任侠之风盛矣";迄乎元、成、明、章之间,"守文之风"又盛;尔后,"肆直之风"大行于世。接着,他通过分析各种不同风俗的长短得失,进而指出,礼仪制度应"损益随时",而不必拘泥于旧制。又如,袁宏在论述古代学术思想的过程中,首先肯定,学术有分歧,自古已然。然后指出,天下之事,无须相因,主张诸子百家,不必强求整齐划一,而应各存其说,各言其是。可见,他能在一定程度上从历史进化思想出发,来客观地反映古代学术思想的发展变化。东晋史家孙盛认为,人类社会是不断发展变化的。他说:"洞鉴虽同,有无之教异,陈圣致虽一而称谓之名殊。自唐虞不希结绳,汤武不拟揖让,夫岂异哉?时运故也。"[1]在他看来,唐尧、虞舜不仰慕、希求远古时代那种结绳记事的方法,商汤、周武王不模仿三皇五帝时期的禅让制,是历史发展的必然结果,随着时代的前进,一切社会制度都在继承中不断发展变化着。因此,他既反对那些脱离现实墨守成规的削足适履之徒,又反对那些是今非古,否定古今相因的主观臆想之辈。他说:"伯阳以执古之道以御今之有;逸民欲执今之有以绝古之风,吾故以为彼二子者不达圆化之通,各矜其一方者耳。"[2]这种要求人们既不能泥古不变,又不能以今摈古的朴素辩证的历史观点,实在是难能可贵的。用我们今天的观点来看,"圆化"与"一方"的关系,亦即全面联系与片面孤立的关系。不难看出,生活在一千五百多年前的孙盛,不仅具有历史进化的思想,而且有唯物辩证的思想因素。从进化论的历史观出发,孙盛进一步认为,随着时代的

---

[1] 《广弘明集》卷五。
[2] 《广弘明集》卷五。

发展变化,统治阶级的治国措施也要随之做适当的改变。他说:"道之为物,唯恍与惚,因应无方,唯变所适。"①为了达乎适变,他主张随时设教,"随时设教,所以道通百代;一其所尚,不得不滞于适变。"②这种反对保守教条,强调进行适合时宜的变革,以新制度代替早已过时的旧制度的思想,有利于社会政治、经济和文化的发展,具有积极意义。尤为可贵的是,孙盛能够把上述历史进化思想直接运用到史书编写中去。首先,对一些重大的政治制度,能够从历史进化的观点给予比较合理的分析。如关于分封制这个历代史家和政论家聚讼纷纭的问题就是如此。他对曹魏实行分封制深表不然,他说:"异哉,魏氏之封也!不度先王之典,不思藩屏之术,违敦睦之风,背维城之义。汉初之封,或权侔人主,虽云不度,时势然也。"③在孙盛看来,汉初实行分封制,虽然酿成了诸侯僭越、权侔人主的严重恶果,但这是历史发展的客观形势促成的。因此,魏氏王朝就要根据新的历史形势,以前朝为鉴,实行新的政治制度,而不能步人后尘,再行分封制。这是一种精辟独到之见,显然超过那种对于分封制要么全盘肯定,要么全盘否定的不科学的观点,在当时具有现实意义。其次,对于历史上那些适时应变的人物,他都给予一定的赞扬和肯定。如曹魏时和洽曾论选举不宜过于崇尚俭节,孙盛对此评价说:"昔先王御世,观民设教,虽质文因时,损益代用,至于车服礼秩,贵贱等差,其归一揆。魏承汉乱,风俗侈泰,诚宜仰思古制,训以约简,使奢不陵

---

① 《广弘明集》卷五。
② 孙盛:《老子疑问反讯》。
③ 《三国志·陈思王植传》注引。

肆,俭足中礼……如此则治道隆而颂声作矣。夫矫枉过正则巧伪滋生,以克训下则民志险隘,非圣王所以陶化民物,闲邪存诚之道。和洽之言,于是允矣。"①相反,对那些"一其所尚",固守陈规戒律的人物则予以批评与谴责。如孙盛对萧何在楚汉争雄,相互残戮,百姓生灵涂炭之际大兴土木,营建宫室之举就加以强烈抨击,指出:"《周礼》,天子之宫,有斫砻之制。然质文之饰,与时推移。汉承周秦之弊,宜敦简约之化,而何崇饰宫室,示侈后翻。……使百代之君,眩于奢侈之中,何之由矣。"②总之,孙盛能够把是否顺应时代潮流而变革古制旧俗作为评价历史人物的一个标尺,这确是进步的。

东晋史家干宝认为,自然界在不断地发展变化着,"天有四时,日月相推,寒暑迭代,其转运也。和而为雨,怒而为风,散而为露,乱而为雾,凝而为霜雪,立而为蚯蜢,此天之常数也。"③固然,由于自然科学发展水平和人的认识能力的限制,在一千五百多年前,关于雨、风、露、雾、霜、雪等自然现象的形成,干宝没有也不可能做出科学的解释,但他毕竟意识到它们都是大自然自身运动的结果,皆由一种不以人的主观意志为转移的自然力量所决定。因此,他强调指出:"万物之变,皆有由也","非通神之思,虽求诸己,恶识所自来。"④在他看来,万事万物是顺着自然造化之力发展变化的,不是由人的主观意志所决定的。相反,"应变而

---

① 《三国志·和洽传》注引。
② 《三国志·陈群传》注引。
③ 《全晋文》卷一百二十七引干宝《山亡论》。
④ 《荆楚岁时记》引干宝《变化论》。

动,是为顺常"①,"变则通,通则久"②。人们只有随着自然界的变化而变化,才能行乎其所当行,止乎其所当止,无往而不适。否则,"苟错其方,则为妖眚"③,如果硬要逆着它而轻举妄动,那么一切所作所为都将归于失败。从这种朴素唯物主义自然观出发,干宝认为,人类社会和自然界一样,也是发展变化着的,"道非常道,事非常事,化而裁之,存乎变"④。在他看来,随着历史条件的变化,人们的思想和各项法令政策也要随之做出适当的改变,没有一成不变、经久适用的社会制度,后世之于前代,总是有所因革,"夏政尚忠,忠之弊野,故殷自野以教敬,敬之弊鬼,故周自鬼以教文;文之弊薄,故春秋阅诸三代而损益之"⑤。需要指出的是,以往的历史进化论者,多注重后世对前朝"变革"的一面,而轻视或忽视其"相因"的另一面。干宝却不然,他既承认前者,同时也强调后者,如他指出:周"改殷纣比屋之乱俗,而不易成汤昭假之法度","二代之制,各因时宜,损益虽异,括囊则同"⑥。这种不偏不倚的态度比起那种片面强调一点的思想显然要更加客观和进步。

刘宋史家范晔,认为历史是发展变化的,他撰《后汉书》,继承了司马迁《史记》"通古今之变"的优良传统,对许多历史人物和历史事件,特别是对礼制风俗的记载或评论,并不仅仅囿于东汉

---

① 《荆楚岁时记》引干宝《变化论》。
② 李鼎祚:《周易集解》引干宝《易注》。
③ 《荆楚岁时记》引干宝《变化论》。
④ 李鼎祚:《周易集解》引干宝《易注》。
⑤ 李鼎祚:《周易集解》引干宝《易注》。
⑥ 李鼎祚:《周易集解》引干宝《易注》。

一代,而往往是打破朝代断限,旨在叙述、探索各个历史事件发生、发展及其终结的整个过程,《后汉书》的史论在这方面表现得尤为突出。白寿彝先生曾经指出:《后汉书》的论,"其显著的特点就在善于从历史形势的发展上论述古今的变异"①。如《宦者列传·序》,既论述了宦者政治地位的发展变化,又指出他们在不同历史时期的不同特点。又如《党锢列传·序》在论述春秋以后士习的变化时说道:战国时期,"霸德既衰,狙诈萌起",以致"士之饰巧驰辩,以要能钓利者,不期而景从",自是"爱尚相夺,与时回变";汉高祖之时,"宪令宽赊,文礼简阔",结果是"人怀陵上之心,轻死重气,怨惠必雠,令行私庭,权移匹庶,任侠之方,成其俗矣";武帝以后,"崇尚儒学,怀经协术",反而是"至有石渠分争之论,党同伐异之说,守文之徒,盛于时矣";桓、灵之际,"主荒政缪",宦者当权,是以"处士横议","裁量执政","婞直之风,于斯行矣"。范晔深有感触地指出:"其风不可留,其敝不能反。"在他看来,随着历史的向前发展,社会习俗也在不断地变化,固守陋俗是徒劳的。虽然由于所处时代和所代表的阶级的局限,范晔不可能真正找到事物的内在联系及规律,但他立足古今演变之大势,以期反映人类社会历史发展变化的思想,无疑是应该肯定的。

总之,魏晋南北朝时期的一些史家,具有不同程度的进化论思想,他们敢于与那种认为历史是固定不变的传统观点相对立,企图从"变"的观点出发,来考察人类历史的发展进程。他们通过对

---

① 白寿彝:《中国史学史教本》上册,北京师范大学 1964 年印本,第 67 页。

具体历史事实的叙述,在一定程度上看到人类社会在不断地变化、进步与发展。不过,由于时代和阶级的限制,在当时,他们尚未认识到这是人类社会历史发展的普遍规律。

二、人事天神之争议

魏晋南北朝时期,宗教迷雾充斥整个社会,神灭论与神不灭论展开了激烈的斗争,反映在史学领域内则是唯物主义历史观与唯心主义历史观的交锋。我们知道,班固是一个典型的历史唯心主义者,天意支配王朝兴亡盛衰的思想散见于《汉书》各篇。自兹以降,唯心主义日渐侵蚀史坛,许多著名的史学家都在其论著中或多或少地表露出一些唯心主义的倾向,在不同程度上充当着神学史观和天命思想的渲染者:荀悦《汉纪》借西汉史事竭力宣扬"天人感应"之说,并且把统治者的道德状况作为社会治乱的决定因素。陈寿《三国志》通过对三国历史的叙述,运用阴阳五行学说大肆宣扬"天人感应"的天命思想和皇权神授的神学史观。为巩固封建统治制造理论。如建安五年(200)官渡之战,曹操以一万多人一举打败袁绍十万大军,为统一北方奠定了基础。战争胜负,关键在于人的因素。曹操之所以能以少胜多,主要在于他政治上"唯才是举",力矫时弊,吏治比较清明;经济上"修耕植畜",注意发展农业生产。而陈寿在《三国志·武帝纪》中叙述了这次战事以后,紧接着说:"初,桓帝时有黄星见于楚、宋之分,辽东殷馗,善天文,言后五十岁当有真人起于梁、沛之间,其锋不可当。至是凡五十年,而公破绍,天下莫敌矣。"这就是说,曹胜袁不取决于人而在于天，早在五十年前已有预兆。常璩《华阳国志》充斥着天命论及谶纬迷信的说教，他认为人间的吉凶祸福、国家的治乱兴衰，皆取决于"历数"与"天命"。范晔《后汉书》每每表现出对图谶、符瑞、术数、禁忌等封建迷信的肯定。沈约更是一个有神论者，不仅整部《宋书》充满了神秘主义的色彩，而且还以《天文》《符瑞》《五行》三志十二卷的篇幅，集中宣扬天命思想，并通过对符命、望气、灾异、星占、谶书、巫卜、隐语的记载，来证明天命有数和皇权神授之应验。萧子显《南齐书》也大力宣扬因果报应和天命思想，认为王朝的更替完全是天意的安排，人只能顺从天意，而不能违背天意。因此，尽管自魏晋以来，史家辈出，史学范围扩大，史书体裁增加，史籍数量众多，"一代之史，至数十家"①，在历史编纂学上取得了空前的成就，但是，在史学思想的主旋律上却不断跳动着一些唯心主义的僵滞、虚妄而迂腐的音符。这无疑是魏晋南北朝时期史家在社会历史观方面的局限性，是我们应当予以摒弃的封建糟粕。

不过，尽管如此，并不是说这一时期的所有史家都徘徊于天命论的泥淖之中，都把一切诿之于虚无缥缈的"天神""上帝"，一些进步的史家仍然力图从天命、鬼神的支配下解放出来，大胆地向祥瑞符命和阴阳灾异的迷信思想挑战，都各自从不同的角度在努力探索决定人类历史的是人还是神这一长期以来人们不断阐释的古老而又极其现实的历史命题。两晋史家陆机、孙盛和干宝在这方面做出了重要的贡献。

---

① 《隋书·经籍志》。

陆机撰《辨亡论》，主要从"人事"上论述吴国兴盛与衰亡的历史。他指出：由于孙权"以奇跅袭于逸轨，叡心因于令图，从政咨于故实，播宪稽乎遗风"，并且"加之以笃固，申之以节俭，畴咨俊茂，好谋善断"，故能使"豪彦寻声而响臻，志士希光而景骛，异人辐凑，猛士如林"。最后终于黜魏军于赤壁，挫蜀旅于西陵，"由是二邦之将，丧气挫锋，势衄则匮，而吴莞然坐乘其弊"。相反，降及孙皓，弃贤任佞，滥施淫刑，草菅人命，"黔首有瓦解之志，皇家有土崩之衅"，"军未浃辰，而社稷夷矣"。陆机愤然发问："夫曹、刘之将，非一世所造；向时之师，无曩日之众，战守之道，抑有前符；险阻之利，俄然未改，而成败贸理，古今诡趣，何哉？"他的结论是："彼此之化殊，授任之才异也。"①贤良被黜，奸贼当道，国家必然灭亡。在这里，陆机完全抛弃了"天命""鬼神"一类荒诞无稽的说教而注重"人事"的作用，表现出一定的唯物主义思想因素。

孙盛站在朴素唯物主义立场上，针对当时神不灭论者的荒谬之说指出："形既粉散，知（神）亦如之，纷错混淆，化为异物，他物各失其旧，非复往日。"②明确认为神（知）随形灭，即使人的形神消散之后变成另外一种物体，它也和原来的形体迥然有别。这就从根本上否定了原来的形神能够离而再合的观点。这是一种杰出的朴素的唯物主义观点，在封建神学、宗教迷信猖獗的魏晋南北朝时期，可谓是难能可贵的真知灼见。在孙盛以前，无论是史学家、还是思想家，都未曾提出过这样闪耀着唯物主义火花的异常明确的

---

① 以上引文均见《文选》引陆机《辨亡论》。
② 孙盛：《与罗君章书》，见《弘明集》卷五。

无神论观点。孙盛不仅是中国古代史学史上，而且是思想史上反佛教思想的先驱。他的无神论思想虽未形成系统化的理论，但对后世产生的积极影响却是不容忽视的。南朝范缜著名的《神灭论》无疑汲取了孙盛无神论思想的因素。由于孙盛站在无神论的立场上，因此，他在史学中就贯彻了一些唯物主义观点。他从形散神灭的思想出发，否定符瑞祯祥与报应论，反对人们求助于神，把设符弄鬼看成是将亡的征兆，他说："伪设符令，求福妖邪，将亡之兆，不亦显乎！"①他认为国家的兴亡盛衰最终取决于人的行为，而不在"天命"。如他在论述汉王朝的灭亡时指出："风泽既微，六合未一，而雕剪枝干，委权异族，势同瘣木，危若巢幕，不嗣忽诸，非天丧也。"②在孙盛看来，由于汉王朝人为地造成了地方割据势力的强大和外戚、异族的专权，这样，国家危亡的惨局也就成为不可改变和无法挽救的了。既然如此，那么，"魏之代汉"，亦就"非积德之由"③，是历史的发展使然。

干宝生活的东晋时期，正是宗教迷雾充斥整个社会，神不灭的唯心主义思潮甚嚣尘上之际。当时盛行一种招魂葬，以为人死形沉归地，神浮归天，招其魂而葬之。诸多名士皆以为然，且盛陈其议。而干宝则不然，他非但不随波逐流，反而毅然奋笔撰《驳招魂议》，和神不灭论者展开了针锋相对的论战，指出："今失形于彼，穿冢于此，知亡者不可以假存，而无者独可以伪有哉？冢圹之间，有馈席本施骸骨，未有为魂神也，若乃钉魂于棺，闭神于椁，

---

① 《三国志·吴主传》注引。
② 《三国志·陈思王植传》注引。
③ 《三国志·陈思王植传》注引。

居浮精于沉魄之域,匿游气于壅塞之室,岂顺鬼神之性,而合圣人之意乎,则葬魂之名,亦几于逆矣。"①这种说法,从根本上否定了人死魂灵犹在的宗教唯心主义,对那些有神论者无疑是一当头棒喝。 由于干宝具有无神论思想,因而在国家兴亡问题的探讨上,表现出一种难能可贵的唯物主义历史观点。 当时,面对西晋王朝迅速倾覆的现实,很多史家凭着阶级的本能,都在寻找它的根源,有的蹈袭女人是祸水的传统偏见,把贾后当作"亡国"之因;有的囿于一端,仅仅从直接体验中视玄虚放诞之风为"亡国"之由。 与此相反,干宝则强调指出:"天下,大器也;群生,重畜也。 爱恶相攻,利害相夺,其势常也。"②在他看来,人与人之间,为了他们各自的利益而相互攻杀、争夺,是历史发展的必然,但也正是由于这种"相攻"与"相夺",使得天下"积水于防,燎火于原,未尝暂静也"③。 由此出发,他上溯西晋开国之初,下及愍帝之末,历数昏君无能,朝臣植党营私所造成的社会弊端,通过正确地分析西晋五十多年的历史,总结出"其所由来者渐矣,岂特系一妇人之恶哉"④的结论。 他认识到晋室迅速崩溃的一个很重要的原因在于"树立失权,托付非才,四维不张,而苟且之政多也"⑤。 这就批判了那种把贾南风当作亡国之因的唯心史观。 更为重要的是,干宝坚决反对谶纬、征祥之说,如刘向之谶云:"灭亡之后,有少如

---

① 《通典》卷一百三引干宝《驳招魂议》。
② 干宝:《晋纪总论》,见《文选》。
③ 干宝:《晋纪总论》,见《文选》。
④ 干宝:《晋纪总论》,见《文选》。
⑤ 干宝:《晋纪总论》,见《文选》。

水名者得之,起事者据秦川,西南乃得其朋。"①干宝说:"按愍帝,盖秦王之子也,得位于长安。长安,固秦地也。而西以南阳王为右丞相,东以琅琊王为左丞相。上讳业,故改邺为临漳。漳,水名也。由此推之,亦有征祥,而皇极不建,祸辱及身,岂上帝临我而贰其心?将由人能弘道,非道弘人者乎。"②

从上可见,陆机、孙盛和干宝能够从客观形势和主观人谋的结合上探寻国家兴亡治乱之迹,这在一定程度上冲破了唯心主义的藩篱,对天命观是一个有力的批判,特别是在唯心主义泛滥史坛的魏晋南北朝时期,更有其不可低估的意义和影响。但是,由于历史和阶级的局限,封建史学是不可能排除"天"的因素的,封建史家的思想也不可能完全跳出传统的窠臼,更不可能不打上时代的烙印,他们的思想总会从不同方面和不同程度上或多或少地反映出该时代的特点和状况,在社会历史观方面也都不可避免地渗透着一些唯心主义的思想成分。因此,在同一史家身上,往往体现着进步与落后、正确与谬误、精华与糟粕两个对立的方面。陆机、孙盛、干宝亦然。他们虽然具有唯物主义思想因素,能够从"人事"上考察人类社会的发展变化,表现出一种注重"人事"的历史治乱观,但有时又摇摆于"天""人"之际,流露出一些"天命"和"因果报应"的思想。如孙盛有时用自然现象来附会社会现象,用一些自然之气的出没解释人世上历史的变化,譬如,晋武帝咸宁八年(282)八月丁酉,大风折大社树,有青气出焉。孙盛据此认为:"中兴之表,晋室之乱,武帝子孙无孑遗,社树折之应,又常

---

① 干宝:《晋纪总论》,见《文选》。
② 干宝:《晋纪总论》,见《文选》。

风之罚也。"①又如干宝认为,"汤武革命,应天人也","帝王受命而用其终,岂人事乎,其天意乎?"②这说明他们的思想在有些方面是存在着矛盾的。

不只是孙盛、干宝如此,就是魏晋南北朝时期著名史家常璩、范晔等人也是这样。虽然常璩在《华阳国志》中用"天命论"来解释历史,甚至把一些所谓大人物的出世,也看作是上天在冥冥之中所决定。但是,在"天意"的决定作用之外,他有时却能看到"人事"在历史发展中所起的重大作用。如他认为,一个地区的安危与否,与地方统治者的治理措施息息相关。为此,他在《华阳国志》中一再强调人才的作用和择用地方官的重要性,指出:"安边抚远,务在得才"③,"量才怀远,诚君子之先略"④。他强烈谴责西晋王朝在西南的统治用人不当,"任非其器,启戎长寇",以致三州覆亡,终归失败。在这里,他又离开"天命论"而回到唯物主义历史观一边。范晔《后汉书》尽管在许多地方表现出对符瑞、气运、期数等谶纬迷信的肯定,如他在《方术传》中记载了大量荒诞不经的鬼神迷信之事。但同时他又反对佛教所宣扬的人死精神不灭和善有善报、恶有恶报的因果报应的一套说教。《宋书·范晔传》曾云:"晔常谓死者神灭,欲著《无鬼论》。"甚至在他临上刑场之前,还托人"寄语何仆射(尚之),天下决无佛鬼,若有灵自当报应"。因而,在《后汉书》中,也不时流露出范晔对佛教和谶

---

① 孙盛撰,汤球辑:《晋阳秋》,广雅书局丛书本。
② 干宝:《论晋武帝革命》,见《文选》。
③ 《华阳国志》卷四。
④ 《华阳国志》卷五。

纬迷信之说的怀疑与否定。如他在《西域传》中曾批评佛教"好大不经,奇谲无已",指出:"详其清心释累之训,空有兼遣之宗,道书之流也。且好仁恶杀,蠲敝崇善,所以贤达君子多受其法焉。然好大不经,奇谲无已,虽邹衍谈天之辩,庄周蜗角之论,尚未足以概其万一。又精灵起灭,因报相寻,若晓而昧者,故通人多惑焉。"又如他在《张衡传》中揭露图谶的虚妄说:"此皆欺世罔俗,以昧势位,情伪较然,莫之纠禁。"因此他主张"收藏图谶,一禁绝之"。

总而言之,作为封建史学家,时代和阶级的局限,使他们在社会历史观方面有时流露出一些唯心主义的消极因素,不可能对人类历史做出正确的解释;但是,作为严肃的史学家,忠实于历史的责任感又往往使他们超脱空虚的"天命论"而回到现实的人间来,表现出一些唯物主义的积极因素,敢于正视和揭示历史的真相,以反映历史的本来面目。这种在不同史家之间和同一史家身上所进行或体现出来的"人事"与"天神"的激烈争议,构成魏晋南北朝时期史家在社会历史观方面两种不同的思想轨迹。

三、直书曲笔之斗争

直书与曲笔是我国封建史学亘古已有的两种对立的传统,同时也是封建史学最根本的矛盾之一。由于前者在于把真实的历史传之后世,真正发挥史书的教诫作用,当然要善恶必书,这就难免暴露统治者的丑恶行为,以违忤他们的意志而使得祸戮及身。春秋时齐太史即因书"崔杼弑其君",便为杼所杀。相反,后者是要秉承统治者的旨意,明知真相,偏作伪辞,把历史作为实用的伦理教科书,自然会获得当局者的赞扬和捧场。因此,在古代封建社会,"唯闻以直笔见诛,不闻以曲词获罪。"①随着历史的发展,史学中的曲笔之风日益占据了主导地位,史家据事直书,是要冒风险的,其后果不是"身膏斧钺,取笑当时",便是"书填坑窖,无闻后代"②。诚如韩愈所云:"夫为史者,不有人祸,则有天刑,岂可不畏惧而轻为之哉?"③尽管也有像南史氏、董狐、司马迁那样申其强颈之风的史学家,但毕竟是少数。一般的史家则是慑于统治阶级的淫威,看风使舵,出卖灵魂,不惜颠倒是非,篡改史实,以获取功名利禄。如果说直书与曲笔是我国封建社会普遍存在的一种史学现象,那么这一现象在魏晋南北朝时期就表现得更为突出。因为这一时期,"朝代更迭频繁,政治斗争激烈,写史是一件在政治上相当尖锐的工作。"④这对每个史家都是严峻的考验,要么直书受讥,要么曲笔求全,直书与曲笔的斗争表现得甚为激烈。而曲笔之风一时尤盛。这又是由于自曹魏以来,各朝相继实行"九品中正制"的选举制度,该制度的重点在于品评人物。既然对所选拔的士人都要进行一番评论,那么相应地也就离不开褒贬,由此促使褒贬人物的史学思想进一步发展,"为尊者讳""为亲者讳"的恶劣作风比较普遍。一些史家在关系到自己的切身利害的

---

① 《史通·曲笔》。
② 《史通·直书》。
③ 韩愈:《答刘秀才论史书》。
④ 白寿彝:《中国史学史》第一册,上海人民出版社1986年版,第61页。

问题上很难据事直书,往往是"用舍由乎臆说,威福行乎笔端……事每凭虚,词多乌有:或假人之美,借为私惠,或诬人之恶,持报己仇。"①王沈《魏书》,"多为时讳,殊非实录"②。陈寿《三国志》,曲笔颇多,回护过甚,每每替魏晋统治者隐恶溢美,致使一些历史记载失实。如高贵乡公曹髦本为司马昭之党羽成济所杀,但《三国志·高贵乡公纪》只云:"高贵乡公卒,年二十。"且载一司马昭之奏议。这样,在陈寿笔下,司马昭这一弑君的罪魁祸首俨然成为一讨贼之功臣。赵翼曾就此愤然指出:"本纪如此,又无列传散见其事,此尤曲笔之甚者矣。"③又如,陈寿撰《三国志》,以魏为正统,凡魏、蜀之间的战争,魏胜则大书特书,蜀胜却只字不提。这些都说明陈寿没有坚持据事直书的原则。沈约撰《宋书》,从本阶级的切身利益出发,大肆颂扬豪门士族,凡属达官显贵者,必为之作"佳传"、立"美名"。对有些王侯、大臣如刘裕、萧道成的篡位弑君,曲意回护。对被皇帝枉法诛戮或赐死的诸王、大臣,不如实记其死因,而书以"薨""卒"。特别是沈约处于宋、齐革易之际,身事两朝,既要为宋回护,又要替齐隐讳,更加使历史事实乖违颠倒,混淆不清。实为篡夺,却书以"禅位";正直之士反对权臣为非作歹,而冠以"反""叛"之名;阿谀拍马之流起兵助权臣者,反曰"起义"。俱无是非标准,一切唯主是从。所以刘知几批评沈约的"《宋书》多妄",强烈谴责其"

---

① 《史通·曲笔》。
② 《史通·古今正史》。
③ 赵翼:《三国志多回护》,见《廿二史札记》。

舞词弄札，饰非文过"，并指出"斯乃作者之丑行，人伦所同疾也"①。萧子显身为南齐宗室，因而所撰《南齐书》，首先对其先祖极尽曲笔回护与溢美颂扬之能事。如对其祖父萧道成指使王敬则勾结杨玉夫弑宋苍梧王刘昱一事，不予记载。又如为了抬高其父豫章文献王萧嶷的地位，为之作正史列传，置于文惠太子传之后，本无多少具体事例，却洋洋洒洒，铺张粉饰至九千余字。至于《南齐书》对宋、齐革易之际史事的记述，曲笔更多。一场尔虞我诈、干戈相交的"易代之战"，在萧子显笔下竟俨然是唐虞揖让光景，绝不见逼夺之迹。正如宋王应麟所说："子显以齐宗室，仕于梁而作齐史，虚美隐恶，其能直笔乎？"②魏收《魏书》，不乏恣意曲笔、褒贬不当之处。《北史·魏收传》谓："收颇急，不甚能平，夙有怨者，多没其善。每言：'何物小子，敢共魏收作色，举之则使上天，按之当使入地。'"如杨休之之父杨固，为北平太守，曾因贪婪暴虐为中尉李平弹劾而获罪，只因魏收受过杨休之的恩惠，便为杨固作佳传，云："固为北平，甚有惠政，坐公事免官。"③由此可见魏收曲笔之甚。刘知几曾说："收谄齐氏，于魏室多不平。既党北朝，又厚诬江左。性憎胜己，喜念旧恶，甲门盛德与之有怨者，莫不被以丑言，没其善事。迁怒所至，毁及高曾……由是世薄其书，号为'秽史'。"④赵翼亦批评《魏书》"趋附

---

① 《史通·曲笔》。
② 王应麟：《困学纪闻》卷十三。
③ 《北史·魏收传》。
④ 《史通·古今正史》。

避讳,是非不公,真所谓秽史也"①。这些都是比较切合实际的评论。

由上可知,魏晋南北朝时期,史家撰史,曲笔之风甚盛。这是无可回避的历史事实。正因此,这一时期史家的撰史态度往往成为后人的众矢之的,备受诋呵。对此我们无可厚非。但问题在于,以往的多数学者仅仅滞足于此就将魏晋南北朝史家的撰史态度作为我国古代史学史上的一个"坏典型"而说得一无是处,未免有以偏概全之嫌。其实,曲笔回护只是发生在一部分史家身上的一种弊端,并不能反映整个史家的撰史态度。这一时期,仍有很多中正不倚的史家敢于与那种曲笔回护的史学思潮相对立,坚持秉笔直书的原则。吴韦昭撰《吴书》,孙皓欲为其父和作本纪,昭以和不登帝位,宜入列传,于是结恨孙皓,"渐见责怒"②。孙盛撰《魏氏春秋》与《晋阳秋》,因秉笔直书而遭到当时权贵们的嫉恶,"孙盛实录,取嫉权门"③。但孙盛宁为兰摧玉折,不为瓦砾长存,他不畏强暴,敢于据事直书,揭露历史真相。特别是《晋阳秋》一书,起于宣帝,终于哀帝,一直写到当时事件。这除司马迁外,是以往其他史家视为禁区而不敢触及的。例如,太和四年(369),桓温率兵北伐,至坊头(河南浚县)为前燕和前秦军所败,桓温自陆路奔还,北伐以失败告终。孙盛在著《晋阳秋》时,并不因为桓温在当时是掌握内外大权,左右朝政的皇朝显贵而对其坊头之败虚加讳饰,照样据实记载。桓温看了《晋阳秋》后,"怒

---

① 赵翼:《魏书多曲笔》,见《廿二史札记》。
② 《三国志·韦昭传》。
③ 《史通·忤时》。

谓盛子曰：'坊头诚为失利，何至乃如尊君所说！若此史遂行，自是关君门户事。'其子遽拜谢，谓请改之。时盛年老还家，性方严有轨宪，虽子孙班白，而廷训愈峻。至此，诸子乃共号泣稽颡，请为百口切计。盛大怒。诸子遂而改之。盛写定两本，寄于慕容俊。太元中，孝武帝博求异闻，始于辽东得之，以相考校，多有不同，书遂两存。"①这种不避强御，忠实地记载历史事实的精神，在古代历史上是少见的，它对于针砭当时泛滥史坛的褒贬之风，促进直书思想的发展起了很大的作用。

干宝撰《晋纪》，据实以书。他十分强调史学的严肃性与客观性。《晋纪》之所以"直而能婉"②，成为一部严谨征实的著作，给后人提供了认识西晋五十多年历史面貌的可靠资料，是和干宝摒弃主观的曲笔，据实以录的写史态度分不开的。上已述及，陈寿《三国志》隐讳高贵乡公曹髦之被杀。相反，干宝于此却据实以书："高贵乡公之杀，司马文王召朝臣谋其故……"又"成济问贾充曰：'事急矣，若之何？'充曰：'公畜养汝等，为今日之事也。夫何疑！'济曰：'然。'乃抽戈犯跸。"③历史真相昭然若揭。对此，刘知几曾盛加赞誉："按金行（晋）在历，史氏尤多。当宣（懿）、景（师）开基之初，曹马构纷之际，或列营渭曲，见屈武侯，或发仗云台，取伤成济。陈寿、王隐咸杜口而无言，陆机、虞预各栖毫而靡述。至习凿齿，乃申以死葛走达之说，干令升（干宝字）亦斥以抽戈犯跸之言。历代厚诬，一朝如雪。考斯人之书

---

① 《晋书·孙盛传》。
② 《晋书·干宝传》。
③ 《三国志·高贵乡公纪》注引干宝《晋纪》。

事，盖近古之遗直与？"①由于干宝能够秉笔直书，打破魏晋以来曲笔回护之习，因而敢于大胆地揭露现实，极力痛诋玄虚放诞之风。他直言不讳地弹劾西晋"朝寡纯德之士，乡乏不二之老，风俗淫僻，耻尚失所，学者以庄老为宗而黜六经，谈者以虚薄为辩而贱名俭、行身者以放浊为通而狭节信，进仕者以苟得为贵而鄙居正，当官者以望空为高而笑勤恪。"②尖锐地指出活跃在当时政治舞台上的都是一群鲜廉寡耻的市侩小人："毁誉乱于善恶之实，情慝奔于货欲之途，选者为人择官，官者为身择利。而秉钧当轴之士，身兼官以十数，大极其尊，小录其要，机事之失，十怕八九。而世族贵戚之子弟，陵迈超越，不拘资次。悠悠风尘，皆奔竞之士"③，"民风国势如此，虽以中庸之才，守文之主治之，辛有必见之于祭祀，季札必得之于声乐，范燮必为之请死，贾谊必为之痛哭，又况我惠帝以放荡之德临之哉！"④更有甚者，他还借刘毅之口，痛斥晋武帝不及汉桓、灵帝，"桓、灵卖官，钱入于官，陛下卖官，钱入私门"⑤。这在仍是司马氏为政的东晋，是要有很大勇气和一定责任感的。我们知道，魏晋之世，战争频仍，变故迭起，加之曹氏、司马氏忍戾嗜杀，不仅广大劳动人民惨遭荼毒，文人学士亦多不能幸免，诚所谓"天下多故，名士少有全者"。仅有晋一代的文人，因政治上的牵连，死于非命者便不可胜计，陆机、陆

---

① 《史通·直书》。
② 干宝：《晋纪总论》，见《文选》。
③ 干宝：《晋纪总论》，见《文选》。
④ 干宝：《晋纪总论》，见《文选》。
⑤ 《文选·晋纪总论》注引干宝《晋纪》。

云、张华、潘岳、郭璞、刘琨、欧阳建等人,皆为统治者残杀。现实政治斗争的血雨腥风反映到意识形态领域,则是逃避现实、全身避祸的隐逸思想的流行,诸多文人学士为了躲避操戈攘臂的乱世法网的加害而屏息结舌,步入隐逸之途,以达到与世隔绝、忽忽无事的自私目的,充分显示出地主阶级知识分子的软弱性。干宝置身于这种历史条件下,却不与世浮沉,他采取正面揭露和大声疾呼的手段对现实社会进行锋芒毕露的批判,表现出超人的胆略卓识。

范晔著《后汉书》,"立论持平,褒贬允当",凡陈寿《三国志》曲解回护之事,范晔一律将其改正过来,恢复历史的真相。清末章太炎对此评价甚高,指出:"《史》《汉》之后,首推《后汉书》。"①赵翼对范晔这种据实以书的撰史态度亦倍加赞扬:"范蔚宗于《三国志》方行之时,独不从其例","此史家正法也"。②的确如此,在《后汉书》中,凡属刚正清廉之士,都受到范晔的讴歌与称道。相反,他对那些祸国殃民者则进行严厉的鞭笞。凡所为之立传者,必先于当世有所作为。否则即令公侯将相,也不为其立传。忠实于历史的责任感于此可见一斑。

北魏崔浩与高允等共撰国史,"叙述国事,无隐恶,而刊石写之,以示行路。"③因直书拓跋先世隐秘之事,崔浩被杀,夷三族,受牵连而死者一百二十八人。浩获罪之时,世祖拓跋焘召高允曰:"国书皆浩作否?"允对曰:"臣与浩同作,臣多于浩。"世祖大怒。时拓跋晃为太子,诬允曰:"天威严重,允迷乱失次耳。

---

① 章太炎:《略论读史之法》。
② 赵翼:《后汉书三国志书法不同处》,见《廿二史札记》。
③ 《史通·古今正史》。

臣向备问,皆云浩作。"允当即反驳:"臣谬参著作,今已分死,不敢虚妄。殿下哀臣乞命耳,实不问臣,臣无此言。"其刚正不屈,令人钦佩,就连世祖也慨叹道:"直哉!临死不移,贞臣也。"①

除上述诸家以外,魏晋南北朝时期还有一些史家能够秉笔直书,在此不一一赘列。由此不难看出,这一时期,忠实于历史的责任感使大部分忠于职守的史家毅然走上秉笔直书的康庄大道,用他们公正无私的笔撰写出一幕幕真实的历史画面。而不具备这种责任感的史家便自觉或不自觉地滑向曲笔隐讳的邪曲小路,带着个人或集团的感性倾向,采取"为尊者讳""为亲者讳"以及对憎恶者抹黑的方法,歪曲和捏造历史。直书与曲笔这两种传统很不谐调而又很紧密地结合在一起,始终伴随着史学的发展而存在,要否定哪个方面都是不可能的。

四、忠孝节义之盛行

魏晋南北朝时期,史家多宣扬"忠孝节义"的伦理道德。陈寿撰《三国志》,对诸如"秉义壮烈"的牵招,"抗节""忠贞"的田畴、王修,"忠壮质直,节概梗梗"的陆凯,都给予高度的赞扬。特别是他很推崇臧洪那种"义不背亲,忠不违君"的节义之士,以向往的口气对其仗义而死做了详细而生动的叙述:袁绍增兵急攻臧洪,"城中粮谷以尽,外无强救,洪自度必不免,呼吏士谓曰:

---

① 俱见《魏书·高允传》。

'袁氏无道,所图不轨,且不救洪郡将。洪于大义,不得不死,念诸君无事空与此祸! 可先城未败,将妻子出。'将吏士民皆垂泣曰:'明府与袁氏本无怨隙,今为本朝郡将之故,自致残困,吏民何忍当舍明府去也!'初尚掘鼠煮筋角,后无可复食者。主簿启内厨米三斗,请中分稍以为糜粥,洪叹曰:'独食此何为!'使作薄粥,众分歠之……将士咸流涕,无能仰视者。男女七八千人相枕而死,莫有离叛。"①袁宏极力提倡孝道,要求臣子尽忠尽孝。凡属孝义之士,他都在《后汉纪》中加以表彰。尤其是他主张"正本定名",认为"高下莫尚于天地,故贵贱拟斯以辩物;尊卑莫大于父子,故君臣象兹以成器。天地,无穷之道;父子,不易之体。夫以无穷之天地,不易之父子,故尊卑永固而不逾,名教大定而不乱,置之六合,充塞宇宙,自今及古,其名不去者也。未有违失天地之性而可以序定人伦,失乎自然之理而可以彰明治体者也。"②在这里,袁宏把封建的"君臣关系"看成像天地高下一样的自然法则永恒不变和如同父子相继一般的血缘关系而不容混淆。他认为司马迁、班固和荀悦在"扶明义教"这一点上都做得不够,他撰《后汉纪》,就是要通过阐扬名教,以达到"弘敷王道"的目的。孙盛遵循"忠孝节义"的道德准则,高唱"君臣之义",并把它贯穿于著述之中,以是否礼贤崇德和忍辱从君命作为臧否国君和人臣的重要衡量尺度。他要求臣下秉直仗义,"夫仗道扶义,体存信顺,然后能匡主济功,终定大业"③。尤其强调臣下要奉持臣节,

---

① 《三国志·臧洪传》。
② 《后汉纪》卷二十六。
③ 《三国志·赵俨传》注引。

不能二三其德,要像古代的箕子、柳下惠、萧何、周勃等贤士忠良那样委身国事,忍辱从君命①。孙盛认为,孙权之所以"不能克昌厥后,卒见吞于大国",就在于他不持臣节,"向使权从群臣之议,终身称汉将,岂不义悲六合,仁感百世哉"!②故对历史上那些既已"食人之禄",而不能"死人之事"的动摇变节之臣,他都予以无情地鞭笞③。干宝要求人们"言必忠信,行必笃敬",他认为这样便"可以取信于神明,无尤于四海"④。因此,他十分称赞那些忠孝节义之士,如,"蜀诸葛瞻与邓艾战,败,及其子尚死之"。干宝论曰:"瞻虽智不足以扶危,勇不足以拒敌,而能外不负国,内不改父之志,忠孝存焉。"⑤基于此,他极力反对西晋那种上下失次、尊卑无序的社会现象,愤然抨击道:"先时而婚,任情而动,故皆不耻淫逸之过,不拘妒忌之恶,有逆于舅姑,有反易刚柔,有杀戮妾媵,有黩乱上下,父兄弗之罪也,天下莫之非也。又况责之闻四教于古,修贞顺于今,以辅佐君子者哉?礼法刑政,于此大坏。"⑥范晔很重视忠孝节义,并同孙盛一样,以此作为衡量历史人物的重要标志。他批评班固"论议常排死节,否正直,而不叙杀身成仁之为美,则轻仁义,贱守节愈矣。"⑦他撰《后汉书》,列《孝子传》,为那些忠孝之人作传,又立《逸民传》,歌颂

---

① 《三国志·何夔传》注引。
② 《三国志·吴主传》注引。
③ 《三国志·苏则传》注引。
④ 李鼎祚:《周易集解》引干宝《易注》。
⑤ 《三国志·诸葛亮传》注引干宝《晋纪》。
⑥ 干宝:《晋纪总论》,见《文选》。
⑦ 《后汉书·班固传》。

那些"守节""不屈"的隐者。沈约撰《宋书》,极力宣扬以忠君孝亲为核心的社会伦理观。他为刘宋忠臣袁粲立传,力主忠君;又立《孝义传》,提倡孝亲。

毋庸烦加例举,仅上所述,清楚可见,魏晋南北朝时期,在史学领域,"忠孝节义"的思想意识比较盛行,它是当时整个史学思想体系中不可忽视的一个方面。也许会有人指出,这种"忠孝节义"的思想是消极落后的,无可称道。我们的回答是否定的。因为,"在分析任何一个社会问题时,马克思主义理论的绝对要求,就是要把问题提到一定的历史范围之内"①。任何一种思想意识都必须和它并存的社会政治、经济诸因素放在一起来分析。我们知道,自孔子创立"三纲""五常"的儒家学说,经汉武帝"罢黜百家,独尊儒术"的大力提倡,终汉一代,儒家思想始终占据统治地位。唐、宋以来,随着封建经济的发展和专制统治的加强,儒家的纲常礼教不断深入人心。特别是由于唐颁《五经正义》和宋程朱理学的勃兴,更加强化了人们用儒家的礼乐教化与纲常伦理衡量一切的传统观念,儒家思想渗透到封建文化的各个领域,人们不仅将"六经"崇为圣典,就连秦、汉先儒对"六经"的传注,也被奉若圭臬。尽管自唐代开始,直至近代,儒家思想曾先后经受过西域商人来华贸易、明末清初西学东渐和近代西方文化的挑战等数次较大的思想冲击运动,但是,这些都未能动摇儒家学说作为中国封建社会官方之学的根基,它依然有着至高无上的统治地位。而魏晋南北朝不然。这一时期,伴随着民族矛盾、阶级矛盾和统治集团

---

① [苏联]列宁:《列宁选集》第4卷,人民出版社1972年版,第290页。

内部矛盾的日益激化,思想界也经历着一场前所未有的剧烈变动。儒学、玄学、佛教、道教竞相驳难,展开了激烈的斗争,其结果是"儒术不振,玄风犹章"①。长期以来,作为中国封建思想体系的基础和大纲的儒家思想失去了它的统治地位而迅速衰微,学者"竟以儒家为迂阔"②,"以儒术清俭为群俗"③,公开痛斥"六经为芜秽"④,"自黄初至于晋末,百余年中,儒教尽矣"⑤。崇尚"自然""无为"的老庄思想和佛、道两教垄断了当时的精神世界,虚无放诞之风盈于朝野。王应麟曾谓:"老庄之学,盛于魏晋,以召五胡之乱,而道释之徒,皆自胡人崇尚,遂盛于中国。……人心泛然无所底止,而后西方异说,乘其虚而诱惑之。"⑥既然儒家思想已走向低潮而不占统治地位,为什么史家却极力宣扬"忠孝节义"的儒家学说呢?这是因为:玄学是门阀贵族的一种思想意识,随着它的盛行,一些豪门士族打起"无为"的旗号,但他们只是在表面上主张"无为",效法"自然",实际上是要达到君主无为,门阀专政,百姓无知无欲、听凭宰割的政治目的。也正是在这种"无为"旗帜的遮护下,那些豪门士族一方面放浪形骸,纵情淫乐,过着"熏衣剃面,傅粉施朱"⑦的腐朽糜烂的寄生生活;另一方面,恣意肆虐,毒焰漫天,有的割据一方,拥兵自重;有的挟朋树党,

---

① 刘汝霖:《东晋南北朝学术编年·自序》,中华书局1987年版。
② 《三国志·杜畿附子恕传》。
③ 《文选·晋纪总论》注引刘谦之《晋纪》。
④ 嵇康:《难自然为学论》。
⑤ 《宋书·臧焘传论》。
⑥ 王应麟:《杂识》,见《困学纪闻》卷二十。
⑦ 《颜氏家训·劝学》。

政以贿成,有的凌侮朝廷,幽摈宰辅。致使纪纲大弛,风俗败坏,茫茫禹域,几无宁日。不少帝王只不过是大乱中的傀儡,虽有南面之尊,而无总御之实,宰辅执政,政出多门,权去公家,遂成习俗。中央政权的统治力量日渐削弱。面对这种内祸滋蔓,生灵涂炭,极易造成外敌入侵的悲惨局面,那些清谈名士只是发表一些无关国计民生的空洞言论,这样的例证在《世说新语》中屡见不鲜。这充分反映了当时士大夫腐朽堕落的生活情趣和空虚无聊的精神状态。而一些史家不同,他们虽然生活在同样的社会环境里,却无一般士大夫苟世、随俗的卑劣放荡的行为,反而具有强烈的政治抱负。他们立足现实,宣扬儒家"忠孝节义"的封建伦理道德,企图通过对作古之人的褒扬来纠正士人风气,缓和社会矛盾,改变那种上下失次、僭越无常的历史现状,以求封建统治长治久安。因此,我们说,在当时的历史条件下,史家大畅儒家"忠孝节义",相对于发表空洞言论的士大夫阶层,就其主观愿望来说是好的,而且在客观上也起到了一定的积极作用。正因为这些史家旨在挽救"仁义幽沦,儒雅蒙尘,礼崩乐坏,中原倾覆"①的社会颓势,实现天下一统、朝政清明、人乐其生的理想社会,所以,他们也清楚地意识到,单靠宣扬"忠孝节义"以整顿封建等级秩序和封建伦理、思想来拯救风雨飘摇的封建统治是不够的,还必须使最高统治集团,特别是君主采取必要的治国措施。因此,他们在强调"忠孝节义"的同时,都不约而同地要求君主举贤良,实行"仁政",以民为本。袁宏要求君主举贤良,任才高智广之士,他说:"帝王之

---

① 《晋书·范宁传》。

道,莫大于举贤。"①他对光武帝以谶记任王梁为司空、孙臧为司马一事极为不满,指出:"不徇选贤,而信谶记之言,拔王梁于司空,委孙臧于上将,失其方矣。"②孙盛认为,"世主若能远览先王闲邪之至道,近鉴狡肆徇利之凶心,胜之以解纲之仁,致之以来苏之惠,燿之以雷霆之威,润之以时雨之施,则不恭可敛于一朝,咆哮可屈膝于象魏矣。"③因而,他大声疾呼,人君要礼贤崇德,施行仁义,"夫礼贤崇德,为邦之要道,封垄式闾,先王之令轨,故必以体行英邈,高义盖世,然后可以延视四海,振服群黎"④。与此同时,孙盛把人民看成是国家的主体,认为国君必须"仰协乾坤,覆焘万物",服从民意,听从民言,"若乃淫虐是从,酷彼群生",那么"天人殄之,剿绝其祚,夺其南面之尊,加其独夫之戮"⑤。干宝首先要求君主实行"仁政",他说:"体仁正己,所以化物。"⑥他盛赞"周家世积忠厚,仁及草木"⑦,在《晋纪总论》中以大量篇幅讲周代的"仁政"。他认为,西晋之所以"受遗辅政,屡遇废置",就在于"宣、景遭多难之时,务伐英雄,诛庶桀以便事,不及修公刘太王之仁也。"⑧其次,要求君主讲求"德治",他

---

① 《后汉纪》卷三。
② 《后汉纪》卷三。
③ 《三国志·高柔传》注引。
④ 《三国志·法正传》注引。
⑤ 孙盛撰,汤球辑:《晋阳秋》,广雅书局丛书本。
⑥ 马国翰:《玉函山房辑佚书·经编周官礼类·干氏周易注》。
⑦ 干宝:《晋纪总论》,见《文选》。
⑧ 干宝:《晋纪总论》,见《文选》。

说:"君子之行,动静可观,进退可度,动以成德,无所苟行也。"①并且必须是"位弥高,德弥广"②。他认为,只有这样,"百姓皆知上德之生己,而不谓浚己以生也。是以感而应之,悦而归之,如晨风之郁北林,龙鱼之趣渊泽也。"③在以民为本方面,干宝指出:"爰及上代,虽文质异时,功业不同,及其安民立政者,其揆一也。"④在他看来,虽然时代前进了,社会发展了,统治阶级的治国措施也改变了,但在"安民立政"这一点上却是一致的,因为"民情风教",乃"国家安危之本也"⑤。他把国家比作"城"与"木",视人民为"基"与"根",强调指出:"基广则难倾,根深则难拔。"⑥他充分认识到人心的向背是统治阶级能否实现其统治的决定因素。一个国家,一旦失去了人民的拥护,也就失去了存在的可能。因此,他告诫统治者:"圣王先成其民,而后致力于神。"⑦大声疾呼:"省民之情,以制作也。"⑧沈约对君主的要求也很严格,他认为君主既要听纳谏言,选用良吏,持法公平;又要宽刑役,减赋税,实行"仁政"。他极力反对"急政严刑",指出:"尽民命以自养,桀、纣之行也。"⑨

---

① 马国翰:《玉函山房辑佚书·经编周官礼类·干氏周易注》。
② 李鼎祚:《周易集解》引干宝《易注》。
③ 干宝:《晋纪总论》,见《文选》。
④ 干宝:《晋纪总论》,见《文选》。
⑤ 干宝:《晋纪总论》,见《文选》。
⑥ 干宝:《晋纪总论》,见《文选》。
⑦ 李鼎祚:《周易集解》引干宝《易注》。
⑧ 李鼎祚:《周易集解》引干宝《易注》。
⑨ 《宋书·孝武帝纪·赞》。

纵观我国封建社会的发展史，不难发现，每当社会矛盾尖锐，统治政权岌岌可危之时，一些进步的政治家、思想家、史学家总是打起儒家"忠孝节义"与"仁政""民本"思想的旗帜，要求改良政治，以拯国济民，因而也都在不同程度上为社会政治、经济的发展做出了贡献。魏晋南北朝时期的史家也不例外。不过，需要指出的是，这一时期的史家所处的却是儒家思想衰微的历史时代，更有其特殊的历史贡献。

五、治国安邦之鉴戒

史学是以阐明人类社会发展过程、研究社会现象及其规律性为对象的科学。史学所肩负的这一繁重的历史任务便决定了它具有"通古启今""鉴往知来"这一为其他学科所不具备的特殊社会功能。在我国，远在上古时期，人们即对此躬行有得。《诗·大雅·文王》说："殷之未丧师，克配上帝，宜鉴于殷，骏命不易。"《国语》亦云："人求多闻善败以监戒也。"通过总结历史上得失成败的经验教训，以服务于现实政治的鉴戒思想，开始在我国古老的史学园地里孕育成长。战国以后，鉴戒思想成为史学领域里重要的优良传统之一。司马迁撰《史记》，"原始察终，见盛观衰"①，他在《史记·高祖功臣侯者年表·序》中说："居今之世，志古之道，所以自镜也。"又在《太史公自序》中明确指出，他写某些篇章旨在使"义者有取焉""智者有采焉"。荀悦著《汉

---

① 《史记·太史公自序》。

纪》，亦力求有鉴于后，其《目录》云："中兴以前，一时之事，明君贤臣，规模法则，得失之轨，亦足以监矣。……综往昭来，永监后昆。"公开表明了史书的鉴戒作用。魏晋南北朝时期，著史以供鉴戒成为一种普遍的史学观象。众多的史家都通过编纂史书来总结经验教训，以期有鉴于当朝统治者，治国安邦的鉴戒思想得到进一步发展。西晋司马彪以为："先王立史官，以书时事，载善恶以为沮劝，撮教世之要也。"①陈寿作《三国志》，时人盛推其"辞多劝诫，明乎得失，有益风化。"②常璩《华阳国志·序志》云："博考行故，总厥旧闻。班序州部，区别山川。宪章成败，旌昭仁贤。抑绌虚妄，纠正缪言。显善惩恶，以杜未然。"直截了当地告诉人们，撰写《华阳国志》的目的，就是要总结历代治乱成败的经验教训，供人们效法或惩戒。袁宏把史学的功用归结为"通古今""笃名教"，他在《后汉纪·自序》中说："夫史传之兴，所以通古今而笃名教也。丘明之作，广大悉备。史迁剖判六家，建立十书，非徒记事而已，信足以扶明义教，网罗治体，然未尽之。班固源流周瞻，近乎通人之作，然因籍史迁，无所甄明。荀悦才智经纶，足为嘉史，所述当世，大得治功已矣。然名教之本，帝王高义，韫而未叙。今因前代遗事，略举义教所归，庶以弘敷王道。"显然，袁宏认为，史书的根本作用就在于通过总结前代的政治得失，以阐明"名教之本"。为维护当时封建社会的等级秩序而服务。尽管他企图以"笃名教"来缓和社会矛盾，维护封建统治的思想有其不足之处，但这种参得失的治史方法倒是值得肯定的。

---

① 《晋书·司马彪传》。

② 《晋书·陈寿传》。

范晔撰《后汉书》，公开声称，旨在"正一代之得失"①，就是要通过记载历史事实，以总结经验教训，为现实政治服务。基于此，《后汉书》在翔实记载东汉一代历史事实的过程中，以"论""赞"的形式，总结出许多有益于巩固封建统治的经验与教训。如光武帝的用人之术对巩固中央集权是一条很重要的经验，范晔在《马武传·论》中指出："故光武鉴前事之违，存矫枉之志，虽邓、寇之高勋，耿、贾之鸿烈，分土不过大县数四，所加特进、朝请而已。观其治平临政，课职责咎，将所谓'导之以政，齐之以刑'者乎！"陈何之元以为梁朝的"兴亡之运，盛衰之迹，足以垂鉴戒，定褒贬"，遂"究其始终，作《梁典》三十卷"。②

魏晋南北朝时期，在以史为鉴方面表现最突出的，当推东晋史家干宝。干宝面对当时朝政腐败、纪纲大弛、社会混乱的严酷现实，深为羽翼未丰的东晋政权而担忧，痛感历史的经验教训对当朝社会的直接资治作用，他力图把历史特别是前朝的西晋史作为医世之病的一剂良方。于是，他寄诸史籍，形诸笔墨，在著名的《晋纪总论》中从"得""失"两个方面对西晋一朝治乱成败的经验教训做了全面而深刻的总结。众所周知，在中国封建社会史上，两晋时期，朝政腐败，社会矛盾重重。但如果仅就两晋的历史来看，则在西晋宣、景、文、武帝创建时期，尚能不同程度地改良吏治，显擢贤能。而到惠、怀、愍乃至东晋诸帝，大都昏庸无能，他们置国家内忧外患、风雨飘摇于不顾，而专事游荡，纵情淫乐。干宝首先从"得"的方面对宣、景、文、武四帝的治绩发表评论，指出：

---

① 范晔：《狱中与诸甥侄书》。
② 《陈书·文学传》。

"昔高祖宣皇帝以雄才硕量,应运而仕,值魏太祖创基之初,筹画军国,嘉谋屡中,遂服舆軫,驱驰三世。性深阻有如城府,而能宽绰以容纳,行任数以御物,而知人善采拔,故贤愚咸怀,小大毕力。尔乃取邓艾于农隙,引州泰于行役,委以文武,各善其事,故能西擒孟达,东举公孙渊,内夷曹爽,外袭王陵。……世宗承基,太祖继业,军旅屡动,边鄙无亏,于是百姓与能,大象始构矣。玄丰乱内,钦诞寇外,潜谋虽密,而在几必兆,淮浦再扰,而许洛不震,咸黜异图,用融前烈。……至于世祖,遂享皇极,正位居体,重言慎法,仁以厚下,俭以足用,和而不弛,宽而能断,故民咏惟新,四海悦劝矣。"在这里,干宝煞费苦心地告诫东晋统治者:宣帝知人善任,景、文咸黜不端、克笃前烈,武帝重言慎法、仁俭并施、和而不弛、宽而能断,是他们各自"成功"的"秘诀"所在,恳切期望当政者能够从中受到启迪。接着,干宝从"失"的方面对惠帝一朝的政治进行了猛烈抨击:"武皇既崩,山陵未干,杨骏被诛,母后废黜,朝士旧臣夷灭者数十族。寻以二公楚王之变,宗子无维城之助,而阋伯实沈之郄岁构,师尹无具瞻之贵,而颠坠戮辱之祸日有。……民不见德,唯乱是闻,朝为伊周,夕为桀跖,善恶陷于成败,毁誉胁于势利。"他尖刻地指斥:"二十余年,而河洛为墟,戎羯称制,二帝失尊,何哉?树立失权,托付非才,四维不张,而苟且之政多也。"面对当时"风俗淫僻""耻尚失所""陵迈超越""不拘资次"的民风国势,惠帝非但不改弦易辙,矫历振饬,以挽国祚于危难之中,反而"以放荡之德临之哉",难怪乎"怀帝承乱之后得位,羁于强臣;愍帝奔播之后,徒厕其虚名。天下之政,既已去矣"。通过对惠、怀、愍三帝二十多年历史的分析，干宝得出仁义不施、德治未兴、弃贤用佞、清谈玄言是西晋亡国之因的结论。这也是从反面向东晋统治者提出的拯救危亡的"几味药方"，企图以历史教训使东晋统治者清醒，以免重蹈历史的覆辙。

据上所述，可以看出，魏晋南北朝时期的鉴戒思想有两个显著的特点：第一，它以直接吸取历史经验教训的形式出现，表现为对历史上治世的具体措施的探索，是一股以经世实用为核心的史学思潮，与那种对历史人物进行表彰或谴责的褒贬史学有着明显的区别。第二，就内容而言，在赞其"得"的同时，亦揭露其"失"，并不一味地溢美扬善。

在现实社会中，每个人的社会经历、既得利益、个性气质各不相同，这就决定了人们在人生哲学、生活情趣、审美意识等方面必然存在程度不等的差异。但是，同一的社会环境、时代背景又往往使人们具有某些共通的个性取向、思维方式和思想观念。上述史学思想的各个方面，并不是魏晋南北朝时期每位史家都具备的，而是多数史家思想因素的总和，是这一时期整个史学思想体系中的重要方面。就史家个人成就而言，任何一个人都未能全面地超过司马迁。但我们不能不承认这样一个事实，即从总体来看，这个时期的史学思想比起秦汉时期是有很大发展的。

（原载《西北大学学报（哲学社会科学版）》1992年第4期）

魏晋南北朝史学发达原因新探

魏晋南北朝是我国史学发展史上辉煌灿烂的历史阶段,梁启超曾经指出:"两晋六朝,百学芜秽,而治史者独盛。"[1]相对于以前各朝,这一时期,史家辈出,史学范围扩大,史书体裁增加,史籍数量剧增,"一代之史,至数十家"[2]。无论是在史书编纂,还是在史学思想方面,都取得了空前的成就。关于这一时期史学发达的原因,长期以来,学界同仁总是囿于"乱世多史"的传统观念寻找答案,很少从当时的社会客观条件入手进行深入的探讨,更没有结合史学本身的特点进行切实的论证。因此所得结论未免刻板、肤浅。笔者认为,魏晋南北朝时期史学的发达,既与当时的社会客观条件有关(如选举制度的直接影响),又与史学自身的特点密不可分(如史学本身鉴戒功用的直接刺激)。本文拟就此略陈管见,以就教于方家学人。

---

[1] 梁启超:《中国历史研究法》,商务印书馆1933年版,第25页。
[2] 《隋书·经籍志》。

一、史学本身所具有的鉴戒功用直接刺激了史学的发达

史学是以阐明人类社会发展过程、研究社会现象及其规律性为对象的科学。史学所肩负的这一繁重的历史任务便决定了它具有"通古启今""鉴往知来"这一为其他学科所不具备的特殊的社会功能。这也正是史学的一大特点。在我国,尽管远在上古时期,人们即对此躬行有得,但直到魏晋南北朝时期,著史以供鉴戒才成为一种普遍的史学现象。众多的史学家正是鉴于史学本身所具有的鉴戒功用,纷纷通过编写史书来总结经验教训,以为当朝统治者提供治国安民的借鉴。西晋司马彪以"先王立史官,以书时事,载善恶以为沮劝,撮教世之要也"[①]为由,撰《续汉书》八十卷。陈寿作《三国志》,时人盛推其"辞多劝诫,明乎得失,有益风化"[②]。常璩《华阳国志·序志》云:"博考行故,总厥旧闻。班序州部,区别山川。宪章成败,旌昭仁贤。抑绌虚妄,纠正缪言。显善惩恶,以杜未然。"直截了当地告诉人们,撰写《华阳国志》的目的,就是要总结历代治乱成败的经验教训,供人们效法或惩戒。东晋袁宏把史学的功用归结为"通古今""笃名教",他在《后汉纪·自序》中说:"夫史传之兴,所以通古今而笃名教也。丘明之作,广大悉备。史迁剖判六家,建立十书,非徒记事而已,信足以扶明义教,网罗治体,然未尽之。班固源流周赡,近乎通人之作,然因籍史迁,无所甄明。荀悦才智经伦,足为嘉史,所述当

---

① 《晋书·司马彪传》。
② 《晋书·陈寿传》。

世,大得治功已矣。然名教之本,帝王高义,韫而未叙。今因前代遗事,略举义教所归,庶以弘敷王道。"显然,袁宏正是基于史书"笃名教""弘敷王道"的现实功用而撰写《后汉纪》一书的。东晋史家干宝面对当时朝政腐败、纪纲大弛、社会混乱的严酷现实,深为羽翼未丰的东晋政权而担忧,痛感历史的经验教训对当朝社会的直接资治作用,他力图把历史特别是前朝的西晋史作为医世之病的一剂良方。于是,他寄诸史籍,形诸笔墨,撰《晋纪》二十三卷,并在该书的《总论》中对西晋一朝治乱成败的经验教训做了全面而深刻的总结。南朝宋范晔撰《后汉书》公开声称,旨在"正一代之得失"①,就是要通过记载历史事实,以总结经验教训,为现实政治服务。基于此,《后汉书》在翔实记载东汉一代历史事实的过程中,以"论""赞"的形式,总结出许多有益于巩固封建统治的经验与教训。如光武帝的用人之术对巩固中央集权是一条很重要的经验,范晔在《马武传·论》中指出:"故光武鉴前事之违,存矫枉之志,虽邓、寇之高勋,耿、贾之鸿烈,分土不过大县数四,所加特进、朝请而已。观其治平临政,课职责咎,将所谓'导之以政,齐之以刑'者乎!"陈何之元以为梁朝的"兴亡之运,盛衰之迹,足以垂鉴戒,定褒贬",遂"究其始终,作《梁典》三十卷"。②

在上述史家之外,魏晋南北朝时期,尚有许多史家都是立足于史学的鉴戒功用而竞相编写史书,兹不一一罗列。

这些事实表明,魏晋南北朝时期,在史学本身所具有的鉴戒功

---

① 范晔:《狱中与诸甥侄书》。
② 《陈书·文学传》。

用的直接刺激之下，众多的史家撰写出大量的历史著作，比如，就断代史来说，同一种史书每每多达二三十家。如这一时期编写的东汉历史有十二家，三国历史二十余家，晋史二十三家，十六国史三十家，南北朝史十九家。这在整个中国古代历史上是空前绝后的。而史书数量的剧增正是魏晋南北朝时期史学发达的重要表现。因此，我们说，史学本身的鉴戒功用是促使这一时期史学发达的重要原因之一。

二、九品中正制所诱发的品评人物的社会风气直接推动了史学的发达

魏晋南北朝时期，不但史著数量大增，而且史著门类也在不断扩大，有通史，有断代，有纪传，有编年，还有传记、史注和方志等，而其中尤以以人物为中心的纪传体史书和脱离纪传体而独立成书的人物传记为最多、最发达。这一方面固然由于《史记》《汉书》的影响，但另一方面更重要的还在于九品中正制的实行所引发的品评人物的社会风气的直接刺激。我们知道，继两汉"察举""征辟"的选举制度以后，曹魏以来各朝相继实行"九品中正制"。该制度的主要内容是在政府官员中选择所谓"贤有识鉴"的人物，按其籍贯兼任本州郡的大小中正，负责评定散处在各地的本州郡人物，依德行、才能分为九等，亦即九品，作为吏部选官的依据。这种制度有一个很大的特点，即对被选拔的士人都要进行一番评论。要评论，势必对人物进行褒贬。这种政治上评论人物的要求，反映在史学领域里则是褒贬人物的史学思想风靡史坛。

而这一史学思想直接促使编写人物传记之风的盛行。当时社会上评价史家长短得失,也大都立足于人物传记。特别是朝廷还以撰述人物传记来课试史官之才识,"著作郎始到职,必撰名臣传一人"①。因此,人物传记在魏晋南北朝时期得到空前发展。许多史家一意致力于人物传记的写作,对于表和志往往不甚重视,陈寿的《三国志》就是一部典型的代表作。再就纪传体史书的数量来看,据《隋书·经籍志》《旧唐书·经籍志》和《新唐书·艺文志》著录,两汉时仅为三部,而西晋一代增至八部,迄梁则更是多达十部。尤其是魏晋南北朝时期,摆脱其他内容,叙述人物始末的人物传记得到飞速发展。据姚振宗补《续汉书》艺文志,汉代人物传记有六门五十八部,如刘向《列女传》、赵岐《三辅录》等。其中别传一类达四十一部,各地耆旧传十二部。进入魏晋以后,人物传记大量涌现,据《隋书·经籍志》所载,魏晋南北朝时期的人物传记有二百一十九种,一千五百○三卷。清章宗源据各书所记,补出别传一百九十四种,家传一十九种,其他人物传记二十九种,姚振宗又补出三十五种,总凡四百九十六种。若以年代、地区及人物性质划分,这些人物传记可分为历代人物传、时代人物传、地方人物传、隐逸人物传、忠孝人物传、列女人物传、烈士人物传、释氏人物传、列仙人物传、家传、别传等共十一类。不难看出魏晋南北朝时期,人物传记数量宏富,种类繁多,远为两汉所不及,同时也是隋唐以降各朝无法比拟的。遍阅隋唐以后各朝史书之艺文志,所记载的人物传记屈指可数。特别值得一提的是,这一时期,

---

① 《晋书·职官志》。

一些帝王也非常重视编写人物传记,如魏文帝撰《列异传》,魏明帝撰《海内先贤传》,特别是梁元帝撰《孝德传》《忠臣传》《显忠录》《丹阳尹传》《怀旧志》《全德志》《同姓名录》,达七部之多。

从上可见,魏晋南北朝时期人物传记的大量涌现作为不同于其他各朝的一种独特的史学现象,是这一时期史学发达的重要表现,或者说是史学繁盛的百花园中一枝美丽的奇葩。而九品中正制的选举制度的实施正好是形成这种史学现象的直接原因。

三、史学社会地位的提高直接促使了史学的发达

魏晋南北朝时期史学的发达,在很大程度上直接得益于史学社会地位的提高。这主要表现在政府对史学的重视和整个社会对史学的关注两个方面。

首先,就政府对史学的重视而言,魏晋南北朝时期,国家不仅设置史官,储备史料,而且建立了传授历史知识的学馆——"史学"。史官之职,古已有之。然魏晋以前的史官,并非以著史为专职,如司马迁在当时即非著史之官,撰写《史记》仅是个人爱好。在我国史学史上,设官著史,始自曹魏。正如《晋书·晋官志》所说:"著作郎,周左史之任也,汉东京图籍在东观,故使名儒著作东观,有其名,尚未有官。魏明帝太和中,诏置著作郎,于此始有其官,隶中书省。"自晋代开始,史官改属秘书省,号大著作郎,专掌史任。后直至北周,在整个南北朝时期,唯南朝宋不设著作郎,其余各朝均设专掌史任的史官。尤其是有时还指派朝廷

高级官员监修国史,如北齐时设立史馆,以宰相兼领,职掌监修国史。在设置史官的同时,政府又委派专人负责史料的搜集与储备工作,如晋武帝泰始六年(270)曾下诏说:"自泰始以来,大事皆撰录秘书,写付。后有其事,辄宜缀集以为常。"①魏晋南北朝时期所编写的大量起居注,正是政府重视史料储备工作的具体表现。这些起居注为史家撰史提供了丰富的官方资料:"夫起居注者,编次甲子之书,至于策命、章奏、封拜、薨免,莫不随事记录,宫惟详审。凡欲撰帝纪者,皆称之以功。"②魏晋南北朝时期,政府重视史学的另一个表现是建立了传授历史知识的学馆——"史学"。如后赵君主石勒在建国之初即建立了史学,以任播、崔濬为史学祭酒③。再如南朝宋文帝亦设立史学,由何承天主持。

其次,魏晋南北朝时期,整个社会对史学甚为关注。这主要表现在两个方面:第一,研治史学名著的人越来越多,例如《汉书》问世后,自汉末至陈,"为其注解者凡二十五家。至于专门受业,遂与《五经》相亚"④。第二,人们纷纷慕史家之名,以名列史家为荣。为达此目的,有人甚至不惜窃取他人之作以为己著,如虞预窃取王隐《晋书》⑤、何法盛窃取郗绍《晋中兴书》⑥即属此类。

总之,魏晋南北朝时期,政府和社会对史学表现出空前重视与

---

① 《晋书·武帝纪》。
② 《史通·史官建置》。
③ 《晋书·石勒载记》。
④ 《史通·古今正史》。
⑤ 《晋书·王隐传》。
⑥ 《南史·徐广传》。

关注,其结果是大大地提高了史学的社会地位。晋初目录学家荀勖撰《中经新簿》,把所有图书分为甲、乙、丙、丁四部,依次为经、子、史、集。后东晋李充"因荀勖旧簿四部之法,而换其乙、丙之书"①,遂成为经、史、子、集的次序。这一变动正是史学社会地位的不断提高在图书目录分类中的反映。而史学社会地位的提高又直接促使了史学的发达。很难设想,没有魏晋南北朝时期政府和社会对史学的重视与关注,而能有这一时期史学的兴盛与发达。

综上所论,魏晋南北朝时期史学的发达作为中国史学发展史上一种重要的史学现象,是由史学自身的鉴戒功用和九品中正制的选举制度及史学社会地位的提高诸方面交相作用的结果。当然,与这一时期科学技术的发展亦不无关系,比如造纸术的改进和推广,即为史书的编写和流传在物质上提供了前所未有的有利条件。绝不能以"乱世多史"盖棺定论。

(原载《人文杂志》1994年第4期)

---

① 阮孝绪:《七录序》。

图书在版编目(CIP)数据

春秋战国魏晋南北朝史学论稿/李颖科著. —西安:西北大学出版社,2017.12

ISBN 978-7-5604-3810-8

Ⅰ.①春… Ⅱ.①李… Ⅲ.①中国历史—研究—春秋战国时代 ②中国历史—研究—魏晋南北朝时代 Ⅳ.①K225.07 ②K235.07

中国版本图书馆 CIP 数据核字(2017)第 314327 号

春秋战国魏晋南北朝史学论稿

作　　者：	李颖科
出版发行：	西北大学出版社
地　　址：	西安市太白北路 229 号
邮　　编：	710069
电　　话：	029-88303593　88302590
经　　销：	全国新华书店
印　　装：	陕西博文印务有限责任公司
开　　本：	787mm×1092mm　1/16
印　　张：	25.5
字　　数：	272 千字
版　　次：	2017 年 12 月第 1 版　2017 年 12 月第 1 次印刷
书　　号：	ISBN 978-7-5604-3810-8
定　　价：	98.00 元